東アジア
国際変動論
― 国家・冷戦・開発 ―

Lee Bunil
李　分一　著

大学教育出版

まえがき

　我々は今、重層的な歴史的転換期、すなわちポスト冷戦期の国際秩序ならびに世界秩序の構造的変動の中で地図のない世界に生きている。もの事は変化すればするほど、同じところに止まる側面がある。そのため、歴史とは、過去からの流れを引き継ぐ力と、新しいものを創り出そうとする力が並存する、と言われるのである。場合によっては、間違って犯した歴史が繰り返されることもある。しかし、我々にとって重要なのは、現在と未来のことである。過去とは、現在を生きる上で1つの鏡であり、我々はいつも未来に向けて生きる存在であるからである。

　振り返って見れば、「正義なきイラク戦争」と「ベトナム戦争」の記憶、および第2次世界大戦中のユダヤ人虐殺と現在の「イスラエル・パレスチナ」問題、さらには近代日本の戦争と「靖国問題」の顕在化などは、いずれも指導者の悪い決定が人々の命を奪った歴史再現の動きでもある。こうして見れば、歴史と現代との関係は、一方が他方の反映なのであり、両者を分離することは事実上不可能である。その意味で我々は一人の市民として、たとえ困難で限界性があっても、歴史を1つの鏡としながら、国内問題と国際問題の相互連動、そして複雑でダイナミックな国際変動について考えて見る必要がある。その際に、今という現実認識の上に未来を見越して思索することが求められる。

　最近の国際情勢は、日々ごとに流動性が速い。ところが、国際情勢を抜きにしては地域のことは何事も正しく理解できないのが実情である。しかし、国際「地域」なる領域（分野）は、非常に理解しにくいものである。その大きな原因は、地域のことを理解するためには、かなり幅広い知識が要求され、またその理解のパラダイム（認識枠組）が研究者ごとの価値観によって、多様で多元的なイメージやアプローチとしてなされているからである。それは逆に言えば、それほどに今日の国際社会の現象が多面的かつ多様に交錯していることを意味する。したがって我々は、地域を動かす諸要因を総合的で包括的に理解するための問題意識の鋭さや深さ、そして総合的分析力と理解力を備える必要がある。

20世紀の東アジア地域全体がどのような時代であったのかは、人により、また立場や視点、専門領域により、当然、その認識の仕方に違いがある。「地域」研究は、社会科学の一種であり、社会科学とは、様々な社会現象に対して幅広い思考と視角、分析および予測、これらに過去の経験に基づいて現在の諸問題や課題を解決しうる対案模索の能力を育成させる学問である。したがって地域を理解するためには、多面的・総合的な研究、国際、国内の相互比較論的接近、そして地域と国際の結合という3つの学び方を必要とする。なお、東アジアの国際変動を考える場合には、地域独自の歴史的・文化的・民族主義感情などの要素が加えられる。これらの要素を読み誤れば、現在に対する認識を誤らせ、将来への見直しも不徹底にする。

　近・現代の東アジアには、様々な「出来事＝事件」があった。しかし、この表面的な「出来事」の根底には、その背景となる「問い＝問題」が潜んでいる。なぜ、政治を国民自身の仕事と考えるようになったのか。あるいはなぜ、人間同士が殺し合う革命的状況や様々な戦争が起きていたのか。そして、国民という人々の視角や観点や感覚を形づくった理論とそこでの問題は何なのか。さらには、現在においても、特定の「出来事」についての「問い」のかなりの部分は、時代の推移とともに人々の認識や知の型が、がらりと変わるのはなぜなのか、あるいは人々の複雑な行動を生み出す元となる深部の力は何なのか。そして今なぜ、「記憶の社会あるいは政治」とその「空間的再現」が問われているのか。

　今後、東アジアを学ぼうとする人々にとって重要なのは、本書を含む既存材料を乗り越えて、自分なりの「学」を作り上げることである。そのためには、①理念や抽象によってではなく、東アジアの現実に沿って考える。②人々の暮らしに視点を捉え、そこを原点に考える。③その人々との繋がりにおいて自分たち自身のあり方を問い直す、という方向性と、各々がこの問題について自覚的に取り組み、新しい現実に立ち向かい、新しい見解を打ち出さねばならない。その際には、「お任せ・思いこみ型学習」の見直し（「参加型学習」）が必要である。こうした知的作業は、我々と東アジアの人々との関わりを、同時代を生きる人間同士の関係として捉え、そこから私たち自身の生活や社会文化のあり方を照らし出して問い返し、それを未来に繋げていくものである。

　本書の狙いは、「東アジアを知り、東アジアを考える」ものであり、そのため

の1つの手がかりを提供するものである。東アジアは、決して向こう側にあるのではなく、自分自身で考え、考え直すことによって、自分たちの内側に東アジアを見つけ、東アジアを作り出すことが大切である。我々には、個々の国・地域を超えて、東アジア（北東・東南アジア）の政治経済、社会文化、歴史を総合的に捉えることが求められる。戦後東アジアは、何か変化し、その変化の背後に何が変わらぬものとして存在しているのか。その基準は何か。学問は、今という現実認識の上に未来を見越して思索するという意味ではいつも「新しく」なる必要がある。

　本書は、戦後東アジアにおける「国家」、「冷戦」、「開発」の問題とその変動について、国際関係論と比較論的観点、そして地域の視点から説明しようとした。東アジア地域は、日本周辺の国々であり、その関係と比較の研究は、地理的隣接、歴史的関係、経済緊密化の存在と、それにもかかわらず存在する社会文化的な差異という点で、非常に重要かつ必要である。そもそも、「関係」と「比較」とは相対立する概念ではなく、むしろ相互補完的概念であり、また「比較」そのものが「関係」の中に含まれており、地域研究にとって必須の手法である。本書は、多くの研究者の教示、示唆によるものであり、参考文献はそれを示している。しかし、本書が世界と東アジア、そして日本について自分で考える一材料になればと願っている。

　本書の執筆の際に、筆者が勤務する吉備国際大学社会学部の諸先生からの激励があった。また、吉備国際大学の自由な学問的雰囲気にも勇気づけられた。いうまでもなく、学問の世界では自由な雰囲気が最も重要である。吉備国際大学の諸先生と自由な学問的雰囲気を提供してくれたことに、心より感謝を申し上げる。また、厳しい出版界の状況にもかかわらず、本書の出版をあたたかくご支援してくれた大学教育出版佐藤守氏にも感謝する。最後に、わがままな筆者をいつもあたたかく見守り応援してくれる妻の趙熙淑と、元気いっぱいの長男李成彬（小3年）・長女李殷智（小2年）に愛の言葉をこめて感謝したい。筆者にとって、家族の支えがあってこそ本書ができ上がったのである。

2004年7月中旬

李　分一

東アジア国際変動論
―― 国家・冷戦・開発 ――

目　次

まえがき …………………………………………………………………………… i
欧文略語表 ………………………………………………………………………… ix

第1章　東アジア地域の研究 …………………………………………………… 1

第1節　東アジア地域とは何か ………………………………………………… 1
　　1．東アジア地域と地域研究　*1*
　　2．東アジア分析の視点・枠組と特徴　*7*

第2節　東アジア地域研究の現状とアプローチ ……………………………… 15
　　1．東アジア地域研究の位相　*15*
　　2．東アジア地域の歴史　*17*
　　3．東アジア地域の構造と変動　*21*
　　4．東アジア諸国・地域の比較　*26*
　　5．東アジア地域の関係　*28*

第2章　東アジアの国民国家と国際社会 ……………………………………… 37

第1節　国民国家および主権国家間の国際秩序 ……………………………… 37
　　1．国民国家と国際社会論　*37*
　　2．近代西欧国家体系と国際社会　*42*
　　　　(1) 西欧国家体系の変容と拡大　*42*
　　　　(2) 東アジア伝統体制の破綻　*45*
　　3．欧米と東アジア型のナショナリズム　*48*
　　　　(1) 欧米型ナショナリズム　*48*
　　　　(2) 日本と東アジア型ナショナリズム　*52*

第2節　戦後東アジアの国際秩序と開発体制 ………………………………… 56
　　1．東アジア国際秩序の歴史的・構造的要因　*56*
　　2．東アジア諸国のナショナリズム・冷戦・開発　*60*
　　　　(1) 冷戦期のナショナリズムと開発主義　*60*
　　　　(2) 東アジアの台頭とパワー　*65*

第3章　東アジア冷戦の形成・展開と開発主義 ……………………………… 73

第1節　東アジア冷戦の形成 …………………………………………………… 73
　　1．米ソ冷戦と東アジア政策　*73*
　　　　(1) 冷戦の意義と東アジア　*73*
　　　　(2) 米ソ両国の東アジア政策　*75*

2．東西冷戦の東アジア的形成　79
　　　(1) 米国の対日占領政策と日本の西側陣営化　81
　　　(2) 中国大陸の共産化と台湾の苦悩　84
　　　(3) 朝鮮戦争と南北朝鮮の分裂化　86

　第2節　東アジア冷戦の変質と開発競争 ……………………………………………90
　　1．冷戦緩和期の東アジア情勢　90
　　2．米中ソ三角構造の形成　93
　　　(1) 米中対決　94
　　　(2) 中ソ対立　96
　　　(3) ベトナム戦争　98
　　3．東アジア冷戦の特徴と体制間の開発競争　100
　　　(1) 東アジア冷戦の特徴　100
　　　(2) 東アジア諸国の開発主義と体制競争的共存　103

第4章　米ソ・デタントと東アジア国際変容 ……………………………………111
　第1節　デタント期の東アジア ……………………………………………………111
　　1．デタント期の東アジア国際関係　111
　　　(1) 米ソ・デタントと中国　111
　　　(2) 東アジア冷戦の変容　114
　　2．日中国交正常化と日韓関係　117
　　　(1) 日中国交正常化　117
　　　(2) 日韓関係と韓国・台湾　119
　　3．ベトナム戦争の「ベトナム化」と戦争終結以降　121
　　4．日米韓3国の安保協調と中ソ対立・北朝鮮　127
　　　(1) 日米韓3国の安保構図　127
　　　(2) 中ソ対立と北朝鮮　129

　第2節　デタントの変容と東アジア開発体制 ……………………………………131
　　1．米ソ・デタントの変容と東アジア　131
　　2．東アジア型開発体制の拡散と変容　134

第5章　新冷戦の展開・終結と東アジア …………………………………………144
　第1節　新冷戦の形成と東アジア的拡大 …………………………………………144
　　1．米ソ対立の急進と欧州・日本・中国　144
　　2．北東アジア諸国の新冷戦への対応　148

　　　　（1）日米安保の同盟化と経済のライバル化　*148*
　　　　（2）日米韓3国の反共体制の強化と中国　*151*
　　　3．冷戦論理の矛盾と相剋　*153*
　第2節　新冷戦の終結と東アジアの地域協力・安全保障 ……………………*157*
　　　1．新冷戦の終結　*157*
　　　　（1）新冷戦の終結過程　*157*
　　　　（2）東アジア諸国の脱冷戦化　*160*
　　　2．東アジアの地域経済と安全保障　*162*
　　　　（1）東アジアの地域経済　*162*
　　　　（2）東アジア地域の安全保障　*165*
　　　3．東アジア民族・民衆の位相と行方　*168*

第6章　ポスト冷戦期の東アジア構図 …………………………………*177*
　第1節　冷戦崩壊期の東アジア変容 ……………………………………*177*
　　　1．冷戦崩壊と東アジア・システムの変容　*177*
　　　2．東アジア国際関係の変容と持続　*181*
　　　　（1）脱冷戦化と冷戦の後遺症　*181*
　　　　（2）域内経済関係の密接化と中国の台頭　*183*
　　　　（3）不安定な安全保障　*184*
　　　3．東アジアのグローバル化と多角的協力の模索　*186*
　第2節　ポスト冷戦期の東アジア構図 …………………………………*190*
　　　1．東アジア安全保障とネットワーク　*190*
　　　2．地域レジームと信頼醸成措置　*195*
　　　　（1）地域レジームの形成　*195*
　　　　（2）信頼醸成措置　*200*
　　　3．イラク戦争と北朝鮮問題　*203*

参考文献目録 ……………………………………………………………*212*

≪欧文略語表≫

ABM	(Anti-Ballistic Missile)	弾道弾迎撃ミサイル
ADB	(Asian Development Bank)	アジア開発銀行
AFTA	(Asean Free Trade Area)	アセアン自由貿易地域
APEC	(Asia Pacific Economic Cooperation)	アジア太平洋経済協力会議
ARF	(ASEAN Regional Forum)	アセアン地域フォーラム
ASEAN	(Association of South-East Asian Nations)	東南アジア諸国連合
CFE	(Conventional Arms Forces in Europe Talks)	欧州通常戦力交渉
CIS	(Commonwealth of Independent States)	独立国家共同体
COMECON	(Council for Mutual Economic Assistance)	東欧経済相互援助会議
COCOM	(Co-ordinating Committee for Export Control)	対共産圏輸出統制委員会
CSCE	(Conference on Security and Cooperation in Euope)	全欧安保協力会議
CTBT	(Comprehensive Test Ban Treaty)	包括核実験禁止条約
EC	(European Community)	欧州共同体
ECSC	(European Coal and Steel Community)	欧州石炭鉄鋼共同体
EEC	(European Economic Community)	欧州経済共同体
EU	(European Union)	欧州連合
FAO	(Food and Agriculture Organization)	国連食糧農業機関
GATT	(General Agreement on Tariffs and Trade)	関税及び貿易に関する一般協定
IAEA	(International Atomic Energy Agency)	国際原子力機関
IBRD	(International Bank for Reconstruction and Development)	国際復興開発銀行（世界銀行）
ICBM	(Intercontinental Ballistic Missile)	大陸間弾道ミサイル
IEA	(International Energy Agency)	国際エネルギー機関
IMF	(International Monetary Fund)	国際通貨基金
IGO	(International Governmental Organization)	政府間国際機構
INF	(Intermediate Range Nuclear Forces)	中距離核戦力
MAD	(Mutual Assured Destruction)	相互確証破壊
MNC	(Multinational Corporation)	多国籍企業
NAFTA	(North America Free Trade Agreement)	北米自由貿易協定
NATO	(North Atlantic Treaty Organization)	北大西洋条約機構
NGO	(Non-Governmental Organization)	非政府組織
NIEO	(New International Economic Order)	新国際経済秩序

NIES	(Newly Industrializing Economies)	新興工業経済地域
NPT	(Nuclear Non-Proliferation Treaty)	核拡散防止条約
OAPEC	(Organization of Arab Petroleum Exporting Countries)	アラブ石油輸出国機構
ODA	(Official Development Assistance)	政府開発援助
OECD	(Organization for Economic Co-operation and Development)	経済協力開発機構
PBEC	(Pacific Basin Economic Council)	太平洋経済委員会
PECC	(Pacific Economic Cooperation Council)	太平洋経済協力会議
PKO	(Peace-Keeping Operations)	平和維持活動
PLO	(Palestine Liberation Organization)	パレスチナ解放機構
SALT	(Strategic Arms Limitation Talks)	戦略兵器制限交渉
SDI	(Strategic Defense Initiative)	戦略防衛構想（スターウォーズ計画）
SEATO	(South-East Asia Treaty Organization)	東南アジア条約機構
SLBM	(Submarine Launching Ballistic Missile)	潜水艦発射弾道ミサイル
START	(Strategic Arms Reduction Talks)	戦略兵器削減交渉
UN	(United Nations)	国際連合
UNCED	(United Nations Conference on Environment and Development)	国連環境開発会議
UNCTAD	(United Nations Conference Trade and Devlopment)	国連貿易開発会議
UNDP	(United Nations Development Programme)	国連開発計画
UNEP	(United Nations Environment Programme)	国連環境計画
WHO	(World Health Organization)	世界保健機関
WTO	(World Trade Organization)	世界貿易機関
WTO	(Warsaw Treaty Organization)	ワルシャワ条約機構

第1章
東アジア地域の研究

第1節　東アジア地域とは何か

1．東アジア地域と地域研究

　世界は今、新たな国際秩序の1つの柱として「地域（region）」が注目を集めている。それは、ポスト冷戦期においては、地域レベルが国家にとって紛争解決や協力の場として重要であり、しかも現代の安全保障の面においても「地域」からの視点とその枠組は、必要不可欠なものになってきたからである。冷戦終結以降には、冷戦期の「地域」概念やあり方そのものに根本的な変容をもたらし、地理的な意味での「地域」の流動化や再編（「分化」と「重層化」）を促すという現象が顕在化している[1]。我々は、こうした地域変化の状況を踏まえながら、「東アジア」という地域の歴史と形成過程、そして現状とその未来について多面的な分析と説明を行う。

　まず、「アジアとは何か」という問いかけは、アジア研究において最も重要である。しかし、アジアの定義をめぐる概念の論議は複雑で多様・多元的な問題であるため、まちまちで収拾ができない。そこで、アジアとはヨーロッパを除くユーラシア大陸の大部分とその縁辺の諸島群からなる諸地域の総称を意味する[2]。そして、東アジアは、北東アジアと東南アジアを包括する地域として理解す

る。1980年代の前半に、「東アジア」をめぐる議論が盛んになった。その背景には2つの理由があった。第1は、ヨーロッパ中心史観に対する反発であり、第2は従属論に対する批判である。それは、東アジアNIESの成長の兆しを受けた時代のアジア社会経済史という研究分野における対応でもあった[3]。

　元々、アジアという概念は欧米から借り物であった。近代ヨーロッパが自らの社会や文化を自己認識するところで、自分たちと違う世界を全部一括して、つまり、非ヨーロッパ的なものをすべてアジアとしてまとめたのである。こうした非ヨーロッパ的なアジア認識の内容は、実際にはヨーロッパが近代的で、しかもヨーロッパという社会を一応母胎として考えてきたものであった。そして、ヨーロッパから借りてきたアジアという概念の軸としたアジア認識の土台のために、アジア分析に用いる概念、分析の仕方、記述の論理、結論のまとめ方など、西欧で鍛え抜かれた方法を借りるのが普通である。しかし、現実的にはアジアの中では様々なアジアの姿がある[4]。

　現在においても、東アジア地域に関する研究者たちは、域内外を問わず、欧米的視点、分析の枠組、理論的構造、概念などによって、この地域の様々な争点の主題をそれぞれに分析かつ説明している。その理由は、この地域は、地域内相互関係の観点から見て、参考になるような近年の歴史的経験、すなわち域内の諸国は、彼ら自身のやり方で関係を結ぶという経験をほとんど持たないからである。またそれは逆に、戦前まで国際関係に主体として参加した国が欧米、ソ連、日本にほぼ限られていたことの反映であり、さらに地域研究・国際関係の研究自体が欧米諸国で形成され、欧米世界を主な対象として発展してきたことの反映でもある。そのため、アジア軽視、無力視、そして無知、想像力の欠如に基づいたアジア論のイメージが根強く存在している。

　現代世界の問題群は、様々な意味において世界が「周縁化」しつつあることから発生している。「周縁」（周辺・境界・フロンティア・辺境）が変動のエネルギーを発揮している中で、旧来の中心がそれを吸収しえず、かえって閉鎖的保護性を追及しようとしている。その結果、中心と中心との間で行われてきた従来の問題処理の枠組が機能しなくなりつつある。したがって、現代の地域研究は、周縁のエネルギー（地域のダイナミズム）を独自的に捉える新たな視点

とその枠組も要請される。歴史的に見た場合、周縁が中心と比較（中心―周縁関係）されてきたために、アジアは近代ヨーロッパの周縁に位置づけられ、またヨーロッパ経由のアジア認識が主流になってきたのである[5]。

アジア地域は、民俗宗教と絡んだそれぞれ民族固有の文化に、中国、インド、イスラムの文化などが重なり合っている。東アジアを論ずる際、その内部の差異を強調する論議と、その差異にもかかわらず存在する共通性を重視する論議とがあるが、文化の面で見る限り、この複合という過程からのある共通性が認められる。つまり、どの民族をとっても社会全体に占める文化の役割は大きく、人々の宗教的、価値観、生活様式、習俗、そして表現の源泉になっているが、神々の交替は対立的・排他的ではなく、むしろ互いを包摂し合う形で行われていた。また戦後には、欧米化、近代化、開発化によって伝統社会が大きく変容し、近代化との葛藤・融合現象が見られる「文化的複合性と重層性」を背負っている[6]。

地域研究としての東アジア研究は、一定の空間性と関係性という共通の属性を必要とし、また国際関係に何らかの重層性を要する。前近代アジアの世界は、領域主権国家・国民国家を唯一の構成主体と絶対視する近代ヨーロッパ国際関係との接触によって、グローバルな次元の国際社会に包摂された。19世紀後半に入ると明治維新後の近代日本国家が形成されて、アジア世界に新たな要因を付け加えた。日本は国内の資本主義的近代化を達成しつつ、朝鮮や中国などに侵略し、ついには台湾と朝鮮を併合し「満州国」まで創建するに至った。しかし、国民国家が相対化しつつある今日のアジア国際関係の特質は、その歴史的な持続性があるものの、重層的な関係へと変質を続けている[7]。

戦後の東アジア地域では、数多くの新興独立国家が誕生し[8]、その過程で急激な政治不安を伴ったが、それはヨーロッパにおける冷戦構造が東アジアにおいて熱戦へと転化する政治過程でもあった。この地域の脱植民地運動、体制選択、民族の分断国家、イデオロギー闘争は、各国固有の民族自決問題であるとともに、国際冷戦下で発生した政治問題であった。国共対立と中国の共産化、台湾海峡問題、朝鮮戦争と南北朝鮮の分裂、マレー半島の共産主義運動やマレー人と華僑の民族対立、そして民族差別政策、ベトナム戦争と南北ベトナム統一、カ

ンボジア内戦とベトナムの軍事介入、インドネシアの東チモール武力併合、フィリピンのイスラム分離主義運動等々の数多くの政治変動を経験してきた。

そして、次の問いかけは「地域研究」とは何かという問題である。一定地域の定義や概念は流動的なものであり、歴史上いつも変容してきた。現在のアジアについても同様であり、各人各様の捉え方、イメージの仕方、思い込みや幻想や絶望がある。例えば、アジア全体に対する捉え方には様々なものがある。マルクスの「アジア的生産様式」からウィットフォーゲルの「水利社会」、ウェーバーの儒教やヒンドゥー教の限られた「合理主義」などがあり、最近は「儒教社会」、基層文化としての「インド化」の問題、「稲作社会」などの試みは盛んである。しかし、アジアはヨーロッパから持ち込まれたために、いずれも一般化が難しい状況である[9]。

一般的に「地域研究」とは、文化の相対性と歴史性に問題設定の起点を置いて、いくつかの『地域』のうちから特定の地域を選択するのが普通であって、比較研究を媒介として、その特定『地域』の社会科学的な総合把握を志向するものである。このような地域研究は欧米文明そのものの研究を原型とするが、第2次世界大戦を機に欧米とは異質の諸文明への関心が高まったため、現在ではこれらの異質文明への接近法とその実績の全体を指すものとなった[10]。そして、総合的な社会科学としての地域研究は、多専門的な共同研究・学際的な共同研究や、地域研究者と地域を専門としない一般研究者との研究、そして歴史研究などの諸学問分野から多大な手助けをもらうことになる。

地域概念には、4つの意味を持つ。①一国、②一国の地方、③隣接するいくつかの国のそれぞれの一部、あるいは一国と隣接国の一部、および④数カ国あるいはそれ以上の国を含む範囲がそれである。①の地域概念は、一般的に現存する国境にしたがった一国の意味である。②の地域概念は、複合社会・多民族国家内の特定地方を問題にしているが、その場合、一地方とは民族を単位とするものが多い。ある一国の中の1つの部分を扱うことがその国全体の理解に参考になる。③の場合、民族のあり方が、現存する国境とは一応は別個の問題であって、複数の民族による一国型と一民族による多国家分散型などが現実的に存在する。④は、各々の歴史的背景を持つ数カ国以上の数の国を含む範囲である[11]。

「地域研究」は、以上の4つの主要な内容に規定された「地域」を対象とする研究である。地域の内容が多義的、重層的であるので、地域研究の対象も決して固定して動かないものではない。それは、場合によって一国の全体や一国の一地方、また隣接するいくつかの国のそれぞれ一部、または一国と隣接国の一部を対象とし、また数カ国やそれ以上の国を含む範囲を対象とする。これら4つの次元の地域研究は相互に補い合うのである[12]。東アジアの地域研究の場合、中国、日本、インドネシア、タイなどのそれぞれについての国単位の研究がさらに必要である。そのためには、これらの国々についてのマクロ的な研究が必要であり、同時にこれら諸国のそれぞれの部分、国境にまたがって存在する諸民族、さらに東アジア全体としての視点やこれら諸国間の比較研究も必要となる。

近年、（東）アジアそれ自身が変化しており、その現在と将来を見通すためにも（東）アジアをその全体像を理解する必要がある。1980年代半ば以降は、戦後世界が大きく変化した時期であった。この時期にはまず、資本主義・社会主義などのグローバルな理論の内容が多様化し動揺しつつある中で、世界認識の枠組それ自体の再検討が迫られつつあった。また、地域主義の現実が、様々な利害の競合を示しながら「地域」の合理性と正当性を主張し、さらには矛盾と衝突を示しながら登場していた。さらに、このような世界規模の状況の変化や、地域問題の噴出に直面することによって、他方では、一層国家意識が強調され、それが回復・維持されるという状況が生まれていたのである[13]。

現在の戦後東アジア諸国の国際関係は、ダイナミックな経済発展の帰結として、1980年代後半から2つの大きな潮流が見られた[14]。その1つは、本格的なアジア太平洋協力に向けての動きである。経済成長の著しいアジア太平洋地域の経済的集約性と補完性に着目し、有機的な経済協力を通してその潜在的発展性を最大限に発揮させようという動きは、これまで「太平洋貿易開発会議」（PAFTAD）、「太平洋経済委員会」（PBEC）、「太平洋経済協力会議」（PECC）などの民間部門の活動に反映されてきたが、1989年には国家間の公式の協力体制である「アジア太平洋経済協力会議」（APEC）の成立を見た。また、「東アジア経済会議」（EAEC）、「ASEAN自由貿易地域」（AFTA）といった国家間の制度化された枠組の形成が志向されつつある。

もう1つは、サブ・リージョナルな次元で見られる自然発生的な地域経済圏の動きである。「華南経済圏」、「成長のトライアングル」、「バーツ経済圏」、「環黄海経済圏」などと呼ばれるこれら地域経済圏は、いまだ構想段階に止まっているものも少なくないが、その本質は非公式の経済実体であり、いずれも伝統的な国家の枠組を超えて生成されているところに特徴がある。こうした動きについて、渡辺は「局地経済圏」と呼び、またスカラピーノは「自然経済圏」と名づけている[15]。いずれにせよ、これらの地域経済圏の生成は、20世紀末の東アジアの国際関係に見られる注目すべき動きであり、これらの地域経済圏が東アジア地域の国際関係に及ぼす影響は大きいものである。

そして、米ソ冷戦の終結、ソ連・東欧の共産党体制の崩壊、東アジアの中の韓国、タイ、フィリピン、台湾などにおける民主化の動向、さらに1980年代から1990年代にかけての東アジア諸国の経済発展を踏まえて、東アジア諸国の民主化と経済発展の相互関連が注目されている。西欧における近代化の過程においては、基本的人権（言論・集会・結社などの政治的自由）が保障され、多様な利害をまとめる利益集団と政党の活動が自由に行われ、普通選挙の下で一定期間ごとに選挙が実施され、多数党が政権を交互に担当するシステムが民主主義と言われ、このシステムをとっている国は、欧米の先進国であるとされている。しかし、西欧先進諸国にも各種の問題点が存在している[16]。

それに対して、東アジア諸国の場合は、この地域の文化と伝統、そして歴史的な経験を踏まえて、個人の権利と社会への責任とを調和させる必要と、さらには貧困と欠乏からの脱却こそ東アジアの人々にとっての人権の出発点であると主張する。また、個人よりも集団が優位に立つ東アジア諸国においては、西欧型の個人に基礎を置く民主主義よりも、集団や組織に基礎を置く民主主義の方が尊重される伝統があるとする。したがって、東アジア諸国の民主化と経済問題を考えるとき、各国の歴史、伝統、文化の中で西欧型の民主主義がどう理解され、しかも根づいてきたのかの問題は重要であり、東アジア諸国の政治経済体系と社会的基盤の分析を通じて西欧のものとの比較研究を深めてゆく必要がある[17]。

冷戦ゲームの終焉と東アジア域内の緊張緩和を反映して、この地域ではイデ

オロギー的相違に基づく軍事・経済的緊張が次第に緩和され、その結果、地理的に近接し、歴史的にも緊密な地域であるにもかかわらず、これまで厳然として存在する政治的境界によって分断されてきた地域の間で、経済的な結びつきを強めることによって、さらなる緊張緩和を呼ぶ好循環を招いた[18]。その結果、この地域は最も政治的に安定した空間を出現させ、また経済的にも世界の「成長のセンター」として最も期待される地域に変質した。戦後の東アジア諸国は、一方では、各国が政治的制度化を高めたが、他方では、域内の経済的相互依存関係が強化されるという「二重の政治経済プロセス」を加速化させていった。

東アジア交易圏の拡大と活力の発揮は、東アジアの人々に地域の意識化と空間の意識化をもたらした。そして、次のような東アジア地域研究の意義と課題が残っている[19]。第1に、ヨーロッパの否定的な（negative）東アジア観ではなく、東アジアの肯定的な歴史（positive history）の創造、第2に、パラダイム転換の企図、第3に、時間軸での東アジア交易圏の基本構造の検討、第4に、戦後への視点と普遍史への構築などである。東アジア交易圏の分析には、ネットワークという概念の使用が有効性を持つ。ネットワークの定義は、具体的な分析対象を何に設定するかによって微妙に異なっているが、いずれの場合も数学におけるグラフ理論の発達に刺激されて整備された新しい分析方法であり、基本的には点の集合と点を繋ぐ線の集合によって表される関係をネットワークと呼んでいる[20]。

2．東アジア分析の視点・枠組と特徴

国際関係における解釈肢は、相手国に対する知識や思い込みと、相手国の人々の知識や思い込みによって制約される（認識の差）[21]。そのため、国際関係とはイメージづくりの戦いでもある。従来の東アジアの国際関係を捉える視点や枠組の大きな特徴は、西欧的影響を受けた伝統的な理論や国際関係のイメージの適用が支配的であった。その理由は、この地域内の諸国は、自ら独自的なやり方で関係を結ぶという近年の歴史的経験をほとんど持たないからである[22]。またそれは、戦前まで国際関係に主体として参加した国が欧米、ソ連、日本にほ

ぼ限られていたことの反映であり、さらに国際関係の研究自体が欧米諸国で形成され、欧米世界を主な対象として発展してきたことへの反映でもある[23]。

　冷戦後の（東）アジアをめぐる様々な議論の大きな特徴は、「自己認識＝アイデンティティ」の模索と密接に繋がっている。そこには、①様々な分野の研究方法を通してアジアの「社会」が検討され始めている。②文化的アプローチとも呼べるアジア研究の方法がある。③説明の手法として、人口動態や生態分析的な方法による歴史的、および現代への接近も行われているのである。これらの地域研究の方法論は、社会科学の方法全体に対しても広がりを持っている。社会科学の場合、それ自体に内在されるとされてきた学理体系の全体性、対象把握の客観性、分析概念の普遍性などに対する疑問が投げかけられ、社会科学の学理体系の「歴史性」こそが問題とされている[24]。

　現在の国際関係に対する2つの代表的なイメージとして、現実主義と多元主義（または自由主義）がある。まず、現実主義では、①国家が最も重要なアクターであり、国際機構、非政府組織は二義的である。②国家はその言動が統制された、一元的で、合理的なアクターとして認識される。③国家の安全保障が中心的な関心事である。そのため、パワー、特に軍事力の重要性と国家の観点から定義される「国家安全保障」に焦点を当てている。④国際社会はせいぜい、国際法と戦争の法で示される程度において存在する。⑤国際関係を根本的によりよい世界に変革することについて悲観論的傾向である、などが挙げられる。

　次に、多元主義においては、①国家以外にも、国際機構・企業、非政府組織・個人（「四元システム」）はすべて重要なアクターとなる。②国家は純粋に合理的に行動するとは限らない。他のアクターは国内で、もしくは諸国家を横断的に活動し、国家の政策に影響を与える。③経済問題、アイデンティティ問題は同様に重要である。「国家安全保障」を広義に定義する。④国家システムに並行的に存在する地球市民社会がますます重要になる。⑤世界政治の変革の可能性について慎重ながらも楽観的傾向を持つ、などが挙げられる。

　東アジア地域研究は、欧米の学問的伝統から生まれたイメージ、概念・理論に偏っており、またその伝統の中では、国際関係への現実主義的イメージによる研究が、多元主義イメージに基づくものを上回っている。さらに、現実主義

と多元主義のアプローチはともに、ある1つの基本的な前提条件を共有している。それは、地域的な変化にほとんど関心を払わず、普遍的な理論のみを適用することである。実際に国際関係論の大多数の研究者は、主流の分析枠組や概念手段を用いた上で、特定地域を分析しながら、説明している。国際地域情勢を分析するときに、専門家の間では欧米とは違った視点と枠組で分析する必要性は痛感するが、それを実践することへの難しさも理解している。

現在、東アジア諸国の国際関係においては、楽観論的視点と悲観論的視点とが併存している。まず楽観論の場合、その根底には次の6つの主要な理由がある。第1に、地域経済統合の増加は、平和の見通しを高めている。東西冷戦終結の以前より、東アジア各国は労働力の安さを売り物に、先進諸国の資本・技術を誘致し、積極的に工業化を進めてきた。そして工業化に成功した東アジア諸国では、国民所得は急速に伸び、消費市場が拡大した。多元主義者たちによると、国内の経済成長や繁栄を国際貿易や投資に依存している諸国は戦争をしたがらない、と主張する。この立場にしたがうと、東アジアの域内貿易や投資における近年の増加傾向は、明るい兆しである。

第2に、多くの東アジアの指導者たちにとっては、主要な安全保障の関心事が国内安定と体制維持にある。つまり、域内各国の軍事力増強は政権維持という治安維持性が強いものである。政治指導者らは、国内政治安定の支柱となる経済成長と繁栄が国際貿易に依存しているため、平穏な安全保障環境（国内の治安安定）は必要である。域外大国であるロシアの軍事的脅威の低下と米国の軍事的影響力の後退、そして中ロ和解などはこの地域を取り巻く国際安保環境の改善となっている。これまで東アジア諸国の外資導入政策はこの地域の国内政治過程を大きく変え、対外政策に影響を与えている。つまり、外交は国内政治と連動されるのである。

第3に、東アジア地域の多くの国々で国内政治が変動し、民主主義や多元主義が広がっている。こうした傾向は、平和の見通しを高めている。東アジア諸国は、近代国民国家の建設と安保の確保や経済成長政策の推進過程で政治的抑圧や反民主化政策、政権維持のための強権統治（権威主義的政治）が行われた。しかし、冷戦期の経済業績は、国内の権威主義的政治体制を擁護する正当性を

与えたが、冷戦の終結と各国の経済達成は国内社会の多様・多元化と成長の歪みをもたらし、その結果体制維持を困難にさせている。国際関係理論には民主主義国家は互いに戦争に向かわないという説があり、民主制でなくても、社会主義諸国の経済成長と経済開放は、政治変動やより複雑な多元主義への圧力を生み出す可能性が高く、異なる体制間の対話と協調を促進していく。

　第4に、より楽観的な見方をする人々は、東アジアにおける顕著な軍備増強を認めるものの[25]、その否定的合意が誇張されるべきではないと主張する。東アジア諸国は、自国の富や買手市場の拡大で軍事技術の遅れを克服する好機にあり、軍備に相当額を費やしている。他の目的は排他的経済水域を防衛するために必要な空・海軍力の獲得である。さらに重要な兵器獲得の理由は、ポスト冷戦期の東アジアの国際環境における不確実性に対して自国を一層確実に防衛しようとする願望である。他の誘因は、国家威信と兵器購入を通して軍事技術を一般実用品に転用しようとする願望である。今までのところ、この軍備増強は、軍拡競争に至っていないのが実情である。

　第5は、東アジアにおいて増大する多国間の対話や協調の好影響を強調するものである。東アジアは、非公式協定、個人的関係の展開や公式機関設立の合意や合法的協約の締結を好む異なる戦略文化を有するため、制度化のレベルは欧州や北米ほどではない。それでも、東アジア地域の安全保障、経済、環境、資源管理などを議題とした公式・非公式的な多国間協議が急増している。東アジア諸国による多国間の安全保障対話の場のASEAN地域フォーラム（ARF）はその好例の1つである。これは、米国の二国間同盟を補完するものと位置づけられている。

　第6は、米国の継続的な東アジアへの関与と日本や韓国との同盟関係の維持である。現在これらの同盟関係は深刻な緊張状態にあるが、米国とその同盟とを結びつける諸要因は、ポスト冷戦期の域内における「力の空白」の補完的代替機能を果たしている。東アジア諸国の間では、多くの点で重要な双務関係が著しく改善されてきた。その変化の1つは、この地域を米ソ2極競争の重要かつ潜在的危機の舞台にしてきた冷戦の終焉であり、もう1つは、1989年以降の中ソ関係改善である。中国とロシアの東アジア諸国との関係改善も著しくなっ

ている。また、イデオロギーと政治の分離によって既に分断されていた東アジア諸国間の双務関係においても、劇的な改善がなされている。

　次に、現実主義的立場をとる多くの研究者たちは、東アジア安全保障の将来についてそれほど楽観的に捉えていない傾向がある。日本、中国、ロシア、および米国といった大国、そして東アジアのサブ・システムは、欧州に見られるような協調的な状況からはあまり恩恵を受けず、冷戦終焉がかえって紛争の可能性を増大させる多くの理由が存在する、とされる。その一例が米国の対中取り込み（engage）政策である。この政策は状況によって封じ込め（contain）に近づく場合もあるが、基本的に中国を敵視するものではない。しかし中国の協力を確保したとはいえない点で欧州の協調的安全保障とは性格が違うものであり、いわば中国の軍事力を牽制する面がある「協調的均衡」に近い政策である[26]。

　悲観論的な現実主義者は次の6つの主要な理由から説明される。第1に、現実主義者たちによれば、国際的な強制メカニズムを欠くアナーキーな世界においては、相互依存とは、依存国家が、その依存先の国家の行動に、より脆弱になることを意味している。特に、国家間の相互依存あるいは互いの依存関係が非対称的であるときには大きな問題となる。したがって、東アジアの経済的相互依存の増大が必ずしも好影響を与えるものではない、と指摘する。多元主義者たちでさえ、当事国の経済関係が不均衡な場合、高水準の経済相互依存が紛争を起こすこともあることを認めている。このことは異なる発展段階における国家間の経済的相互依存の場合にもいえるものである。

　第2に、国内経済成長が常に政治的安定に好影響を及ぼすとは限らない。それは、国内政治制度に緊張を生じさせる地域内や地域間の失業や格差を拡大させることもある。また、東アジアには域内諸国間の政治経済的格差が大きく、個別国家間の経済生産や1人当たり所得のレベルで大きな格差があり、これは国家間の緊張の原因にもなっている。しかも域内の主要な経済勢力は、輸出市場のために東アジアの外をうかがい、また広範な製造分野でお互い重要な競争相手と見ている。しかし、域内諸国間の交流増大は、地域共通の問題の所在を相互に確認し、その問題についての対話と相互理解を促す、制度化された対話を通じての「信頼醸成のプロセス」が養成される場合もある。

第3に、民主政体は相互に戦争に向かう傾向が少ないとしても、多くの政治制度が権威主義政体もしくは新興民主政体である東アジアでは、この議論は有効ではないと見なされている。実際に東アジア地域の関係国は、文化的・宗教的なばかりでなく政治経済的にも多様な諸国から構成されている。しかも、各国には政治的に不安定な要素があり、そのため安全保障上の不確実性が高く、また潜在的脅威もあって東アジア国際情勢が不安定化する危険が潜んでいる。しかし、域内諸国間の協調ムードという新しい状況に直面して、国家に対する特定の固定観念・慣れ親しんだ思考様式が、新しい認識枠組の中で理解しようとする動きも現れ、その結果、従来の見方を変えることがある。

　第4に、東アジアで本格的な軍拡競争が行われていないとしても、近年における潜在的攻撃力の急激な強化は軍拡の原因となりうる。また東アジアを取り巻く関係大国の戦略バランスの変化は、東アジア諸国の経済成長を背景とした軍備の拡充に乗り出す原因にもなった。日本の軍事大国化傾向と中国の台頭がその一例である。中国は空母建設計画の進行、ミサイル搭載原子力潜水艦部隊の増強、近代的陸戦隊の拡張、空軍の近代化、核実験の強行によってその軍事力を強化しつつあり、周辺諸国における中国の覇権大国化の懸念と中国脅威論が高まっている。しかも東アジア地域には、朝鮮半島と中国・台湾の2つの分断国家があり、この地域における民族、宗教、文化的分断と国家主義的な対立や、西欧型人権と文化相対主義をめぐる欧米諸国と東アジア諸国間の対立が存在する。

　第5に、東アジアの成長する多国間対話は平和の維持に役立たないかもしれない。現実主義者は、ルールを強制する指導力のない多国協力体制は、2極体制時代よりも無意味なものである、と考えている。この地域の政治的・社会的な多様性は、広範な東アジアの安全保障共同体の形成を極めて困難にするものである、と見なすのである。しかし、域内諸国間に対する新しい多国間主義の動きと東アジアのアイデンティティ模索の試みは、複雑な国際関係の因果関係を解き明かし、国家がその利益を確認するのを助け、幅広い議論のための共通の枠組を提供する。また、具体的な政策上の選択肢を提供し、各国の意思決定過程に影響力を行使することができる。

第6の理由は、米国の東アジア地域への関与に対して高まる疑念と米軍撤退の悪影響への疑念である。朝鮮半島の緊張状態や台湾海峡危機などを考えれば、米国がすぐに撤退すると考える者はいない。その一方で、米国が将来にも東アジアに軍隊を展開し続けるであろうと懸念する声は高まっている。東アジアには実質的な多国間政治組織や同盟が欠けており、現実主義者は、協力と制度的発展の将来についての本質的な懐疑を主張している。そのため、米国は冷戦後の駐留米軍削減計画を変更し、現状維持的な方針を打ち出した。それは米国が軍事的プレゼンスを継続することによって、「力の真白」が生じて急激な戦略バランスが崩れないように保障する必要があると考えているからである。

　以上の楽観的視点と悲観的視点との論議では、東アジア全体の将来に関して大きく異なる意味を持つ。はたして東アジアの将来は過去よりも良くなるのか、それとも悪くなるのか、という合意が明らかに欠けている。それは、東アジア地域の変化をどう見るのかに関わっている。東アジアの高まる経済統合が紛争を拡大するのか、それとも平和を促進するのかという見方によって、肯定的評価と否定的評価とにその評価が分かれるのである。東アジア全体の経済融合の好影響を疑うのであれば、経済統合が非常に不均衡な東アジア地域にこそ懸念する理由が数多く存在している。

　さて、第2次世界大戦以降の東アジア新興諸国は、旧宗主国から引き継いだ国境線の下に「国民」を如何に現地人の手で束ねるかという国民統合の課題と、どのような経済設計で国民を養うかという二重の課題を解決する必要があった。これは、東アジア各国にとって脱植民地化のための大きな課題でもあった。しかし、独立直後の国内的には様々な分離独立の動きや現地エリート間の激しい権力争いなどによる国民統合の危機が存在し、また国内資本や企業の欠如などによる経済設計の難題をも抱えていた。独立後の東アジア諸国を待っていたのは、このような政治と経済の危機であり、それは植民地時代の遺物ともいえるものであった。この最中に、米ソ冷戦の影響がこの地域に浸透し、新たな変化の転機をもたらすことになった。

　米国は共産主義の拡大に歯止めを掛けようとし、東アジア新興諸国に反共のための同盟を求めた。その頃、混乱の真っ只中にいた東アジアでも、政治不安

の一原因である共産主義勢力の排除を是とする国家エリートが台頭していた。彼らは混乱期を通して、国民統合や国の繁栄を進めるには経済開発しかないと考え、その「手段」として外国からの援助を利用することは独立の精神とナショナリズムに反しないという論理を備えていた。そして、西側諸国からの軍事援助や多額の経済支援を利用することになり、その見返りとして米国などの反共姿勢を支持した。こうして東アジア諸新興国は、反共と経済開発という２つのスローガンが冷戦の浸透とともに、混乱期からの脱出を図ることになったのである。

　以来東アジア各国は、「効率」的な経済開発の推進と国内政治の安定化を図る必要があった。外資の導入（とその奨励）には国内の政治安定は不可欠であり、労働争議や農民反乱、もしくは私欲追求中心の政党政治によって議会が混乱するようでは外資の導入ができない。したがって、開発という国民全体の究極利益を追求するには政治が安定し、しかも長期の経済開発には長期の政治安定計画が必要とされた。そこから「安定主義」のイデオロギーが生まれ、開発のための安定という正当化の下で、国民の政治参加は極力抑えられる制度が作られていった（国民の「脱政治化」）。こうして反政府活動は弾圧されるという権威主義型国家体制ができ上がったのである。

　このような政治経済のインフラを整備した東アジアの開発国家は、日本を含む先進国からの援助と外資を積極的に誘致し、急速な経済成長を進めていった。しかし、冷戦期の東アジア諸国の「奇跡」的な成長には、開発国家の歪みや非民主的な政治体制と人権抑圧などの歪みの上に成り立っていた。これらの政府は、「国の繁栄」と「国民統合」を目指して、反共とならんで開発というスローガンを国是としてきたが、その裏には歪みが存在した。国民統合は、社会調和の構築ではなく安定という名の抑圧にすり替わった。国の繁栄は民衆には幻想でしかないことになった。こうした反共絡みの開発国家による国民不在的な政策の推進は、民衆不在の植民地国家の現代版ともいえる皮肉な過程であったのである。

　東アジア各国の政治指導者にとって、高度経済成長の実現と継続は政権パフォーマンスを正当化させるものであった。しかし、成長が止まれば強権政治の理

由も失う。冷戦下では西側諸国の援助と外資が成長の潤滑油であったが、冷戦の終結という世界秩序の変化は東アジアの開発国家に大きな影響を与えた。共産主義の脅威は過去のものとなり、米国の対外戦略も大きく修正された。国内的においても、共産主義の脅威が消えた時点で、政治活動が制限される根拠はなくなった。メディアや知識人は普遍的民主主義と人権擁護のために動き出した。政府対抗エリートや新中間層と民衆は、権威主義統治に全面的に挑戦し始めた。こうして東アジア諸国には民主化運動が流行になり、その活動が活性化したのである。

第2節　東アジア地域研究の現状とアプローチ

1．東アジア地域研究の位相

　12世紀ヨーロッパのルネサンス以来、西欧諸国は膨大な知的・物的資産を蓄積しており、社会科学もその知的資産の重要な一部分である。社会科学は、19世紀までには特殊西欧的な理論体系に止まったが、20世紀の欧米諸国勢力の世界的拡大を通じて普遍的社会科学の理論体系として世界に提示された。今日においても、依然として「近代」という普遍主義が有力である。しかし、20世紀末以来噴出した諸事象は、近代社会が多くの矛盾を抱えていることを明らかにした。そのため、近代西欧に起源を持つ普遍的な社会科学を一度相対化し、新たな理論構築の必要性が現れている。その過程で、従来の社会科学を支えてきた基本的価値と概念の再検討、そして現実的な枠組替えが迫られている。

　東アジア地域は、それぞれの地域の歴史と固有の伝統文化などによって、欧米とは異なる特質が見られる。従来の国家間の規範的・現実的な関係を律する国際（法）秩序といえば、西欧キリスト教文化諸国から生まれた西欧国際（法）秩序を示している。それは、近代化過程において、西欧キリスト教秩序の他文化圏への浸透と帝国主義的植民地支配の拡大につれて、西欧国際（法）秩序は、国際社会における一般的国際（法）秩序としての基盤を固めたものと見なさ

れてきた[27]。しかし、近年のイスラーム復興運動や東アジア諸国における自己覚醒などは、西欧国際（法）秩序がこれらの地域において必ずしも当然に適用されている国家の規範ではないことを示している。

　新学問の創造の背後には、大きな社会変動とそれなりの富と力の蓄積があった。その意味で、急速に発展しつつある東アジアの諸地域から導き出される社会法則の一般化は、21世紀の新たな社会科学の創出に大きく貢献する可能性を秘めており、ここに社会科学としての東アジア研究の重要性がある。地域研究は、特定地域の総合的理解を目指しているが、東アジア地域研究は既存の総合的理論の不在などの要因もあって、それほど簡単な問題ではない。個別科学が深化すればするほど、一人の学者による学際的研究の困難さは増大する。共同研究の方式は有効ではあるが、それを統合することは容易ではない。それにもかかわらず、一定地域の総合的理解に対する強い学問的・社会的要請は存在する。

　近代以来の国際関係のアプローチは、近代国家を単位として、その主権性・領土性・国民性を柱とし、その単一性・均質性・対等性を基準とすることに馴れ親しんできた方法である。このアプローチは、地域性・民族性・宗教性・歴史性をめぐる地域の差異や、さらには「国家」自体の差異を問題化せず、また「地域システム」の理解に対しても大きな限定を与えてきた。そこには、国際体系を構成する上で不可欠な広域地域性・地勢・地政の要素、総じて広域地域の内在的な動態＝地域システム追求の志向は、検討の直接的対象とはならず、あくまでも国家の枠組から地域を照射するに止まり、歴史的視点や歴史観にも大きく影響され、多地域・多民族・多文化を均一的な近代国家枠組で理解していた[28]。

　従来の社会科学という学問分野は、それぞれ個別化なり過ぎて総合的な判断が難しい状況になっていた。それは、一定社会における多様化または多元的な動きの反映であり、それなりの価値を持っている。しかし、そうした中でも共通の共感を持ち、相互的な判断ができるような基準や価値が必要であり、21世紀に要求される課題になっている。ここでは、東アジア研究において、以下のように地域分析の4つの主要な問題領域を設定して、それぞれの領域に社会科学の研究成果を導入して新たな総合を模索することを課題とする。そこでのキー・

ワードは、「歴史」「構造」「比較」「関係」である。この4つの領域は、排他的であるというよりも、相互浸透的なものである[29]。

2．東アジア地域の歴史

　今現在生きている我々は、歴史にとらわれた存在であり、それは世界中の誰一人として例外なくそうなのだからこそ、我々は歴史という過去を深く知り、そこから未来に対してどのような姿勢で臨めばよいのかを学んでいる。現在の事件も、歴史をさかのぼって原因を考えると、わかりやすい。歴史家たちは、第1次資料を見る能力や伝統社会に対する理解が優れる反面、社会科学的概念や比較的観点から自国社会を見る視点が弱くなり、社会科学者たちはこれとは反対である。そのため、相互の長点を動かしながら弱点を補完する方法で緊密な協調の下で共同研究を行う必要がある。そして、その過程では従来の西欧理論による地域的な現実分析や説明および検証の限界を克服し、独自の東アジア的な視点や分析枠組の必要性が一層求められる。

　一定地域の現在は、その時系列（歴史）的発展の結果である。しかし、ここでの歴史は、単なる過去の事実の解明ではなく、現代的関心が過去に投影されたものだけに限定する。過去から継承されてきた政治・経済・社会などの構造が地域の現在を説明するのにどれだけ有効なのか、またその限界はどこにあるのか。歴史の教訓と歴史意識が政策決定にどのように作用するのか。このように過去と現在との連続性を解明することによって、地域の将来の発展を展望することができる。そこで求められるのは、現在と過去との対話という意味においての歴史である。実に、東アジア諸国の中には、近代史の犠牲者として、現状回復を求め、強い国民国家を念願する認識が各国のナショナリズムの根幹にある。近代史の中で屈辱が大きかったため、その反動として強い国民国家への執着が強くなったのである。

　20世紀はナショナリズムと国民国家の時代であり、次々と植民地領土が消え、国民国家（nation-state）という政治共同体が続々と生まれてきた。国民国家は、現在の国際社会で承認されている規範原理である。1つの国民が1つの国家を持

ち、それは1つの均質な領土を排他的に専有することで実現される。国家とは、平等にして一体である国民の共同事務機構であるとともに、その生命維持装置であり、そのため国家主権は絶対的である（国民国家の要点）。また、これが規範原理であるということは、現実に存在しているすべての国家が国民国家であることを要請されているということであり、個々の国家は、この規範原理の実現（完全な国民国家の実現）を目指すものであるということである[30]。

　東アジア地域の20世紀は、国民国家の規範原理をめぐって展開されてきた。この世紀の前半は、そのほとんどの地域が西欧と日本の植民地支配もしくは半植民地状況に置かれ、それからの解放と新しい国民国家の創出を目指す営み、つまりナショナリズムが最も重要な出来事であった。また第2次世界大戦以降は、植民地が次々と独立国家に変わった。そして、独立後東アジアの各国家は、国家建設、国民統合などの課題、つまり国民国家の規範性を内実化するための営為を積み重ねてきた。さらに近年は、各国民国家が経済発展を国家目標として定めて繁栄を目指している。ナショナリズムと国民国家は、20世紀東アジアの共通課題であったのである[31]。

　それでは、東アジア史の特質とは何か。東アジア史を考える場合に2つの視点が浮上する。その1つは、20世紀東アジアの歴史が世界大の大状況と必ず結びつき、その大状況を反映している時代であるという世界史、人類史として描かれたことである。もう1つは、それぞれの地域が他から自立した動き、他から明確に分け隔てられた主体的な動きを展開する時代、各地域がそれぞれに独自の個性を示す「地域」として成立する時代であったことである。20世紀後半の歴史は、個別化のベクトルを示してきている。その第1の主体は国民国家という政治単位であり、それぞれの単位ごとに自国史や国民史の内実が作り上げられつつある[32]。

　しかし、この個別化ベクトルだけが現在の人類史を作り上げているのではない。人類は20世紀末において、顕著に2つのベクトルによって突き動かされている。その第1は、「同化のベクトル」である。そこでは、「世界大で共有されうる（されるべき）価値規範」が成立しているという認識が次第に広く受け入れられている。個人人権の尊重、市民的自由、政治的民主化、地球大での環境

保存、自由主義的な経済原理などを「普遍原理」として承認し、その「普遍原理」を実現しようというベクトルである。こうしたベクトルが東西冷戦の終結後にますます顕著になっている。

　第2は、「異化のベクトル」が存在している。異化とは、何らかの政治主体が個別性を主張し、さらにその実現のために同化ベクトルとは逆方向のベクトルへ進むことである。これを担う主な主体は国民国家である。国民国家の主体性とは、現に国民国家として成立している状態から、より高次の国民国家の実現を目指すための政治的営為であるだけでなく、いまだ実現はされていないが、やがて国民国家になることを目指す営為も含まれる。それは通常、現在の国民国家からの分離・独立、ないし既存の複数の国民国家の国境線の改変・再編成として具体化される。これらの動きは異化のベクトルであり、冷戦終結以降の民族（エスニシティ）の復権や再編としてにわかに激しさを増している。

　東アジアの状況は、この2つのベクトルを顕著に示している。この地域は、一方では経済開発と自由主義経済が覆い、その結果が成功的に示されているが、他方ではこの地域は、政治的民主化、人権、環境保存等々をめぐって世界大の規模で唱えられつつある同化のベクトルに対して強い抵抗力が示されている。分離独立運動が各地で見られるのみならず、それぞれの国家は、その政体や国家原理、開発政策のイデオロギー、国民統合の理念と方法等々について、それぞれに異なる様相を示している。東アジアにおいては、そのような異化を促す二重の契機が存在している。その1つは、「開発政策の成功」であり、もう1つが、「東アジアの異質性」である。

　前者は、開発政策の成功そのものが、異化のベクトルを一層強めていく契機である。そこでは政治的民主化や環境保存などの「普遍原理」のうち、経済開発とその成功（「豊かな生活の実現」）が、「普遍原理」そのものとなる。つまり、開発自体が人類の「普遍原理」を実現することであり、文明原理を「いまここで」実現することであると主張される（開発主義のエッセンス）。ここでは、「貧しさからの離脱」というナショナリズムの一要素が、さらに正当性を賦与する。植民地的（植民地主義的）経済構造の打破とそこからの離脱（近代化の達成）という目標設定や「南北問題」という状況設定そのものが、開発主義を正当化

し、開発が「普遍原理」を代位する論理をさらに促すことになる。

　後者は、東アジアの諸国が一様に開発主義を掲げこれを推進しようとするまさにそのことのゆえに、それぞれの国民国家は、それぞれの共通性ではなく、それぞれの異質性の自己証明を要請されているということである。さもなければ、どこででも一様に追求される開発政策、どこにでも一様に出現する消費文明、どこにでも一様に環流する文明の情報が、1つの国民国家ともう1つの国民国家の見かけ上の類似性をますます昂進させ、その結果、それぞれの国民国家は、国民国家という政治的共同体のその存立根拠そのものを危うくすることになる。そのため、自らの存立根拠を確固するためには、なぜ経済開発を追求し、豊かな生活を希求するのかについて、それぞれの異なった答えを出す必要がある。

　東アジアのほとんどすべての国民国家は、何らかの共通性（民族、言語、宗教、植民地宗主国）を基礎として築かれ、このような共通性を強め、隣国との異質性を際立たせる方向で、「国民的伝統」を創り上げてきている。自国内に満ちている共通性と、自国と隣国との間に立ち込めている異質性は、本来は極めて漠とした稀薄なものであるが、それぞれの国民国家にとって得がたい資源となる。この資源を繰り返し用いることで、各国は「国民的統合原理」と「国民的伝統」と「国民的文化」とを創り出す。「伝統」はひと度創られるや、それ自身のダイナミズムで成長して、自他を弁別し分離していき、それまで漠としていた稀薄な異同（宗教、言語、文化、植民地支配の経験など）は、国民国家を外周として囲い込まれるようになる[33]。

　その一方で、「普遍主義」の潮流は個々の国民国家の防波堤を刻々と叩き始め、しばしばそれを乗り越えて流れ込み始めている。情報の開放や民主化や人権問題や労働問題や環境保存などについて、内と外との「普遍主義」の担い手が呼応し合う状況も、抗し難くなりつつある。非政府組織の果たしている歴史的（世界史的）役割もますます注目されている。開発政策が経済活動の開放化と国際化を根幹として行われてきたのに引き続いて、現在は政治的自由と「普遍原理」に関わる開放化と国際化の波が、東アジアの国民国家の門口を洗い始めている。このように東アジアの20世紀は、とりわけナショナリズムと国民国家の時代であるとともに、その存立根拠が問われ始めている時代でもある[34]。

3．東アジア地域の構造と変動

　一般に構造とは、システムとサブ・システム、そしてそれらを構成する諸要素の有機的結合として捉える。広い意味での社会を構成するものが適応、目標設定、統合、価値保存という4つの機能を司るサブ・システム（パーソンズ・モデル）であり、そこには暗黙のうちに次の2つのことが前提にされている。1つは、諸集団間、制度間には明確な差異や、時には障害があることで、そうでなければ複数の集団・制度が形成されない。もう1つは、構造にはある種の安定性、固定性があることである。そして、開発ないしは発展というとき、それはある安定していた構造から他の構造へ、その内部の構成要素が変化することによって変化していくことを意味する[35]。

　一定の地域は、多様な要素からなる構造を有する。主な課題は、政治と経済の相互作用であり、それに社会、文芸、思想、価値体系の諸側面が加わる。そこでは経済発展と政治体制の変容、工業化と産業構造の変動、産業化と社会変動、政治・経済発展と価値体系との相関などが重要である。しかし、それらの社会構造変動に関する説得的な理論が不十分な実情である。環境など外部からの如何なる刺激がどのように伝わり、内部でどのような連鎖反応が起き、安定していた構造を如何なる条件の下で突き動かすのか、それとも純粋に内部だけの力により変動が起きるのか、様々なケースがある。革命は熾烈な社会変動であるが、そのような変動のパターンでさえ、そのメカニズムは千差万別である。

　一般に社会変動モデルには大別して2種類がある。それは、近代化論とマルクス主義的な史的唯物論である。近代化論は、前近代と近代の2つの段階に区別され、前近代の構造を打ち破って近代に進むことを歴史の進歩と捉える。一方、マルクス（Karl Marx）らの主張する史的唯物論は、社会は原始共産制から古代奴隷制、中世封建制、近代資本主義へ、そして共産主義へと上昇していくという5段階の歴史発展段階を唱えるものであり、そこでは近代論とは違った意味で単線的な歴史発展が想定されていた。また、構造変動の原因を生産力と生産関係との対応・矛盾に求め、経済的土台と上部構造との相互関係に社会システム全体を見る、きわめて単純化された社会変動仮説を唱えていた[36]。

近代化は、伝統的、前近代社会から、「先進的」で経済的に繁栄し、比較的政治的に安定した西欧諸国を特徴づけている。テクノロジーとそれに関連した社会組織のタイプへ、「全体的」に移行することが近代化である。したがって、近代化の裏側には合理的な経済機構、民主的な政治形態、都市的な生活様式、それにマスコミュニケーションの発達と自律的個人という人間類型が、その置かれた体制的文脈を離れて普遍化する。その有力な過程が技術進歩的な産業化を実質とする経済の近代化であり、それは一元的で普遍的性格を持つものとされた。ロストウ（W. W. Rostow）の「成長の段階論」も、すべて先進諸国における近代化過程、つまり国内経済社会構造転換の過程を概念化したものであった[37]。

そして、近代化を遂げるための経済発展論とは、実に発展途上国における社会構造変動を分析するための経済学であり、そこには様々な学派や思潮が存在した。大別すれば、構造を重視する構造主義学派（structuralist）とそれを否定する新古典派（neoclassical）に分類される。前者はまた、発展論の主流を占める近代経済学者の正統派（orthodox）と、マルクス主義派（Marxist）やネオマルクス主義派（neo-Marxist）からなる異端派（heterodox）とに分かれる[38]。こうした両学派・思潮に基づく経済発展論は、東西冷戦期に米ソ両国が同盟諸国を巻き込みながら、両国間の政治軍事の争いとともに、激しい競争を展開していった。

経済発展論は、東西冷戦期の1950年代から1960年代に西側の経済学界において活発に展開した。経済発展においては、その影響力が絶大であったルイス（Arthur Lewis）のモデルなど、一般に二重構造モデルと呼ばれているものはすべてここで言う構造主義的発展モデルに分類される。すなわち、発展途上国は農村などの伝統社会と都市などの近代社会とに区分され、その間にはある種の障害が存在し、両部門の人々の行動様式や経済メカニズムには明確な差異があると考える。いわば、過去の植民地社会では、近代都市部門と伝統農村部門という、断絶した二重構造モデルが見られていたのである。

経済発展とは、このような伝統社会主体の経済あるいは「慣習経済」や「指令経済」という非市場経済から抜け出て、市場発展の第1局面から中期の局面を経由して最終的には近代的局面へと移行する過程である。また発達する市場

とは単に国内市場だけでなく、国際的な市場をも包み込むものであり、近代経済化過程とは国内経済と世界経済との連関、結合が進展していく過程となる[39]。その間、経済の産業化の波は産業化に成功した国から次々と国際的に波及していき、ガーシェンクロン（Alexander Gerschenkron）の言う「経済的後進性の利益」仮説のように、遅れた国ほど先進国へのキャッチアップ・プロセスが速まるという、「圧縮された」成長が国際化した途上国ほど見られることになる[40]。

それに対してマルクス主義者の開発論では、伝統社会における地主・小作関係など、遅れた生産関係が蓄積（剰余）を生産力に転化させることを妨げているとして、社会構造を支配・従属の階級的視点から捉え、このような構造を抜本的に転換すること、いわば「社会主義化」に経済発展の真の姿を見ていた。また、従属論者や世界システム論者のようなネオ・マルクス主義者は、「中心―周辺」仮説を唱え、資本主義先進国＝「中進国」における経済発展＝資本主義化が、一方では犠牲者としての「周辺」＝低開発国を生み出し、世界市場の発展と途上国の低開発・停滞との間にゼロサム・ゲーム的な関係があると主張する。これは一種の世界的レベルでの階級構造とその変動モデルでもある。

しかし、こうした経済発展をめぐる様々な構造変動仮説・モデルは、1つの共通した欠陥を抱えている。従来の相対立する2つの歴史発展段階モデルは、一元的歴史観に基づく単線論的な発展モデル＝構造変動モデルである。しかし、歴史的あるいは世界的な普遍性を主張しようとしたものはすべて、今日その綻びを至るところで露わにしてきた[41]。マルクスの史的唯物論は、マルクスの想定した経済的土台が上部構造を決定し、生産関係が生産力を支配し、その中でも所有制が生産関係を決めるという単純化された構造モデルではすでに歴史は説明できなくなってきた。ネオマルクス主義者の従属論も、東アジア諸国の発展経験によってその理論の妥当性がきわめて限られることになった。

また、近代化論は欧米の発展経験を普遍化したものであるが、すべての国・地域がこうした近代化過程を一様に経るものと想定することが困難となっている。発展の初期段階には「開発独裁」ないしは権威主義的政治体制がより有効であるとする議論が有力であるが、そうであるならば、民主的な政治形態や自律的個人といった西欧的な近代化は東アジアの多くの地域には妥当しないことに

なり、近代化理論なるものの客観的妥当性が疑問視される。なぜ、シンガポールや韓国、台湾は権威主義的政治体制でもって経済発展に成功したのか、そしてそれら諸国は一定の経済発展を遂げるとなぜ政治的民主化に取り組み始めるのか。従来の近代化論とは別の枠組が必要になってくる。

　要するに現在においては、一元的歴史観に代わる多元的歴史観が求められることになる。そこには次の3つの意味が込められてくる。第1に、国によって、地域によって多様な発展のコースが存在しているのであり、あまりにも単線的な発展段階論になっている。そのため、マルクス主義・近代化論者はともに、根本的な見直しを余儀なくされている。したがって第2に、発展を決めるものは多様であり、また多元的である。所有制や階級といった特殊な構造的要素を歴史の動力とするマルクス主義的歴史観とそのモデル、それとは逆の意味で経済中心、市場万能の近代化パラダイムは、東アジアの現実を説明するにはあまりにも単純化されたゆえに、非現実的枠組になっている。

　そして第3に、こうした歴史観や枠組、一般理論などを再検討する道具は、最終的には理論と現実との絶えざる対話、実証作業の積み重ねしかない。その際、西側世界には属せず、多様で複雑な現実を用意してくれる東アジアこそが理論を再検討する最適な場となる。例えば、マックスウェーバーの有名な宗教社会学的仮説は、「儒教資本主義」と称される東アジア諸国の経済発展の経験の前に疑問視される。すなわち、彼は、儒教にはプロテスタンティズムにおけるような神との契約、緊張観念が欠如しているために資本主義の精神は育たないと主張したが、日本を初め、アジアNIES諸国における資本主義経済の顕著な発展は、彼の予見（仮説）を否定する有力な根拠になる[42]。

　それでは、東アジアにおける構造変動には他の地域と比べてどのような特色が引き出されるのか。第1は、急速に経済が発展し世界成長の1つの極を形成している地域であるため、他の地域と比べてその産業化、都市化、国際社会化などの社会全体の面においてより大きな構造転換があったことである。世界の中で東アジアは他の地域群を抜いて高度成長を達成し、しかもますますその傾向が顕著になっている。第2に、その経済発展が多くの場合、国家によって指導されていたことである。東アジア諸国における市場主体と政府介入による輸出

指向型の発展戦略は国際的な注目を浴び[43]、従来の経済発展と社会構造変動に関する既存のモデルの有効性を大きく修正するものになっている。

　そして第3に、東アジアは世界の中で最も多様な構造を持った社会、あるいは国々の集まった地域である。この地域には、多様な民族、文化がある。また、経済については様々な発展段階にある国が集まり、政治的にも自由民主主義体制や権威主義体制、さらには社会主義一党独裁体制といった多様な政治体制が併存している。社会的にはさらに一層複雑であり、国内は農村・都市、近代部門と伝統部門の二重構造からなっている。しかも宗教、民族、言語、イデオロギーなどによって社会は多重構造化されており、他の地域には見られない混沌とした多様性に溢れている。そして、多重な構造は、しばしば深刻な対立と不安定とをもたらすのである。

　第4に、こうした多重構造のために急速な経済発展を遂げたといっても、多くの様々な伝統要因と言われる古い構造的要素がそのまま残存したり、あるいは変形したり、ときには発展への阻害要因となり、ときには発展を促進するという、きわめて複雑な構造と構造変化を見せている。市場メカニズムを軸とした経済発展は、古い制度や価値体系を一面では消滅させたり、破壊したりするものの、ある場合には消滅したはずの制度、慣習、価値、文化が急速に盛り返してくる。また第5に、ヨーロッパでは終焉した「社会主義」が、少なくともイデオロギーとして、またそれを体現した政治権力として依然存在している。中国、ベトナム、北朝鮮では市場経済化しているものの、体制は維持している。

　こうした多様な構造を持ち、しかもダイナミックに変化してきた東アジア社会を前に、従来のモデルや方法論、とくに西側で発達してきた枠組の限界が次第に明らかになってきている。とはいえ、これらの枠組をすべて捨ててしまうのではなく、これによりどこまで現実を捉えられるのか、既存の研究はどこまで明らかにしたのか、冷静に見詰め直す必要がある。また、社会の変化した側面だけにとらわれるのは誤りであり、動かない基底的部分にも十分に目を配るべきである。そうした意味で、東アジアという対象地域の構造と構造変化を如何に複眼的に捉えるかが問題となってくる。東アジアの構造変動に焦点を当てた地域研究は、豊かな実りある学問を開拓させてくれる絶好の舞台なのである[44]。

4．東アジア諸国・地域の比較

　地域は、決して孤立して存在しているものではない。一定地域の特徴は、他地域との比較において最もよく理解される。そのため、各国別（個別）研究の蓄積を踏えた比較分析の作業が必要であり、さらにはテーマごとにミクロ・レベルにおける多面的かつ実証的な研究が要請される。また、国際レベルの地域比較を行う際に最も重要な視点となるのは、諸事象自体が良いものなのか、あるいは悪いものなのかという単純な二分法的な視点を把握かつ提供することに意義があるではなく、その諸事象の良いものの中から悪いことを発現し、あるいは諸事象の悪いものの中から良いものを発現するという立体的で総合的な判断力を提供することにある。多様な比較の基準を設定することが必要である。

　ここでは、政治・経済体制の発展とその構造、イデオロギーと価値体系、指導層の諸問題が主要な比較の対象になる。1945年8月、日本の敗戦によって東アジア諸国は相次ぐ独立を遂げてきた。この間に東アジア諸国は、国内の左右の対立が米ソ冷戦と結びつく（「国内冷戦」）ことによって、朝鮮半島、中国、ベトナムに分断国家がつくられ、ベトナムは統一されたものの、南北朝鮮と中国・台湾の間では依然として分断が続いている。また、朝鮮戦争、ベトナム戦争、カンボジア内戦といった大規模な戦争から中印紛争、印パ紛争、中越紛争などのような小規模な戦争に至るまで、米ソなどの大国の介入を含んだ東アジアの「熱い戦い」が続けられてきた。

　このように米ソ冷戦と国内冷戦が結びつく形での激しい変動を続けてきた東アジアにおいては、1955年4月のバンドン会議を契機に「アジアのナショナリズム」の熱気が頂点に達したのち、1950年代後半の米ソの平和共存と1950年代末からの中ソ対立の中で、東西対立と南北問題が交錯する状況がつくられていった。この流れに沿って、1960年代以降には国連（「開発の10年」）と先進国（その集まりがOECD）が第三世界の経済発展を優先させるために援助する方向が明らかにした。そして、東アジアにおいても、分断国家の韓国、台湾、次いで香港、シンガポールにおいて米国、日本からの援助、投資を受けて工業化が進み、1970年代末には、これら4つの国と地域がNIESとなった[45]。

東アジアで国際関係の重層性を意識的、積極的に活用する試みはASEANによって行われている[46]。1967年結成のASEAN諸国は、1970年代から1980年代を通じて輸出志向の工業化を進め、高い経済成長を達成し、ASEANとしての地域協力の歴史とともに、高い評価を受けている。しかし、東アジア地域の工業化過程は、韓国における軍人政権、台湾における国民党政権、香港における英国の政庁、シンガポールにおいては人民行動党政権といった強権的な政権によって推し進められたため、「開発独裁」「開発政治」「権威主義体制」といった批判的な形で捉えられ、またASEAN諸国の場合も、強権政治であるという批判がある[47]。

　こうしたNIES、ASEANの経済成長が目覚ましく進む中で、中国でも1978年以来開放と改革の政策が強力に進められ、華南、上海、東北などの沿海地域が先進的役割を果たし、台湾、香港、東南アジアの華人・華僑と結びついて急速な経済発展を遂げつつある。そして、1989年の天安門事件に対する米国を中心とする西欧先進国の批判にもかかわらず、「社会主義市場経済」を目指して進んでゆくことにしている。この中国に対して、市場経済を進めれば社会主義の基礎である公有制度が崩れ、私有化が進み社会主義が変質すると見る資本主義諸国の見方に対し、あくまで共産党の一党支配の下で経済発展を進めようとする中国の実験は、その成否が21世紀の東アジアに大きな影響を与える[48]。

　国際比較論・歴史論的に見た場合、21世紀初頭の東アジア諸国の多くは、民族、言語、宗教などの多様性の中で、血縁、地縁共同体から地方首長制を経て王朝をつくり、西欧先進国の植民地支配を受け、さらにこれらの支配を打破するという名目で東アジアに進出した日本の占領を経験していた。そして、日本の敗戦により相次いで独立を達成し、米ソ冷戦の下で、西側、東側、非同盟中立という立場をとり、相互に対立をはらみながら政治的独立と経済的発展を志向するという共通性を持っていた。これに加えて、多くの東アジアの人々が持っている精霊信仰、稲作儀礼、ヒンドゥー、仏教、イスラムといった宗教、儒教、道教といった多様な宗教・文化が混交して東アジアの人々の価値観を形成している。

　さらに、西欧近代の個人主義に対比される集団主義、個人の平等よりも上・

下のヒエラルキーに重きを置く社会規範、相互扶助と話し合いの伝統などは、東アジアにほぼ共通のものとなっている。しかし、民族と言語の違い、宗教の混交のあり方、王朝支配や植民地支配や日本軍政の違いなどによって東アジアの各国の独立運動の担い手と独立後の政治体制、経済発展戦略が違うという東アジアの多様性がつくられてきた。まさに東アジア地域は多様性と共通性が混在しているのである。

　しかし、ここにも近年民主化の潮流が顕著になった。1980年代半ば以降の政治的民主化のプロセスの中で、東アジア各国内の市民社会は急速に成長した。経済成長による中間層の台頭がその大きな基盤であった。このように力をつけてきた市民社会が国家の政策決定過程に直接関わり、影響を及ぼす構造が出現した。以来東アジア各国は、多様なパターンの民主化移行と定着が始まり、この民主化政権の成立とともに、民間部門からの政策決定過程への参画、大衆の政治参加、世論の政策への影響など、多様な回路を通して、市民社会の価値、発想、利害が国家の政策に直接反映されるようになった。

5．東アジア地域の関係

　東アジア地域間の相互依存が増大しつつある現在、その地域間の関係は地域研究の重要な研究領域の1つである。その中でも、国際関係は最も重要な局面である。地域研究の特性を活かし、各国の国際関係を、権力政治的な国家関係論だけではなく、歴史と文化・思想をも取り込んだ国内情勢と十分関連させて捉え、しかも域内の国際関係、地域間関係、域外との関係など、重層的に把握する必要がある。前近代東アジア国際体系である「華夷秩序」は、中華世界の理念であったと同時に、現実の諸関係を律する規範・規則であり、その内部には、統一的な交易・交流ネットワーク（海域圏と大陸圏）が存在していた。前近代の東アジアの国際体系は多様・多元的な地域システムが重層する構造であったのである[49]。

　近代東アジアの国際関係は、19世紀の東アジアに到来したヨーロッパ勢力と東アジア各地の現地社会との接触によって始まった。近代資本主義・帝国主義

の物理力、制度的、思想的な力をもって襲来したヨーロッパに対して、東アジアは対抗し、抵抗し、妥協した。しかし、東アジアと欧米との競争は、結局東アジアが敗れ、東アジアは従来とは異なる国際関係を経験してきた。「西洋の衝撃」を構成する最大要件の1つが近代国際関係であり、いわば「地理的大発見」に端を発したヨーロッパの世界的拡張が、産業革命を経て、北東アジアに到達し、ついに近代ヨーロッパ型国際関係の世界化（「世界システム」）が実現した[50]。

　しかし、ヨーロッパ中心の国際社会への東アジア参入と、その「刺激―反応」モデルに対する通説的理解は、近来の東アジア研究から修正が提案されている。その1つは、従来の通説では、近代ヨーロッパ襲来以前の東アジアには国際関係が存在しなかったということが暗黙の前提とされ、あるいは存在したとしても、その存在意義は小さかったとされていた。しかし、前近代においても、中国を中心とする東アジア世界には朝貢（とその冊封）関係という伝統的な国際関係が存在し機能していた。朝貢システムという永続的な国際体系と華夷秩序という国際秩序が十分に存在しており、東アジアは、近代ヨーロッパによって「無国際関係」の状態から救出されて、初めて国際関係を持つようになったのではなく、それぞれの独自の国際体系を以前から持っていたとされる[51]。

　もう1つの修正は、「前近代東アジア国際社会」の部分社会一つひとつの歴史的発展力に関する解釈のことである。従来では、前近代東アジアの国際関係が近代ヨーロッパの国際関係に「呑み込まれた」のは、前近代東アジアの国際関係が不在か未発達し、その部分社会が自力で前近代から近代へ進歩する可能性がなかったと見なされた。これに対して、東アジア各地の社会には本来、独自の歴史的な発展を実現する力も備えていたとする見方が提示されている。「弱い東アジアと強いヨーロッパ」と見えたのは、東アジアが実際に弱かったからではなく、近代ヨーロッパの国際関係の無法な力によって、自生的な力の発達が抑圧されたからだと主張する[52]。

　近年東アジアの国際関係を考察する際に新しい単位として「地域システム」を検討することが有効性を持っている。ここでの「地域システム」とは、「地域システムとしての東アジア」や「東アジア地域システム」ではなく、「東アジアに

おける地域システム」である。それを概観する上で1つの手掛かりとなるのは、「中心と周縁」という考え方である。これは一種の「関係性」の概念として、必ずしも近代世界システム論でいう「中心―周辺」論である必要はないものとされる。前近代東アジアの中華世界において、全体的世界の中心は中国の中原とされ、その他はその周縁として階層的に配置されていた[53]。

そして、この全体世界の周縁に位置づけられた所でも、独自の「小世界」が存在し、そこにも「中心と周縁」が成り立っていた。例えば、前近代日本には、京都を中心とする小世界が存在し、そこにも「中心と周縁」の関係が存在し、さらにはその「周縁」である一つひとつの地方にも地方的な中心が存在していたのである。このように「中心と周縁」の構造は、地理空間の次元を移動するごとに中心が周縁になり、周縁が中心になるという、重なり合う構造を持っている。これを「中心と周縁」構造の『空間的重層性』と呼べるが、この重層性はいつの時代にも存在するという意味で超歴史的なものになっている。

歴史的には、近代ヨーロッパ国際関係の到来により東アジアは2つの国際体系（「アジアの朝貢システム・華夷秩序」対「ヨーロッパの領域主権システム・国民国家秩序」）の衝突の場となった。多くの東アジア地域が近代ヨーロッパ原理を目指した結果、北京は依然としてある種の中心と見なされる一方、各国の首都はそれぞれの中心となり、ここで東アジアに多中心の構造が生まれた。さらに、東アジア全体が、経済・金融の中心はロンドン、文化の中心はパリというように、複数の中心を持つ世界システムの中に「組み込まれる」側面が発生した。もはや中国は「世界」の統一的な中心ではなくなり、東アジアにおいても、分野によっては、その地域的中心の地位を日本に奪われる事態となった。

こうした歴史的経緯から見れば、「中心」は移動することであり、ある時代に中心であった地点が次の時代になると周縁となる。したがって、一地点に中心と周縁が重なって存在することになる（『時間的・歴史的重層性』）。さらに、人間の活動領域ごとに異なる地点がその中心になり、「中心と周縁」構造には『領域的重層性』が生じていた。東アジアの近代史は、「中心と周縁」構造の空間的重層性、時間的・歴史的重層性、領域的重層性、そして多中心化というように、次第に複雑化していった。東アジアにおける地域システムを捉える上で、「中心

と周縁」構造の重層性という概念は有効性を持ち、これを「地域システム」という概念に置き換えることができる[54]。

　現代東アジアの地域システムは、ASEANやAPECがあり、その他にもEAECなどの地域システム構想が打ち出され、地域経済圏として「環日本海圏」、「環黄海圏」、「豆満江開発計画」、「華南経済圏」、「成長のトライアングル」、「バーツ経済圏」などの地域システムが次第に姿を現している。APECがアジア・太平洋全地域を覆うリージョナルな地域システムであるのに対して、その他はいずれもサブ・リージョナルな地域システムの構想ないしは実現形態である。この地域には、リージョナルな次元の地域システムとサブ・リージョナルなそれとの重層性が見られ、次元を下っていくにしたがって、東アジアには重層する多数の地域システムが見いだされる[55]。

　現代東アジアは単に、一次元的な「中心と周縁」論だけでは捉えられない固有性を持つ。また、ASEAN、APECを先頭に「開かれた地域システム」を打ち出している点が特徴である。現在にはオーストラリア、ニュージーランドの東アジア地域システムへの盛んな参加があり、米国の関与の仕方が問題になることにもなるが、東アジアの地域システムの境界の緩やかさは、東アジアの歴史的な特徴を継承したものである。地域システムの重層性の概念を枠組として東アジアの国際関係を考察するとすれば、国際関係とは国家間関係のことではなく、それを含んだ複数次元上の個と全体の関係、あるいは地域システム間の関係を指すものとなる[56]。

　ポスト冷戦期の東アジア諸国は、各国の経済的な格差はあるものの、そして冷戦期を通じて日本を先頭にNIES、ASEAN、そして中国の経済発展が目覚ましくなる、それに伴って政治的民主化が進展しつつある。その一方で、冷戦の終結がイデオロギーの対立を弱め、異なる体制の平和的共存と互恵平等の経済協力を求める方向に向かうとすれば、東アジア地域の発展はより良い将来性がある。これに反して、経済的強者が経済的弱者を力で従属させようとすれば、東アジアの緊張は続くものである。また、各国内の階層間および地域間、そして民族間の格差がきわめて大きくなっている。しかも、急激な開発による自然と環境の破壊も深刻な問題となっている。

近年東アジア各国の対外関係、対外政策には、「国際派」と「民族派」という2つの流れが混在し、拮抗する図式になっている。「国際派」とは、相互依存的な考え方に基づき、一国主義的な国益の追求ではなく、多国間の枠組の形成に重点を置こうとする政策志向を指す。東アジア各国の国際派は、経済的相互依存を促進し、様々なリージョナルもしくはグローバルな次元での多国間の枠組を形成させることで、大国主義的なパワー・ポリティックスの「ゲームのルール」を変えようとしている。地政学的に大国に取り囲まれ、常に大国間のパワー・ポリティックスに翻弄されてきた東アジアの中小国としては、伝統的な手法で対抗するのではなく、多国間の枠組の中で大国間関係を乗り越えるビジョンを構想（「新しい脱国境的な地域システムの構築」）するのである。

　その一方では、「国際派」に対抗する「民族派」が存在する。この立場の人々は、国家間関係の枠組における国益の確保と拡大を重視し、勢力均衡的な発想に基づく伝統的な外交に傾斜している。「民族派」とは、ある種の保守派であり、この立場の人々は、国際関係をパワー・ポリティックスの世界として捉え、自国の対外政策について「大国志向症候群」的な方向性を示す。つまり、増大した自国の経済力を政治力、ひいては外交力に転換し、それを基盤に流動化する東アジア国際関係の中で、自国の国際的地位を高めようとする考え方である。各国内部では、「国際派」と「民族派」の2つの流れが激しくぶつかり合い、対立してきた。

　しかし、現在の世界は、グローバル化と民主化という2つの大きな潮流の中で、東アジア各国は対内的には、ナショナリズムと経済開発の要請を背景に形成された「強い国家」の再編という課題と、対外的には、如何にポスト国民国家の変容と国民国家を超えるもの、そして地域的枠組をどのように具体化していくかという問題に直面している。つまり、多くの権限を独占した「強い国家」の時代が変容を余儀なくされ、その権限をある部分は市場に、再配分していく過程にある。こうした歴史的転換の過程が各国で展開される中で、各国は、国家と市民社会、そして世界市場との有機的連携の再構築が試みられている。

【注】
1）李鍾元「序論　東アジア地域論の現状と課題」日本国際政治学会編『国際政治』第135号「東アジアの地域協力と安全保障」（2004年3月）、1-2頁。

　　李は、ポスト冷戦期の「地域」概念やあり方などの変容を、2つに要約している。その1つは、冷戦期と比べて、ナショナル・リージョナル・グローバルなどの重層的レベル間の相対的な比重と相互関係が変化した点である。もう1つは、「物理的な地域」と「機能的な地域」の分化現象を捉えている。彼によれば、物理的地域とは、主として国家を主体とし、安全保障を主な争点領域とするもので、「地理的な地域」もしくは「戦略的な地域」の側面を有する。その反面、機能的地域は、非国家的および脱領域的な主体により、経済、環境、文化などを基礎とする国家・社会の集まりを指す、とされる。そして、こうした地域概念の分化と重層化は、冷戦後の地域形成のプロセスを複雑かつ多様なものにしている、と見なしている。

2）アジアという言葉の代わりに「オリエント」と「東洋」という言葉もあるが、いずれも曖昧である。「オリエント」は、1970年代後半にエドワード・サイードの著作が出てからは、もう気軽に使えなくなった。ヨーロッパ近代の支配権力と幻想が生み出した「差別語」ということになったからである。「東洋」はいまでも使われているが、これは西洋と対比して、様々な形で用いられる。この東洋はどちらかというと古典的な言い回しであって、アジアでは別だが、欧米で東と西といった（東西対立）冷戦的な政治的な用語があまり意味を持たなくなった今、死言に近くなっている。アジアはアジアにほかならず、それは各人勝手、自由なままでよろしいことになる。それほど多様性の背後にある共通の特徴が見当たらないことである。

3）古田和子「アジアにおける交易・交流のネットワーク」平野健一郎編『講座現代アジア　4　地域システムと国際関係』東京大学出版会、1994年、53-54頁。

4）板垣雄三・荒木重雄編『新アジア学』亜紀書房、1987年参照。

5）浜下武志「序　周縁からのアジア史」溝口雄三・浜下武志・平石直昭・宮嶋博史編『アジアから考える［3］周縁からの歴史』東京大学出版会、1994年、13頁。

6）荒木重雄「文化と表現」板垣雄三・荒木重雄編『新アジア学』亜紀書房、1987年、311-316頁。

7）ここでのアジアという地理概念は、日本外務省による最近の『外交青書』が「アジア・太平洋」としている地理区分からいわゆる「オセアニア」を除いた部分とする。つまり、東は日本から、朝鮮半島、中国・モンゴル、インドシナ半島、ASEAN諸国、ミャンマーからインド、パキスタンに至る地域である。アフガニスタン以西は中東と見なし、旧ソ連地域は含めないことにする。こうした区分には恣意性・便宜性が存在しているが、それなりの地政学的な正当性がある。

8）西川吉光『戦後アジアの国際関係』晃洋書房、1998年、67頁。

9）元々、ヨーロッパは、近代において積極的に拡大主義をとり、アジアを取り込もうと

した。しかも、アジアは「非ヨーロッパ」なる分類上の位置を与えられてきた。どのように考えても、アジアなる言葉から「積極的」なものは出てこない。したがって、なりふり構わず、勝手に勝者も敗者も同じく自由に「アジアが」と言っていられる。

10) 山口博一『地域研究論』アジア経済出版会、1991年、40頁。
11) 同上書、13-17頁。
12) 同上書、28頁。
13) 浜下武志「序 アジア研究の現在」溝口雄三・浜下武志・平石直昭・宮嶋博史編『アジアから考える [1] 交錯するアジア』東京大学出版会、1993年、1頁。
14) 大橋英夫「アジアにおける地域経済圏」平野健一郎編、前掲書、77-78頁。
15) 渡辺利夫編著『局地経済圏の時代』サイマル出版会、1990年、1-2頁；R.スカラピーノ「北東アジアにおける政治的・経済的変容」『1990年代における日本の戦略的構想』日本国際問題研究所、1993年、140頁；Robert A. Scalapino, The United States and Asia : Future Prospects, Foreign Affairs, Vol.70, No. 5(Winter 1991/92), pp. 20-21.
16) 萩原宜之「アジアの民主化と経済発展」萩原宜之編『講座現代アジア 3民主化と経済発展』東京大学出版会、1994年、150-151頁。
17) 同上論文、151-152頁。
18) 大橋英志、前掲論文、79-80頁。
19) 浜下武志・川勝平太編『アジア交易圏と日本工業化 1500-1900』〔社会科学の冒険12〕リブロポート、1991年参照。
20) 古田和子、前掲論文、64頁。
21) 青木保『アジアのジレンマ』中央公論社、1999年、46-57頁。
22) 藤原帰一「世界戦争と世界秩序：20世紀国際政治への接近」東京大学社会科学研究所編『20世紀システム 1構想と形成』東京大学出版会、1998年、30-31頁。
23) サミュエル・ハチントン著、鈴木主税訳『文明の衝突と21世紀の日本』集英社、2000年、142-144頁。
24) 浜下武志「序 アジア研究の現在」溝口雄三・浜下武志・平石直昭・宮嶋博史編『アジアから考える [1] 交錯するアジア』、前掲書、3-4頁。
25) 西川吉光、前掲書、223-236頁。
26) John Gerald Ruggie, Winning the Peace: America and World Order in the New Era, (New York: Columbia University Press, 1996), pp. 103-106.
27) 例えば、西欧国際法においては、本来その対象となるのは、同一の法社会・文化を基準としたもの、かなり高度に洗練・統一された法秩序を基盤とするところであり、具体的にはキリスト教文化を共通に抱くヨーロッパ社会であった。すなわち、西欧国際法体系では、自らの独自の文化圏のみで通用する自己完結的な法体系であるため、同一文化圏以外の者がその法体系の当事者となるにはその文化圏に包括されることにより、同一の法秩序を適用していくことが必要であった。そのため、西欧国際法が国際法としての

普遍的な妥当性を持つためには、非ヨーロッパ世界を自己の内部に取り込むことにより自らのアイデンティティの拡張・膨張を通じることが必要であった。そのような西欧国際法の普遍化現象は決して西欧国際法そのものの体質的・本質的な変化を通じるものではなく、自らの優位的価値観の弱者への移植であった。そこには普遍的な国際法として要請される異文化の平等独立の立場から国家間の関係を調整する法としての性格は少なくとも自己文化と他文化との関係においては有していなかった。

28) 浜下武志「近代東アジア国際体系」平野健一郎編、前掲書、285-286頁。
29) 山田辰雄・渡辺利夫監修『講座現代アジア（全4巻）』東京大学出版会、1994年、「刊行にあたって」参照。
30) 土屋健治「序：ナショナリズムと国民国家の時代」土屋健治編『講座現代アジア 1 ナショナリズムと国民国家』東京大学出版会、1994年、3頁。
31) 同上、4頁。
32) 横山宏章「社会主義と国家建設：中国における国民国家の建設」、同上書、149頁。
33) 土屋健治、前掲、8頁。
34) 同上、8-9頁。
35) 中兼和津次「序：アジアにおける近代化と構造変動」中兼和津次編『講座現代アジア 2 近代化と構造変動』東京大学出版会、1994年、3-4頁。
36) 以下では、同上、5-9頁の論議に大きく依存している。
37) 本間康平ほか『社会学概論：社会・文化・人間の総合理論』有斐閣、1976年、392頁；W. W. ロストウ、木村健康ほか訳『経済成長の諸段階』ダイヤモンド社、1981年参照。
38) 戦後における経済発展を包括的に整理したものとしては、Diana Hunt, Economic Theories of Development--An Analysis of Competing Paradigms(Harvester Wheatsheaf, 1989)；Charles Oman and Geneshan Wignaraja, The Postwar Evolution of Development Thinking(Macmillan, 1991)を参照。
39) J. R. ヒックス、新保博訳『経済史の理論』日本経済新聞社、1970年を参照。
40) Alexander Gerschenkron, Economic Backwardness in Historical Perspective (Harvard University Press, 1962)；渡辺利夫『成長のアジア 停滞のアジア』東洋経済新報社、1985年参照。
41) 村上泰亮『反古典の政治経済学 （上）進歩史観の黄昏』中央公論社、1992年参照。
42) マックス・ウェーバー、木全徳雄訳『儒教と道教』創文社、1971年、第8章参照。
43) World Bank, The East Asian Miracle--Economic Growth and Public Policy(Oxford University Press, 1993).
44) 中兼和津次、前掲、11頁。
45) 萩原宜之、前掲、3-4頁。
46) 山影進「アジア太平洋国際秩序形成とASEAN」平野健一郎編、前掲書、359-383頁。

47）萩原宜之、前掲、4頁。
48）同上、4-5頁。
49）浜下武志、前掲論文、285-325頁。
50）平野健一郎「序：アジアにおける地域システムと国際関係」平野健一郎編、前掲書、4頁。
51）同上、4-5、7-8頁。
52）こうした提案によれば、近代ヨーロッパ国際関係の到来がなければ、アジアはいずれ自力で、しかももっと理想的な形の近代化を実現していたはずであるとされる。近代ヨーロッパ国際関係がアジア社会に近代化をもたらしたとする考え方はちょうど逆に、近代ヨーロッパ国際関係がアジアの近代化を妨げたという指摘もなされている。
53）平野健一郎、前掲、8頁。
54）同上、9-10頁。
55）同上、11頁。
56）同上、11、13頁。

第2章
東アジアの国民国家と国際社会

❖❖❖

第1節　国民国家および主権国家間の国際秩序

1．国民国家と国際社会論

　国民国家の要素は国民、領土、政府、主権である。国民国家は、「一つの国民が一つの国家を形成する」という規範的原理を持つ。しかし、国民と国家の関係は決して単純ではなく、国より時代によって異なる。国家形成と国民形成とは別のプロセスとして進行しうるし、歴史は両者が別のものであったり、両者の進行が不一致であったりする。ことに、東アジア諸国の場合は、近現代を通して作り上げた最も重要な主体である国民国家の位相が非常に複雑な多元性を持ち、その国民国家の建設も視点や分析目的、アプローチなどによっては、様々な区分が可能である。国家間の国際秩序についても同様である。

　歴史的に見れば、「国民国家」の前身は、ヨーロッパの絶対主義国家であった。絶対主義国家は16～18世紀ヨーロッパの近代主権国家の典型として誕生し、近代市民革命の達成とナショナリズムの浸透、そして産業資本主義の発展を媒介として近代「国民」国家へと移行した。その際、国民国家は絶対主義国家から「主権」と「領土」を継承し、主権の主体は君主から「国民」に転換した。そして、形式的には、「国民」は市民的身分と「市民権（市民的権利・政治的権利・

社会的権利)[1]」を確保し、理念的には国家権威の正統性の源泉となっていた。しかし国民国家は、同質な市民から構成されることを前提としているが、その実態は、かなり異なったものであった。

　国民という人間形態は、自然に存在(民族・人種)するのではなく、文化的・歴史的概念であり、特定の言語や歴史解釈(国語と国史)を浸透させて「国民文化」や「国民統合」を図ったものであった。民衆は教育、特に国家が与える義務教育によって国民になった。人は識字を身につけることにより、自国の歴史と文化を知り、知るだけでなく、その創造、発展に参与することができた。政治の面で国民になるとは、人が国家に対する自己の権利と義務を認識し、自覚すること、経済面では国民的統一市場の形成である。国民国家とそれを支えるナショナリズムはこうして出現し、人は単なる民衆から国民になった[2]。

　なお、国際社会とは、複数の主権国家同士から成り立つ関係システムを指す。その主権国家が基礎となって国際社会をつくってきた。しかし、歴史的に見た場合、平等な主権国家同士による国際社会は大国の影響力が強く、主に大国中心の国際秩序が主流であった。つまり、大きな国力を持った覇権国、主導国が中心となって、主要国との対立と強調の下に国際社会の枠組を作ってきた。ところが、近年の国際交流の進展は国家以外の企業、個人、NPOが国際関係に登場し、国際機構も独自の動きを示すなど、国際関係の担い手は多元化している。国家は国際協調体制を整備しているが、国際環境の激動の中で、地域統合の動きも高まり、国際社会の変貌が顕在化している[3]。

　近代の国家間関係の基本的枠組は、1648年の30年宗教戦争終結で締結された「ウェストファリア条約[4]」によって誕生した。近代西欧国家システムは、以下の原則を前提としている。第1に、国家に優越する権威は国内・外に存在しない。第2に、国家間関係は基本的にアナーキーであると想定される。第3に、明確に限定された領域内の軍・警察などの暴力装置を独占する[5]、というものである。こうした近代国民国家の特徴は、対内的には、他国の干渉を排除し、その国自身の意思を決する最高権力としての主権を保持し、また対内的には一定の国家領土と領土内の社会的統一性を排他的に持つことである。

　西欧諸国の場合は、17世紀半ばから19世紀にかけて近代国民国家を完成し、

また均質的な国家同士の「西欧国家体系（european state system）」を規範化してきた。すなわち、自主独立と国家自律性を柱とする国家主権の相互承認と主権国家間の水平的な関係を維持させたのである。その一方で、西欧の平和と安全を維持させるための様々な思想的基盤が生まれたが、場合によっては、戦争を許容する「戦争体系（war-system）」をも定着させた。他方では戦争を防ぐため、「勢力均衡（balance of power）」などの原則が生まれた。

　また、西欧国家体系は、帝国主義的拡大と連動されて非西欧地域の支配を規範化させた。その結果、19世紀以降の西欧は、植民地支配の拡大と帝国形成過程において欧米と非欧米間の垂直的な関係を作り上げた。西欧国家体系は、「帝国体系：本国―植民地関係、帝国列強間の相互競争、植民地においての抵抗・反乱などで構成」をも全世界的な規模で制度化させたのである。そして西欧諸国は、国内要求を転換するためにも、また他の列強の海外発展に対抗するためにも、非西欧諸国に対する植民地拡大とその競合が激しくなり、ついに帝国主義戦争をも引き起こした。その意味で、近代の歴史は、西欧の近代国民国家が、世界にあった他の形式の政治組織と戦って勝利を収めたものとなる。

　19世紀末から20世紀初頭（世紀転換期）にかけての国際秩序は、ヨーロッパ列強中心のものであった。ヨーロッパ列強は、対等な主権国家関係（水平的）の維持と、不平等な植民地・半植民地関係（垂直的）という二重的な国際秩序を作り上げた。そして、非ヨーロッパ世界に、近代国民国家（西欧国家体系）体制と資本主義システム、そして合理主義（近代的理性）を非ヨーロッパ世界に普及させた。また、その過程で政治的には民主主義、経済的には資本主義、文化的には世俗的合理主義、そして人間関係における個人主義という4つの領域がワンセットの形で進められた。この4つの領域がそれぞれに密接な関連を持ち、また相互補完的な関係の中で発展してきたのである[6]。

　そもそも近代以前の世界には、東アジア文明圏、インド文明圏、西アジア文明圏、ヨーロッパ文明圏、等々に分かれていた。各文明圏内には独自の国際関係が存在し、しかも文明圏の間にも断片的な交流があった。しかし、19世紀以降の東アジア文明圏は、西欧文明の衝撃や圧力によって伝統文明が崩壊し始めた。近代東西文明の接触は、持続性と密度の高さ・全体性・原理性もしくは根

底性の諸特徴を持っていた。東アジア側の西洋文明観は、時期と地域によって異なったが、「解放の福音」・「自由主義」や国家建設の「教師」・「ナショナリズム」、および伝統的教養が持つ普遍主義的傾向の延長線上に西洋文明を解し、その価値に自己を同化させるような対応の仕方、そして生死を賭した闘争の相手、打倒すべき敵としての西洋文明、等々の文明の受け止め方があった[7]。

とにかく、西欧近代の中では、第1に、近代国民国家と西欧国家体系の形成、第2に、経済システムとしての資本主義発展とその拡大、そして第3に、近代的理性と言われる合理主義の普及という3つの特色が取り出される。また、西欧近代の中身は、政治的には民主主義、経済的には資本主義、文化的には世俗的合理主義、そして人間関係における個人主義という4つの領域がワンセットの形で進められた。そして、この4つの領域がそれぞれに密接な関連を持ち、また相互補完的な関係の中で発展してきたのである[5]。

近代以前の世界には、東アジア文明圏、インド文明圏、西アジア文明圏、ヨーロッパ文明圏、等々に分かれていた。そして、それぞれの文明圏内には、独自の国際関係が存在し、文明圏の間にも交流が行われていたが、それは主に敵対的な関係であり、交流があっても断片的な関係に過ぎなかった。こうした中で、東アジア諸国は、18世紀以降西欧の衝撃や圧力によって伝統体制が崩壊し始めた。西欧諸国の植民地拡大と競合という状況の中で、東アジア諸国は、西欧型近代国家・近代化（工業化）をモデルにして大幅な内政改革を行おうとする動きが現れた。

しかし、その最中に東アジア諸国は、いち早く近代国家と工業化に成功した日本の植民地支配や軍政経験の歴史を持つようになった。この時期、日本の対外行動は、「地域帝国」と「サブ帝国主義」的な性格を帯びていた[8]。「地域大国」とは、域内で覇権を確立しようとしている、あるいは確立した国家であり、それは、単独で域外の大国に対抗しえないという意味で「大国」ではなく、また域内でそれに従う国家を持つという意味で「小国」でもない「中間国」のことである。そのため、「地域大国」は「サブ帝国主義」とも密接に連動していた。「サブ帝国主義」は、帝国主義の支配の対象になりながら、自らも隣国を支配の対象にさせる国家のことを指す。

こうした近代日本の対外行動の特性は、第1に、帝国主義的支配に対する自覚が欠如される傾向があった。支配されながら支配するという構造の中では支配される側面が強調され、支配する側面は軽視されたのである。また第2の特性は、その支配構造が不安定で弱いものであったため、極めて苛酷な支配になった。そして第3に、支配される側が支配するために支配の正当化が極めて理念的なもの（「神国支配」「大東亜共栄」）になった。その正当化は、支配する側も自らも支配されている方に属しているという論理であり、自分の支配は、支配ではない論理として現れたのである。こうした日本国の思考と行動は、不完全な大国意識や階層的世界秩序観を持つようになった。

近代日本は、現代の東アジア諸国にとって「歴史的現在性」となる。すなわち、近代日本の植民地の問題は、戦後の東アジア諸国にとって脱植民化過程と連動されているのである。例えば、近代日本の植民地支配・軍政期から生まれたナショナリズムは、戦後東アジア諸国の国民統合と国家建設に用いられ、近代工業化過程も脱植民地化と重なっていた。また、冷戦期の東アジア諸国の体制選択は、脱植民地化（独立）と経済開発をともに含む国家建設構想のうち、左右のを選ぶ問題であったが、これも脱植民地化とも深く絡み合っていた。つまり、戦後東アジア諸国は、半世紀にわたって国家独立と急速な工業化を達成したが、それは、まぎれもなく脱植民地化過程であったのである[9]。

なお、近代国家の誕生以来、統治機構として国家と統治対象となる社会の間には、協調と反目、妥協と抵抗、抑圧と反乱など、様々な形の緊張関係が繰り返し展開され、それは政治発展と社会変容の中心的な力学を生み出してきた[10]。そのため、国家と社会との間には多様で多元的な様相を見せてきた。東西冷戦期の世界の国々は、国民の要求とそれに対応する政治組織との間に、「国家主義（安全・安定＝行政府・政府）」、「自由主義（自由・選択＝司法部・裁判所）」、「民主主義（参加・代表＝立法部・議会）」、「社会主義（平等・福祉＝福祉行政）」という4つの政治的原理（政治的価値）を自国の統治原理として正統化していた[11]。

これら4つの政治原理の間には、数多くの対立点（排除と参加・統制と自治・多様性と画一性・統合と平等、税収と福祉、理論と同調）があり、それぞ

れの国はこの対立に対してどの程度の自由を持つべきか、どれだけの範囲の人々と集団に政治参加を許すべきかなど、何度も対立が生じてきた。そして、これらの対立が解決された時期や解決の程度、そして様々な対立がどのような時間的順序と組み合わせで解決されたかは、国々よって異なる。また、国民の要求とそれに対応する政治組織の成立やその組織の各部門がどのような関係にあるか（政治組織）はそれぞれの国で異なる。さらに、政治的解決と政治機構を運営していく形態と雰囲気も国ごとで異なるのである[12]。

　いずれにせよ、現在の国際社会の中で国家は、最も重要な行動主体である。正当性を要求する組織的な暴力装置を持っていること、安全保障の要である軍事力の単位であること、法の形成者であること、経済活動の単位であること、等々が国際行為体としての国家の地位を保障している。しかし、近年の新たな国際社会の成立とその拡大化は、その国家の位置（地位）を次第に後退（低下）させている。政治団体としての国家は制度的に内と外から揺さぶられ、従来、得としてきた政策面において地球的問題群などに対する問題解決力を低下させている。国際社会において国家の存在は相対的に小さくなっているが、依然として最大級の位置を占めている[13]。

2．近代西欧国家体系と国際社会

(1) 西欧国家体系の変容と拡大

　近代国際社会の成立は、ヨーロッパにおいて中世の統一的なキリスト教世界と封建社会が崩壊し、近代国民国家が成立したときに始まる。近代国民国家は、まず絶対王権という形をとって生まれたが、絶対君主たちは自国の利益を守り、またそれを実現するために、多くの場合、他の国々と協力し合う必要があった。そのため、これらの国家の間に恒常的な外交関係が確立し、共通の国際法規が適用されるようになった。絶対王政は都市国家や領邦国家を吸収していったが、それは、増大する軍事費の負担に対応して、領土を拡大し、国民国家へ発展する移行過程をたどった。その後、フランス革命を経て、資本主義が発達し、資源や市場を求めて、各国が植民地を盛んに拡大するようになると、国家間の交

流が活発になり、相互の利害関係が絡み合う中で、近代国際社会が成立した。

　西欧において前近代の世界帝国という普遍国家の解体の過程で生まれた個別的主権国家を起源とする国民国家は、厳密な意味では普遍国家たりえない性格のものであった。しかし、その形成過程には、諸民族の独立、「民族自決」という、近代の普遍的な価値である民主主義の実現の一環という価値を担うものであった。国民国家への再編過程において人々は自己を「君主の国家」における臣下としてではなく、自らが建設した国家の構成主体であるという自己と国家の一体感、つまり国民意識を初めて共有した。近代国民国家が完成すると、こうした国際社会は一層緊密な社会へと発展していった。つまり、国家の利益や立場はそれぞれ異なるから、各国が自国の立場を保持し、利益を追求するためには、各国相互間の相違を認め、対等に交流し合うことが必要だと考えられてきた。

　近代国民国家の下では、国民は法の下に平等であり、一方に国家に対し、国民の安全と財産権を保証し、国政への参加の仕組みをつくる権利を要求するとともに、他方に、兵役、租税、教育などの義務を引き受けることになる。この組織により、軍事力を強め、資本主義を発展させ、産業革命の華を開かせた。欧州は内部での多様で豊かな世界が広がっている一方で、共通の基盤としてキリスト教が存在したため、人々の共通の思想、倫理観、世界観を左右している。そして、19世紀末から20世紀初頭にかけて、欧米諸国は、資本主義の独占段階へと移行し、金融資本の支配が進行し、国内の階級対立は激化し、選挙法の改正などによる大衆の政治への参加が進み、労働運動、社会主義運動が高まっていた。

　19世紀末から20世紀初頭は、各国の政治経済や社会体制の面で大きな転換が起きていた。その「大転換」とは、18世紀の産業革命を契機とした19世紀の「市場社会（自己調整的な市場）」への反動としてファシズム、社会主義計画経済、ニューディールという3つの理念や体制が台頭し、この3つの巴の構造をなして相互拮抗した。この3つの体制はイデオロギー的な対立物と化したが、三者の間には「強い国家」という大きな共通点があった。それは、国家が強い権限を持って経済（市場）に介入することを意味する。政治権力統制なき自由放

任資本主義は顕著な経済発展を遂げた反面、不安定な市場メカニズムのために社会共同体と国家間の格差を拡大化させていた（市場の暴走・横暴さ）[14]。

そして、こうした自己調整的な自由放任型市場経済（市場の専制）の副作用に対する社会共同体の反撃として、強い国家が求められた。その結果、市場の暴走を管理するために、「強い国家」を共通項とする以上の3つの理念や体制が歴史的に成立し、国家同士が互いに争った。20世紀は、西欧列強の主権国家が膨張を続け、国家同士の衝突として世界大戦が勃発するなど、「戦争・イデオロギー・国家の世紀」となったのである。その後、強い国家、強い政府に指導された国家資本主義体制と、戦後の第3世界の周辺部諸国の開発体制に、ある種の類似性を持って、受け継がれた。このような巨大な国家、とりわけ経済を押さえ込み、管理するために巨大な国家によって形づくられた。

この時期の国家には「国家理性論的思考[15]」を前提としていた。「国家理性」は、17世紀の最初の30〜40年間に、マキアヴェリを初めとして数多くの論者によって論議され、いわば良い「国家理性」と悪い「国家理性」とがその対立軸となった。そこで「良い国家理性」とは、一般の福祉や幸福に向けられた道徳的かつ宗教的に許容された手段を持つものであり、「悪い国家理性」とは、支配者たちの特殊かつ個人的な利得に向けられた許容されない手段を持つものであるとされた。「国家理性」は、当時のヨーロッパの人々がネーション・ステートを新しく形成していく過程で、ネーションおよびステートの打ち出す必要性から生み出されたネーションステートの正当化の概念である。

しかし、近代西欧諸国の全世界的規模の競合的植民地化と資本主義拡大に対して後進諸国諸地域は、古い伝統社会が植民地化・半植民地化され、本国に従属する統治体制が形成され、苛酷な強制による従属的工業化が進行し、経済発展の初期条件が作り出された。こうして20世紀の初頭までに国際体系の頂点で西欧諸国間の帝国主義対立と勢力均衡が展開したが、底辺の諸国諸地域は、競合する西欧諸国の植民地に組み込まれた。その一方で、西欧諸国の植民地化に対する反発は、当初から起こっていたが、第1次大戦後の民族主義運動は、ウィルソンの民族自決主義・ロシア革命・コミンテルンの影響もあって、様々な形で発展し、本国政府との対決、弾圧と妥協が繰り返された[16]。

(2) 東アジア伝統体制の破綻

　東アジアの近代は欧米の衝撃から始まった。中国の近代はアヘン戦争が起点となり、日本は1883年黒船来航から動き出した。19世紀以降、西欧諸国は膨大な軍事力と経済力を背景にして東アジア諸国の開国を強要した。それは、西欧の帝国主義列強が東アジア諸国をめぐる「競合的植民地化（勢力圏の拡張）」と資本主義拡大の過程であった。こうして東アジア諸国は西欧の圧力の目前で、如何にそれを乗り越えるかが緊急課題であった[17]。そして、東アジア地域の変革への対応はそれぞれ異なったが、一方ではヨーロッパ・モデルに依拠しつつ、それを自国に適用させる動きとなり、他方では東アジア地域固有の伝統体制を用いてヨーロッパ・モデルに対抗させようとする過程となった。

　元々、東アジアでは西欧の歴史的・文化的土壌とは異なった伝統的国家と国際的秩序があり、そこには、「西欧国家体系」のような均質的・水平的な国際システムは存在せず、平和の哲学や思想も西欧とは異質であり、「勢力均衡」のような発想も欠けていた。それは、中華帝国を盟主として周辺の属国が朝貢制度と朝貢貿易を通じて中国との関係を維持しながら中国にしたがうという、階層的・垂直的国際秩序の「中国的世界秩序＝華夷秩序」だけが存在していた[18]。中国周辺の国々は、自国が中国同様の普遍的文明を体現した中華世界の成員となり「蛮夷」ではないことを主張した。各国はその中華世界の中で、中国とは明確に区別された独自の領域・文化・王朝・歴史を持っていたのである。

　東アジアの華夷秩序論理の根底には、中国の伝統国家の基本的統治理念である「中華思想」と深く関連していた。そもそも中華という言葉は、黄河流域に形成された文明世界に与えられた名称であり、本来的には人種、言語を超越した普遍的な概念であった。中華思想とは、「華」が「夷」を「教化」することによってその範囲を限りなく、膨張させていく世界帝国のことであった。こうした中華思想は、中国周辺国家が、その国内支配を貫徹し領域を拡大していく際の政治思想としても受容された。周辺諸国の中華思想は、中国に対して対等に自己を位置づけながらも、限定された地域という小世界の中で覇者たらんとする世界観という性格を帯びていたのである。

　中国周辺諸国の小中華思想には、2つの特徴があった。第1は、中華思想の

本来のあり方は、周辺の「蛮夷」を「教化」して文明世界の中に包摂していくという同化に発揮されるべきものであったが、周辺諸国における中華思想の受容は、自らの文明性を主張するため、絶えず周辺世界を「蛮夷」として自らとは異化させていく衝動を与えることになったという面である。第2は、中華思想という普遍性と小中華思想という個別性の両側面およびその緊張関係というべきものが存在していたという側面である。本家たる中国における中華思想は、民族や国民という集団性の形成には結びつかない世界帝国の統治原理であったが、周辺諸国の小中華思想は、人々の民族的な一体性の形成の促進材料になった。

中国清朝は、皇帝と科挙官僚制および郷紳階級で構成され、外圧と内乱（義和団の乱・太平天国など）が頻繁に起こり、さらに外圧の対応をめぐって改革派（洋務運動：西欧化）と保守派（復興運動：儒教統治体制の強化）が分裂することになった。清朝の下で中国を国民国家に転生させようとする「中華ナショナリズム」の展開過程では、その外延＝清朝版図の継承と内部の多民族性を自明の理とした上で、内的な編成原理をめぐって様々な政治潮流の抗争が激化した。その結果、清朝は次第に中央執権体制から「権力の下降分散（省政府・地方軍・郷紳層の権力拡大）」の拡散と、北京の統治能力が著しく弱体化されて滅亡した。その後、中国は西欧諸国と日本によって多元的に植民地された。

朝鮮王朝の場合、近代国家の形成とは、国民国家体系という自らの伝統とは隔絶した原理によって構成される国際社会への適応の試みであり、伝統的な中華思想という普遍的世界帝国の原理を自己否定しないことには成り立たないものであった。しかし、当時の朝鮮の現実は、厳格な鎖国の下で国内的には外圧に抵抗する強固な保守派と外国依存的な開明改革派との分裂が著しくなり、ついに朝鮮植民地化を狙った日本に併合された。中国清朝と朝鮮王朝は、伝統体制の中でその一部の改革勢力によって西欧型近代化を試みたが、保守勢力の阻止圧力によって不可能になった。その結果、朝鮮王朝は、改革が成功する前に内部分裂で伝統体制自体の致命的な亀裂を招き、ついに全面的に崩壊された。

しかし、近代日本は、そうした伝統的な重圧はかからなかった。伝統的な重圧は幕府崩壊によって、すでに解体し分散されていたからである[19]。日本は外

圧に対する幕藩体制の動揺と、西南雄藩の下級武士層の間に尊王倒幕論を背景に明治維新が起こり、天皇親政の維新政府が成立した。藩閥指導者は、王政復古と西欧型中央集権体制（廃藩置県）を建設し、富国強兵・脱亜入欧を目指した。そして、日清戦争と日露戦争の結果で台湾と朝鮮を手に入れて東アジア盟主になった。以来東アジアの近代史は、第2次世界大戦まで日本帝国主義の拡大と没落に深く連動されていた。要するに、日本の近代とは西欧化から始まり、現在でも、米国化との深い連動性を持っている。その意味で日本は、「欧米化としての日本近現代史」という視点から分析し、かつ説明することが可能である[20]。

　近代国民国家の西欧的基準は、国民国家が主権国家として国際社会に登場し、市民的自由を有した国民を中心とした、統一国家・統一市場の建設とそのための国民統合を目指すことを前提とする。国民とは、国家を通じて「自身を統治（自治）」する民族を指す。しかし、戦後の東アジア諸国は、西欧の市民革命で登場した市民的自由を有した国民形成の課題が国民国家建設の過程で根本的に否定された。こうした特殊事情の下で選ばれた賢人集団が上から国民国家を指導することになるが、その過程は多種多様であった[21]。つまり、冷戦期東アジアの国民国家建設は、各国指導者の指向性とその国の内政、そして外圧との関与の度合いなどによって、それぞれ独特な形をとっていた。

　20世紀は東アジアにとって、国民国家の世紀であった。その前半は、近代国家づくりに失敗したため、植民地に転落し、独立の獲得に費やされた。その後半は、近代史の最も被害地域の1つであった東アジアは、こうした歴史的な要因もあって、それぞれが国民国家の政治的枠組を作り、その経済的基盤を築いていく格闘の半世紀であったのである。その過程で、冷戦下のイデオロギー的および地政学的要因による「二つの脅威（共産主義対資本主義、日本問題対中国問題など）」の認識に強く影響され、東アジアの横の秩序づくりには消極的であり、朝鮮半島と中台関係などの一部の分断国家の場合は、むしろ攪乱要因として作用することになった。

　戦後の東アジア諸国の国民国家建設は、西欧の市民概念でいう自由で個人主義的な市民とその社会不在の中で行われた。そのため、国家を担おうとする主

体（エリート）が、どのような状況の下で作られ、しかもどのような歴史および現状認識を持ったかによって国家の性格が大きく変わり、国民統合の方法も異なってくる。冷戦期の東アジアの国々は、再び植民地化されるかもしれないという強烈な危機意識を持つ一部のエリート層によって、古い体制ではなく新しい統一国家建設を目指すことから始まったが、その場合、国家統一という目的は一致しても、その方法論が多様であるために国内エリート間の権力争いが激烈した。また、市民ないし国民、あるいは労働者階級といった、下からの国家建設はほとんど見られず、上からの国家建設が進められていった。

社会主義陣営の国家建設の場合は、戦前には世界の資本主義中心国の周辺部に位置づけられ、従属的な形での資本主義という現象が見られた。戦後においては、ソ連の支援とソ連・モデルに基づいて急速な社会主義化を目指した。資本主義体制の包囲に対して、革命の軍事的防衛と経済的貧困の解決、そして物質的条件の欠如を大衆の高度の政治的熱狂によって代位するイデオロギー的動員の必要性があり、高度な中央集権的な政治システムを作り上げた。また、外部からの脅威と国内における工業の強行的蓄積およびそれと関連した農業の強行的集団化による社会的緊張、政治動員への強度の要求が組み合わされた。こうして準戦時体制を恒常化させ、党の一元的指導と指導者のカリスマ性に依拠して、大衆の主観的能動性によって急速な社会主義建設を強引に早めていたのである[22]。

3．欧米と東アジア型のナショナリズム

(1) 欧米型ナショナリズム

ナショナリズムとは、人々が自らを政治的・領土的共同体と同一視するものである。その中には、エスニシティがナショナリズムのより明白な形で存在する。そのために国家は、人々が共有できるアイデンティティを与え、「我々」と「他者」との区別を強調することにより、真実であるか創造されたものであるかはともかくして、共通の歴史、言語、宗教に基づいた「国民性」や「帰属意識（同化）」といったものを育ててきた。しかし、エスニシティのナショナリズムへ

の帰属は、一時的で不安定なものであり、多様な社会的危機に際しては、強度に政治化したエスニシティのダイナミクスが国民内の「我々」と「他者」との差異を強調し、政治的動員を促す主要な力の1つともなる。その場合のエスニシティは、もはやナショナリズムの範囲を超え、様々な形をとるのである。

　19世紀後半以降、国民国家を形成しようとするナショナリズムの動きは、（西）ヨーロッパを中心に広がり、その流れは第2次世界大戦以後には新興独立国家の誕生によりピークに達した。この間の（近代）ナショナリズムは、西欧諸国と日本の帝国主義的な拡大を底辺で支えていたが、その実態は、近代国家形成過程の違いによって異なっていた。西欧諸国の近代ナショナリズムは、中世のカトリック教会や神聖ローマ帝国といった共通の普遍的原理から、その否定を通して生み出された特殊原理であった。そして、そこには地域的、身分的に隔離された人間が、その障碍を打破し、国民すべてが国家を構成する一員であるとする自覚（意識）によって正常なナショナリズムが生まれた[23]。

　そして、このナショナリズムを構成する基礎観念は、国王と郷土と祖国の三者と見なされた。国王支配の下で統治機構が組織され、国内市場が形成され、教育制度が整備され、都市化と社会変動が進むにつれて、国王に対する忠誠心を核とする郷土愛（地方意識）から祖国愛（国民意識）が醸成された。最初の醸成地帯は、宮廷とそれに結びついた貴族地主層であった[24]。次いで台頭する市民層にとっての祖国は、「自由な市民」の祖国という意味を持つようになり、国王への忠誠心から相対的に分離し始めた。また、祖国を持ってないと見なされた労働者は、労働者組織の発達と社会主義政党の議会への進出、そして、次第に資本主義体制の受益者層となり、そこに自らの祖国を発見していた。

　その後のナショナルリズムは、国民的情緒となり、具体的には大衆運動として現れた。その一方で大国間の対立と戦争によって、一部のナショナリズムが熱狂的なものになった。政治指導者は、大衆の熱狂を動員して国内紛争を対外問題に切り換えた。また逆に、政治的に誘導された愛国的熱狂は、政治家の抑制を超えて突進し、かえって政治家を引きずるようにもなった[25]。ヨーロッパの経験から見た場合、ナショナリズムやネーション・ステートの変容は、近世ヨーロッパで誕生し発展を見た「ウェストファリア体制」を下に、まず君主が担い

手となるネーションから、中産階級が中心となるネーションへと、さらにはトータルな社会化や民主化の進むネーションへと発展を見てきたのである。

　こうした西欧型ナショナリズムの変容は、近世ヨーロッパの舞台を中心に以下の3つの時代に分けて発展した[26]。第1期は、中世の帝国と教会の統一が打破され、ネーションと主権者が人格とを一体視する中でネーション・ステートが形成される時期であり、18世紀末のフランス革命およびその後のナポレオン戦争が終結期となる。この時期の特色は、国々がナショナルな経済（重商主義）を発展させるために国家権力を強化する試みを行ったことである。戦争は、ネーションにとって重商主義政策の有力な手段となった。しかもネーションの主権は「王の権威」と同一化していた。したがって、この時期の国際関係は、トータルな国家同士の関係ではなく、主権の担い手である君主同士の関係であった。

　このような君主同士の国際関係は、第2期のナショナリズムの時代に入っていた。この時期の特徴は、まず君主ではなく、ナショナルな勢力がネーションの国家性を主張し、これを獲得することに成功を見たことである。それは、後に労働者や一般市民として知られる人間の集団ではなく、中産階級のことを意味した。そして国際関係では、ネーションの様々な集団の利益や野心が相互に作用し合い、その結果、ナショナリズムは、個人主義や民主主義の性格を濃くすることになった。そこで国際関係では、国々の中産階級の担い手の下に、自由放任の政治経済思想を国際的に発展させた。しかし、こうしたナショナリズムは、パクス・ブリタニカの崩壊とドイツの力の増大と既成システムへの挑戦で終焉を迎えた。

　そして、20世紀初期には、第3のナショナリズムの時代に入った。この時期のナショナリズムには、工業化や都市化、義務教育、選挙権の拡大、労働者の政治意識の向上などによって、新しい社会階層の人々が完全にネーションの構成員となった。ネーションは民主化を進み、大衆、庶民の経済的主張を前面に押し出す「ネーションの社会化」を徹底させた。この「ネーションの社会化」は、経済政策の国家化やナショナリズムの地理的拡大と結びついて、全体主義的性格を強めた。その帰結が第2次世界大戦であった。ある意味で第2次世界大戦は、第3の時代のナショナリズムの凋落を告げるものであった。しかし、こう

した古いナショナリズムは凋落した。

　このような西欧型ナショナリズムの形成と展開には、英国の「収斂型ナショナリズム」とフランスの「拡散型ナショナリズム」に大別される[27]。第1に、英国ナショナリズムは、市民革命から形成し始まった。市民革命は、国王の絶対主義に対する産業ブルジョアジーと議会の勝利であり、産業市民層と自営農民層に代表される国民の勝利であった。この革命を通じて市民は、祖国と自己支配の意識を高め、対外的にも国家の代表勢力となった。しかし、その最中にフランス革命が勃発したが、その革命の理念と統合原理が「普遍的価値」を持つために、英国市民の意識は、内向きのナショナル・アイデンティティ[28]へと変容した。英国市民は、フランスの拡散型ナショナリズムと対抗する際に、自国の伝統性と現状維持への執念が強まり、「収斂型ナショナリズム」を生み出したのである。

　第2に、「拡散型ナショナリズム」モデルのフランスは、その革命がナショナリズムの昂揚に大きな影響を与えた。フランス革命は、国内的には国王の専制的支配の打破と貴族・僧侶の特権的な身分を廃止した。こうして国民は、自由・平等・友愛という「普遍的価値」の下に、国民自らの手によって政府を創り出した。その結果、国民の意識は、国家と政治に対する強烈な関心を抱くようになり、国民主義的なナショナリズムが現れたのである。また、国際的にはヨーロッパ全域にわたって国民主権意識の波及と民族自治思想を高揚させた。すなわち、フランスの革命軍やナポレオン軍隊によって蹂躙されていたヨーロッパの国々は、自国の国民感情の覚醒とその帰結として、それぞれの「個別的伝統」に結集する、という「収斂型ナショナリズム」を引き起こしたのである。

　以来、西欧諸国の近代ナショナリズムは、以下の二方向で展開していった[29]。その1つの方向は、「自足的ナショナリズム」である。それは、民族自らが政治的運命を決定する権利を持ち、他民族からの干渉を一切に許さないという「民族自決の原理」の下で、自民族国家を形成し強化させようとする要求になっていた。また、フランス革命以降19世紀後半までは、ナショナリズムの一部が、当時支配的思想の自由主義とも結びつけるようになった。もう1つの方向は、「膨張的ナショナリズム」である。これは、「自足的ナショナリズム」の限界を越

えて自国の国家活動を域外に拡大させる動きとして具体化されていった。

　そして、この「膨張的ナショナリズム」は、民族国家を創り出すことだけに満足せず、他民族に対する自民族の優秀性を誇張し、または自民族の優越性を求め続けるようになった。その結果、優秀民族による劣等民族の一方的な指導が強調され、自民族の支配と抑圧を自らが正当化する偏狭なナショナリズムになってしまった。こうした偏狭なナショナリズムには、他民族の自由と自律性を認めず、他民族の犠牲の下で自民族の拡大化を狙う構造的な問題を抱えていた。そのため、「膨張的ナショナリズム」は、ナチズムに見られる「血と地」の主張・ユダヤ人排斥のような「全体主義的ナショナリズム（integral nationalism）」と近代日本の「超国家主義（ultra-nationalism）」になっていたのである。

(2) 日本と東アジア型ナショナリズム

　19世紀以来、産業革命を成し遂げた西ヨーロッパ諸国は飛躍的に生産量の増大した工業製品の販売市場を求めて、また工業原料と食糧、そして安価な労働力とを確保するために、史上例の見ない規模での海外進出に乗り出した。東アジア各地の既存政権もまたこの巨大な進出のエネルギーにさらされ、ここに東アジア史は、資本主義世界の中の有機的一環として組み込まれるという形で「近代」を迎えることになった。もちろん、東アジア国家群も、ヨーロッパへの従属が進むのをただ手にこまねいて見ていたわけではなかった。この地域においてもそれなりの大胆な「近代化＝西欧化」が図られ、同時に国家による産業独占・通商独占などを通じた強力な中央集権化が推進されたのである。

　東アジア諸国の中では、西欧型国民国家の建設を目指す動きが現れた。ところが、伝統的な東アジア的思想から見れば、それは国境で囲われた一定領域において排他的な主権を行使する政治的単位であり、均質で平等な権利を有する国民から成り立つ仕組みであって、東アジアがそれまで出会ったことのなかったまったく異質的なものであった。そのため、改革には時間と努力が必要であった。しかし、一方的な外圧の下で東アジアの国々が生き残りの選択肢は、2つであった。その1つは、西欧型の国民国家建設の道である。もう1つは、国民国家への脱皮ばかりではなく、伝統体制の強化策であった。どちらの選択肢にせよ、

国家建設と民族統一を図るためには、新しいナショナリズムが必要であった。

　近代日本のナショナリズムは、日本的「特殊原理[30]」によって成り立っていた。19世紀半ば頃、欧米による圧倒的な圧力の下で、攘夷と開国の対抗をめぐって、幕末ナショナリズムが展開された。そして、幕府の倒壊後の明治政府は、急速な国家統一と富国強兵とを必要とする過程で、ネーションを「天皇」に結合せしめ、「自主・愛国」を「忠君・愛国」に吸収せしめた。国民の「均質化」の場合、国民の内容を、フランス革命的な理念での、自覚した市民（国家＝国民）によって満たすか、あるいはプロシア的絶対主義的理念での、無自覚な臣民（国家＝君主）によって満たすかの違いによって、集団としてのネーションのメンバー相互の自発的連帯を導くに至るか、または誰かひとりの人物への、メンバー全員の強制的服従をもたらすかになる。日本は後者の典型例であった[31]。

　そのため、近代日本のナショナリズムは、国家主権の技術的・中立的な西欧諸国の「中性国家[32]」的な性格が欠如され、いわば「超国家主義」的な特徴を持っていた[33]。つまり、日本の近代ナショナリズムは、皇室を「総本家」として、国民を「赤子」とする特殊日本的な家族国家観や国体観念と結びついたものであった。そして、明治国家の工業化は、資本主義的西欧の「近代化モデル」を取り入れながらも、西欧の資本主義的価値（個人主義、功利主義、自由競争、極大利潤など）ではなく、民族主義的要素が非常に強い価値（天皇制国家主義）と結びついた国家主導型になった[34]。そのため、産業化と民主化が相互作用して発展せず、しかも天皇制による「統合的ナショナルリズム」の下で対外的な国権拡張論へと繋がったのである。

　東アジア諸国のナショナリズムの場合は、欧米とならんで、次第に日本の帝国主義脅威に対抗するために民族の一体感回復と団結を説いた「抵抗型ナショナリズム」を強めていた。こうした「抵抗型ナショナリズム」は、元来「故郷」の意味が「祖国」へと拡張される中で、エリートらによって新たに創設されるべき国民の帰属単位として提示されていた。しかし、現実には伝統的な東アジア政治思想と国家理念との間には大きな壁があった。そのため、東アジアの国民国家建設の問題は、非常に複雑で最も困難な国家事業にならざるをえなかったのである。

東アジアの抵抗型ナショナリズムは、西欧諸国と日本の帝国主義的拡大で触発され、なおかつ、それに抵抗する過程で生まれたものである。西欧諸国との歴史的経験や文化的背景が異なる東アジアのナショナリズムは、西欧列強（後に日本）の政治的・経済的進出の中で、列強の侵出を食い止めようとする心理的要素が働き、しかも本能的な自己防御の手段であった。18世紀以降のナショナリズムは、列強への対抗性が強くなり、また20世紀前後には、帝国統治に対する抵抗性を強めていた。したがって、理念的な反帝国主義運動の性格が強く、時には下層階級の社会的不満を表現し、場合によっては伝統的エリートの一部や下層階級からの仕上がった近代エリートの、人民主義への共感をも代弁した。

　東アジア諸国のナショナリズムとその運動は、欧米諸国と日本の帝国主義拡大を契機に盛り上がった。列強による植民地化と占領は、各国の民族意識を消すどころか、敵を得てむしろ強化され、日本の帝国主義の台頭とその拡大過程では東アジア諸国のナショナリズムが抗日運動に繋がった。しかし、東アジア諸国には、自由な市民の祖国のことはなく、国王支配に対比しうるような伝統的統治体制だけが存在していた。そのため、ナショナリズムは反帝国主義とほぼ同意となり、帝国主義の侵略に抵抗する方法として強い国家の建設を目指した。近代国家建設には、軍事・技術・制度などの表層に止まらず、思想の近代化、民族（国民）意識の醸成が必要になったからである。

　しかし、東アジアの民衆は、家族・宗族あるいは村落的な結合に較べて政治的、国家的団結は未発達であった。その中で、東アジア各国は、西欧の衝撃という「外圧」に加えて、民族の同一性と国内統一をめぐってエリート間の対立・分裂という「内憂」に見舞われた。中国の場合は、少数民族には一定の自治は許容しながらも、「分離」を認めない少数民族政策が必要になった。外圧に対する伝統体制の最初の反応は、朝鮮と同様に排外主義であったが、次第に欧米と日本の圧倒的な軍事力と経済力に抵抗できないことを認識し、一方では、欧米文明の導入と日本の文化を受け入れようとする改革運動が現れた。しかし他方では、左翼に代表される反帝国主義としてのナショナリズム運動が顕在化していた[35]。

　第2次世界大戦以降、東アジア諸国は解放し独立を達成した。そして、各国

は、冷戦の激化と植民地統治機構の遺産とが重なって、国家権力は一方的に強化された。その結果、国内の多様なエスニシティと宗教などの力は弱まっていた。過大成長した国家では、大統領・首相などが国家の忠誠の唯一の焦点となった。家族制度の中で親への孝行といった価値観は保持され、それに似た人々の権力への服従を動機づける忠誠心という価値が作り上げられた。こうして国家はすなわち聖なる父／権力者となり、圧政や暴力などにより民衆の服従が強制させられた。また、権力の中心から地方を遠ざけることにより、国家の影響が一層拡大されていた。

なお、国際・国内冷戦下の東アジア諸国の過剰中央集権化と、脱植民地化のための強権的な開発政策の推進は、社会階層間の所得格差を広めた。また、地域間の開発格差も顕在化し、さらにはエリート文化と大衆文化とのギャップも大きくなった。こうして各国国民の間には、心理的剥奪感とともに、相対的排除感が高まり、自発的な意味での国民意識の形成は困難な状況になった。これに対して、各国の政治指導者らは、冷戦イデオロギーによる社会の「分断策」とともに、脱植民化理念（例、反日主義）を用いて上からの政治動員を行った。これらは、自らの統治能力と絡み合ったナショナリズムの強化策であったが、しかしそれは偏狭的・排他的なナショナリズムになっていた。

ところが、1980年代以降、東アジア諸国の中では、国内の現状に対する疑問を強める新しい世代が現れた。この世代は、自国の急速な都市化・産業化の構造的問題と生活周辺の疎外感と無力を克服して、自らのアイデンティティをも再確立しようとする若い人々である。彼ら／彼女らは、政治的・経済的・社会文化的な問題に対する疑問を持ちながら、自らの権利を取り戻すための運動を始めた。これらの運動には、イデオロギー上に2つの潮流があった。その1つは、大衆を疎外感から解放し、さらには政治化するためのアイデンティティ作りであり、もう1つは、「西洋近代」の対極となる伝統回帰型のアイデンティティを作り上げるものであった。

第2節　戦後東アジアの国際秩序と開発体制

1．東アジア国際秩序の歴史的・構造的要因

　20世紀は国家群の世紀であり、1950～60年代のアジア・アフリカは、民族独立と国家成立の大波が起こり、それをほぼ達成した。しかし、社会主義と資本主義の社会・経済体制が、国家枠組による政治体制として集約されることにより、その矛盾が20世紀末に至って顕在化した。国家主権の尊重という国家枠組の原理は、国連の中でも大きな問題に直面し、さらには世界市場の流通の原理や、人権平等、地球環境保護、人権など人類的普遍を標榜した原理が、国家主権の原理を侵食し始めている。主権の確立を願望して、民族の独立を近代国家成立という枠組を通して達成してきたばかりの新興国家群は、自らが目標としてきたヨーロッパ型の近代国家像からの脱皮を早々と迫られている[36)]。

　そもそも主権国家は、ネーションという民族単位とステートという国家単位を、無理があっても、1つの統合体として統一する傾向を見せてきた。しかしその中身は、複雑な形で構成されることが通例であった。ネーションには人種や宗教、歴史、文化などの多様性があるのに対し、ステートは政治行政および権力構造としてむしろ統治のルールの単一性を持つと考えられてきた。両者の性格は異なるのに、国民が主権者であるとの擬制と約束のもとで、国民を唯一有力な媒介物、あるいは接着清剤としてネーション・ステートは統一すべきものと考えられてきた。また、実際に国家間のパワーは平等ではないのに、ネーションを構成する国家同士の間では、対等化と平等化が主張されてきた[37)]。

　国際社会は主権国家の集まりであり、基本的には無政府状態である。このような不安定に対応するため、国内社会での治安や経済流通を保障するような国際的取り決めが求められ、歴史的には主導国が中核となり、主要国との対立、協調の下に、国際体系、国際システムが形成されてきた。国際システムは、「一定の制御に従って、定期的に交流する種々の主体の総体」と定義される。種々の主体は国家（＝政府）が依然支配的であるが、企業や個人、NGOも国際社会の担い手として影響を強めている。「定期的交流」の形態としては慣習的会合から、

条約に基づく交流、さらに国際機関に結晶した交流がある。国際システムは「一定の制御」にしたがう。制御には一極、二極、多極の体系がある[38]。

　現在東アジアの国際秩序は、他の地域に比べて主権国家体系、あるいは国家体系そのものへのこだわりが根強い。したがって、国境を越える「横の秩序」が弱く、主権国家単位の「縦割りの秩序」は強く存在する。その１つの理由には、歴史的な要因がある。東アジア諸国の主権国家への転換が西欧・日本列強の脅威にさらされ、それに対する反動、反応として行われたものである。その結果、自らの主権国家が神聖化されるメカニズムが意識の中に内在化され、ナショナリズムとは神聖なものとして正当化される。しかし、歴史的な要因は変化しうるものであり、国家そのものの生存が脅かされる状況ではなくなれば、人々の国家への執着とナショナリズムへのこだわりも次第に弱体化するのである。

　もう１つは、この地域には構造的不均衡という地政学的な要因がある。東アジアの国々の規模は顕著な不均衡、非対称性を示しており、この格差が域内諸国の国際関係に対するイメージを歪めている。あまりにも巨大な規模の格差のゆえに、大きな国は依然として大国主義的な発想が根強く残り、それに対抗して、中小国ではナショナリズムが刺激されやすくなるので、自国へのこだわりが強くなる。この大国主義とナショナリズムの悪循環的構図は、東アジア全体の地域秩序への関心が弱く、むしろ地域秩序というものを大国による事実上の支配と考え、不信と警戒感を抱く傾向があり、これが水平的な地域秩序形成への制約要因となる。

　戦後東アジアの多くの途上国は、国民国家の建設過程において、一方ではよその国々が外部から不当に干渉され、他方では人々の人権よりも国家権力強化の持続と経済発展とを優先させる体制側の政策思想や行動様式によって、「力」と「正義」の葛藤が顕在化してきた。その根底には、国際・国内冷戦体制下の「戦略的思考」の漫然と、国家の枠組を基軸にナショナルな社会をまとめようとする「国家理性的思考」が内在し、しかもこれらの国々では、脱植民地化の過程と冷戦激化の時期が重なるという歴史的事情によるものが多かった。これに比べて、欧米型の市民社会は、社会の国家から相対的自立性と、国家統制なき社会自体の自律的な秩序の保持という特徴を持っていた。

東アジア諸国では植民地からの独立と国民国家の形成が最も重要な課題となっていただけに、この地域における冷戦の展開がナショナリズムの高揚と不可分の関係に立つことになった。そこで、国民国家のモデルを何に取るかが問題になっていた。そして、国内外の革命勢力に対抗しつつ国家形成を急ぐ側が、その政治統治の手段としても大きく依存した観念が開発であり、「経済成長」は成長だけではなく、社会革命型のナショナリズムに対抗するもう1つの官民一体のナショナリズムを形成していたのである。もちろん、開発志向の動きは、程度の差はあれ途上国のどこでも確認できるが、それが開発主義に発展し、さらに1つの体制へと進むかどうかは、国・地域によって異なっている。

　1970年代以降の東南アジアは、この地域を取り巻く中国革命運動の波及力が沈静化し、米中接近によってこの地域の戦略的重要性が薄れるとともに、「革命のアジア」は衰え、「開発のアジア」だけが残った。開発体制に対する政治的反対派は、その外に置かれた華人や農民・労働者を軸とする革命勢力から、まさにその開発体制の下で急増した都市中間層を主体とする民主化運動に転換してきた。しかし、東西冷戦の最戦線の北東アジアの場合は、1970年代のインドシナ半島の情勢と絡んで、一層国内冷戦が激化する逆説をもたらした。東アジアの開発体制は単なる経済政策の側面だけではなかったのである。

　東アジア諸国の開発体制には、旧植民地が政治的独立を果たした後に直面した国家・国民統合という国内政治課題と、冷戦と多国籍企業の進出といった国際的要因とが混在して成立したが、ここにこの地域の権威主義体制の成立根拠があり、開発主義が政治、経済、社会文化にわたって制度化される背景となった。しかし、1980年代後半以降の開発体制は大きな変容を迫られた。そして現在は多様性の下に、「独立国家の自立と開発」から「民主主義と市場」の時代へと移行段階に入っている。つまり、一方では開発主義と不可分の関係にある権威主義的政治体制への批判による民主化運動があり、他方では成長至上主義に対する批判と「もう一つの開発（参加型の発展論、持続可能な発展、土着の知識を活用した発展など）」運動に依拠した「ポスト開発論」が台頭しつつある。

　なお、政治体制論的視点から見れば、冷戦期の東アジア諸国は、「政府党体制」であった。この体制下の政党システムは、「一党優位制（サルトーリ）」の中で、

日本型の「一党優位デモクラシー（ルシアン・パイ）」や「東アジアの一党優位制（ハンティントン）」的特徴を持つ。藤原は、行政機構と政党との関係に注目して「政府党体制」と呼んでいる。東アジア親米の国々は、国内政治の政治的分極化が見られたものの、冷戦が国内体制を左右する条件の下で共産党の非合法化と既存政党の反共政党化が進められ、執権政府党は体制維持の手段として、政府と与党の結合（組織・人事、財政、情報）と選挙制度の操作（政党登録・非選出部分の設定・選挙区制度の操作）などが行われていた[39]。

また、それは官僚機構と政党・議会の結びつきだけではなく、それと社会集団一般との関係（国家と社会関係のあり方）も視野に入れれば、議会制民主主義とも全体主義とも異なる結合形態としての「コーポラティズム」となっていた。コーポラティズムとは、利益団体と国家機構が直接に結びつく協議体であり、その特徴は、議会を素通りするところにある。利益団体がその利益を実現するのは通常なら政党に、そして政党を媒介として議会を対象とするが、コーポラティズムの下では、政党と議会を経由せずに直接行政機関に利益表出が行われていた。その結果、多元主義と議会制の下で議会の政治的意味の相対的低下と執権権の優位、そして議会政治の危機の状況が生まれたのである[40]。

しかし、ポスト冷戦期には、ネーション・ステートが本当に、諸個人の市民生活にとって最適の組織単位なのかが、問い直されることになった。その問い直しの方法は、一方では既成の主権国家を一度壊して、民族と国家の結合を新たに試みようとする事例があり、他方では既成の主権国家の枠組自体は壊さずに国家を超えるトランスナショナルな様々な空間や連合体を形成していこうとする事例がある。今日の主権国家自体は変容しつつ、ナショナリズムの意味や役割、その力量も変容している。ネーション・ステートは、力量の点からも、また国民の人権や福祉を守る道義の点からも、不十分な政治経済の実態になりつつある。すなわち、ネーションの内側と外側からの挑戦であり、理想主義（道義の局面）と権力（軍事的・経済的安全保障）という2つの視点からの挑戦である[41]。

2．東アジア諸国のナショナリズム・冷戦・開発

(1) 冷戦期のナショナリズムと開発主義

　国民国家を支えるエトスはナショナリズムであり、それは国家・市民・個人の自由・平等への希求とともに成長するものである。19世紀の西欧国民国家建設は、内発的な国家統合としてのナショナリズムであり、それが帝国主義的発展のエネルギーとなった。一方、列強の侵略による伝統国家解体の危機から生じた東アジア諸国のナショナリズムは、外圧に対抗する反帝国主義、すなわち植民地支配からの独立としてのナショナリズムが主流となった。そこでの新しい国民国家のエトスは、西欧国民国家型のナショナリズムではなく、伝統的な民族自負と自覚を促するナショナリズムであった。なぜならば、国民不在（啓蒙主義的な自由な個人主義的市民の不在）の現状下で国民国家的ナショナリズムが存在しない以上、伝統的な民族的自負を持ち出す必要があったからである。

　なお、東アジア諸国の脱植民地化（decolonization）は、第2次世界大戦が解き放った世界的な体制変革作用の一環であった。敗戦の結果、ポツダム宣言によって他律的に戦後の領土を決定された日本にとって、脱植民地化は自明の所与であった。植民地帝国日本は、敗戦によって自動的に消滅したのであり、英仏両国の場合と異なり、日本本国は、脱植民地化そのものにはまったく関与することはなかった。脱植民地化はそれ自体としては他国の問題であり、日本にとって自らの深刻な体験として受けとめられたことはなかったのである。日本の場合、それは戦後の非軍事化または民主化と同一の概念によって、あるいはそれらの延長として考えられてきた[42]。

　そもそも東西イデオロギーとは無縁であった東アジア地域の民族解放問題が、脱植民地化過程における「力の真空」の問題を解決するために国内の各政治勢力は冷戦レトリックを用いて米国と旧ソ連それぞれの支援を要請したことが「米ソ冷戦」と交錯し、米ソ両超大国の影響下に編入された。つまり、東アジア地域が超大国だけでなく民族解放勢力によっても冷戦レトリックを媒介として冷戦構造に組み込まれたのである。冷戦は、政府間の地政学的・戦略的な対抗関係の次元を中軸としていた。しかし、冷戦がイデオロギー対立を今一つの軸として

展開し、そこから社会と社会の戦いも浮上していた。そして、植民地化問題もまた、脱植民地化の問題に集約されて今日の問題となっている[43]。

　東アジア諸地域は、第２次世界大戦後ようやく植民主義のくびきから逃れ、大戦終結から1950年代にかけて数多くの独立国家を果たした。この時代は民族主義の時代であり、人々は民族主義による国づくりに将来の希望を見いだしていた。そのため、東アジア諸国の民族主義は東西冷戦と国家建設過程の手段としての政治イデオロギー化していた。しかし、独立後の現実は厳しく、自国の経済開発や民主化がうまく行かない状態が続けられた。東アジアの熱戦に伴い抑圧的・独裁的な政治体制が続き、その一方でエリート層の固定化により経済的にも社会的にも上下の格差が広がるという事態が起こったのである。そして、民衆にとって自国の独立は何かという純粋な疑問が生じることになった。

　そこで1960年代以降米国により欧米流の「近代化論」が導入された。近代化論は、マルクス主義に対抗する意味を持ちながら日本を初め東アジアに輸入され、開発体制へと変容した。近代化論には、体制や階級概念とは別個に何らかの複数の基準（世俗的・科学的教育・都市化・経済的政治的参加・商品経済とマスコミの発達・統一国家の実現と官僚制の存在など）の度合いに着目しようとする思考様式である。この図式から見ると、東アジアの中で日本が最も先進的であり、日本型モデルを他の東アジア諸国に適用させる意味合いを持つことになる。その意味で近代化論は、かつてのアジア停滞論が戦後に再び様々な形で登場するのに都合のよい理論的な枠組を提供するものであった[44]。

　冷戦期の東アジアのナショナリズムは、国家をつくり、その基礎となる文化的アイデンティティをつくるイデオロギーと運動であり、その目的を実現するために「社会」はつくられ、改良され、偽造されていた。同時に、ナショナリズムは近代国家への対抗という側面をも持っている。ナショナリストのレトリックは創造よりも伝統の確認として展開することが多く、「新しい」権力に対して「伝統」を柱に掲げてナショナリストが結集する構図も珍しくなかったのである。それに対して、ナショナリズムのシンボルとしての開発は、具体的な便益と利益に結びついた世俗的な観念である。しかし、それは個々の国民への福祉や具体的な所得分配ではなく、「国家」の開発である[45]。

東アジア諸国のナショナリズムは、国民国家の建設と近代化過程においても大きな問題点を残した。すなわち、東アジア地域においての戦前型ナショナリズムの戦後継承は、一方では冷戦と開発体制の中で民族的団結主義をもたらしたが、他方ではその団結の中に一人ひとりの市民的自覚、個人主義的人格の尊重などの側面を埋没し、その結果、市民社会の形成を損なう過度の集団主義と個人の自由よりも民族の自由を絶対的に優先させられた。そして、東西冷戦と開発独裁体制という国の内外的環境の下で、各国は上からの強力な政治指導による国民国家を作り上げた。しかし、最も重要な国民の下からの自立化と多元化を損ない、個人の自主性に最も大切な思想の自由化や政治選択の自主的決定の機会を大幅に制限してしまった。

一方、開発主義とは、開発を国策の課題とすることによって権威主義体制を正当化するイデオロギーであり、そこでの基本的な考え方は、経済成長をもって階級対立を緩和させるものであった。NIESの開発独裁の形成過程は、国家の成立が共産主義との対決に大きく規定し、強力な権力に庇護された経済官僚により本格的な開発政策が展開された。そしてナショナリズムの時代から開発独裁の段階へと移行し、国家の正統性は開発の成否で図られた。元々開発主義は、1930年代、ニュー・ディール時代の米国に始まり、戦後において米国の国際経済政策、西ドイツ、日本における占領政策においてその基本的原則となった「生産力の政治（politics of productivity）」の後発国家の応用であり、その要諦は、生産性の上昇を政治問題処理とすることによって、階級対立、稀少資源の権威的分配をめぐる国際的・国内的対立を「経済成長についての合意」に置き換えていた[46]。

しかし、一般的に生産力の政治（あるいは開発主義の政治）は、「政治文化」、「伝統」といった現象を随伴するものとなる。つまり、生産力の政治がそれぞれ固有の文化や伝統を持つ社会と接触し、化学反応を起こしたのである。なぜならば、各国の国家の機構、政治の制度、慣行、言語、政治勢力のあり方、社会勢力配置などが、ある日突然、経済成長、経済開発が国家の課題となったからといって、そうした課題達成のために合理的に再編されないからである。どこにおいても国家の機構、政治の制度、慣行、言語、社会の構造などは長期の歴史

的過程の産物（文化・伝統）であり、逆に言えば、そうした文化や伝統、そして文化は、各国の歴史の中から創出されたものである[47]。

　国家の開発のためには、官僚制の定着と人々の国家への忠誠と一定の自己忍耐を要求する。こうした開発主義の政治が政治的シンボルとして有効性をえたのは、現世利益と結びついた世俗性と具体性にあった。非共産主義諸国が、多元的で分散した社会を、何らかの形で政治権力に統合し、その権力の目的を示すことができるとすれば、それは革命と動乱の時代の終わりを受けて、日々の暮らしが具体的に改善されるという、現世利益の供給によるものであるからである。そして、国家による開発シンボルのイデオロギー化の度合は各国によって大きく異なり、政治的消費も多様であった。開発観念の政治的消費の基礎には、経済開発を国家のプロジェクトとして遂行する政府があり、資本主義経済をとりながらも政府の計画と介入を伴う工業化の一形態（開発体制）があったのである[48]。

　政治経済一体型の開発政策を進める前提として、官僚制度を植民地の遺制から、また資本を冷戦期の開発援助から得ることで、東アジアでは「開発体制」を形成する条件が整えられ、指導者のレトリックだけではなく、現実にも急速な工業化を達成した。経済開発によって政治権力の正当化を試みる政治体制は珍しくないが、それを実現する歴史的・国際的条件に恵まれた地域は多くない。国家の経済介入は、各種腐敗・不正を生み出す可能性が高いが、問題は「国家の開発」の結合が腐敗や非効率を生むかどうかではなく、腐敗や非効率にもかかわらず経済成長をなぜ達成できるのか、という点である。東アジアの場合、それを提供したのが、植民地遺産と冷戦の展開であった[49]。

　冷戦の激化とともに米国の対外政策の重点は、ソ連の「経済浸透」に対抗する必要から、民主化から復興・経済開発へと移っていった。こうして冷戦の意味は、軍事的・政治的競合である以上に、経済開発のモデルの競争に切り替わり、資本主義と共産主義の競争となった（「体制論（東西関係）」から「開発論（南北問題）」へ）。また、東アジア地域において経済開発が政策の柱となった一因は、「安全保障上の脅威」が国外からの軍事侵略である以上に、国内の革命・左翼勢力の活動があり、それを抑えるためには軍事同盟よりも経済発展の追求

の方が意味があったのである[50]。こうして東アジア地域のナショナリズムと反植民地主義の高揚は、開発独裁の下に冷戦構造の中で歪められるようになった。

東アジアの新興国家は、特殊な歴史的な世界資本主義の世界構造と各国の内的潜勢力とが結合し顕著な成果を達成した。国家の経済介入は、国内冷戦と工業化戦略にとって極めて重要であった。これらの国は反共国家であり、その正当性は反共イデオロギーと愛国心に訴える形での国家建設に置かれていた。そして、輸出志向型工業化は、低技術水準の労働集約的産業から始まり、外資の導入が求められた。国家主導型の工業化は、低廉な労働力の確保と穏健な労使関係を必要とし、そのため労働者管理機構による労働組合の組織化と労働者の包括的な統制を行った。それは、冷戦構造下反共思想と愛国心を融合させた強力な国民統制と国家的凝集性を背景にした、開発独裁型の工業化過程であった。

さて、東アジア諸国の開発体制の推進過程においては、様々な政治体制が現出された。その政治体制とは、①全体主義体制、②きつい権威主義体制、③権威主義的＝民主主義体制、④民主主義的＝権威主義体制、⑤無政府的＝民主主義体制、そして⑥全面的民主主義体制の6つが考えられる。また、その権威の主体は、官僚機構、党、軍など多様であり、さらに経験論的に見れば、その成立には、少なくとも①権威の主体、つまり強いリーダーシップを発揮できる個人もしくは集団があること、②外からのあるいは内的なある種の緊張があり、それに対抗することが最低限の合意になっていること、③利益集団が制度化されていないこと、などの共通の条件があった[51]。

東アジア地域の社会主義諸国は、東西冷戦と東アジアの熱戦化という国際環境と国内の戦時・準戦時体制の下で急速な社会主義建設を推進させていた。そこには「貧しさを分かち合う社会主義」の姿があり、農業集団化の強行と急速な工業化政策は、結果として「労働に応じた分配」よりも平均主義的分配などの定着により生産関係や生産力の低下と、さらには大衆の労働意欲の喪失と社会主義精神の稀薄化などを招くことになった。そのため、1970年代末から1980年代にかけて中国は、発想の大転換を行い、生産責任制の導入や対外経済関係の強化などの大幅な改革を断行した。それは、「現実」的に「暮らしを豊かにす

る社会主義」を目指す質的な転換であった。

　現在においても東アジアの社会主義大国、中国とベトナムは、市場原理を導入した混合経済への移行、および対外開放による外資導入を梃子とした経済発展の追求と、政治面における共産党一党支配の維持という改革の性格を保持している。それは、「社会主義の内向化」と「社会主義とナショナリズムの一体化」の道でもある。この問題に関して従来の仮説には2つがある。その1つは、中国やベトナムの近現代史における基本的課題を、国民国家としての自己形成と捉え、社会主義も実際にはこの目的に奉仕する「手段」として機能してきたという議論である。もう1つは、現在進行している事態を、長い間に社会主義体制によって封じ込められたナショナリズムの「復活」と見る見方である[52]。

　ポスト冷戦期の社会主義諸国の一部は、「脱社会主義（経済的市場化と政治的多元化）」の進展が世界的規模で行われた。1989年に東欧諸国の社会主義権力が相次いで潰れ、ソ連＝東欧の経済的・軍事的共同体であるコメコン・ワルシャワ条約機構も崩壊した。社会主義本家ソ連も、1980年代後半からのペレストロイカが挫折し、1991年8月のクーデターが引き金になって、共産党は解散し、同年12月には連邦国家ソ連が瓦解した。一方、中国では、1989年の天安門事件、東欧＝ソ連での社会主義体制の崩壊をきっかけに、市場経済化をイデオロギーを持たない共産党で行う「開発独裁」に移行しており、ここでも「脱社会主義」のプロセスが始まっている[53]。

(2) 東アジアの台頭とパワー

　西欧諸国では今、近代の相対化への動きが見られる。そこには、「西欧中心主義」的な理解方式に対する自己反省（地球上の多数文明の存在や自文明の一部性）と、西欧文明の世界史的な役割に対する新たな客観的な解釈（肯・否定的な評価）の登場が顕在化している[54]。しかし、程度の差はあるものの、非西欧世界の近代化過程において西欧文明が及ぼした影響は大きく多面的なものであった。その影響は、第1に、近代国民国家・西欧国家体系と自由民主主義の普及である。また第2に、経済システムとしての資本主義（市場経済）である。そして第3に、近代の理性と言われる合理主義（市民社会と科学技術主義）の普

及、などである。

　しかし、東アジアの国家と国際秩序などの問題を、単なる西欧的視点や概念・理論、枠組だけで捉えて説明することには、大きな問題がある。なぜならば、東アジアの国々においては、市民、民主主義、自由、政治過程、そして社会編成原理や人々を動かすネットワーク、そして国際システムなどが異なっているからである。また、戦後東西冷戦期における東アジアの近代化は、脱植民地化とも深く絡み合って展開されており、その発展の方向が西欧の単線的な発展ではなく、多線論的な発展を通して行われた。しかも、近年の東アジアの様々な経済圏の形成と展開を見れば、EUやNAFTAなどのような国家主導型の計画的なものでなく、民間主導型の自然発生的なものになっている[55]。

　今日、「アジアパワー[56]」については、世界が注目している。ところが、このパワーの実態は、その源が「文化的重層性」の中にあり、現象的な権力関係だけでは理解できない多くの面がある。アジアの多くの国に見られる「政治力」は、宗教や道徳・哲学、そして宗教などの力の流れと重なっている。その意味で、「文化の力」の多層的な広がりの中で政治権力が出てきている。中国の孔子思想・インド政治のヒンドゥー教・イスラムの神権政治的なものが、その典型例である。一般に政治に対抗するのは経済である。東アジアの経済もグローバル化しているが、それをコントロールする場合に、宗教や道徳などといったものを政治は持ち出してきて、経済を抑え、あるいはコントロールしてゆくのである。

　なお、ポスト冷戦期の国際社会は、大きな変容を余儀なくされた。ことに、企業の直接投資による開発と技術移転の効果は顕著である。かつて、米国・日本の多国籍企業による進出には、進出先である東アジアの途上国から産業支配に至るのではないかとの強い懸念が表明された。しかし、大量の直接投資にもかかわらず、今やそのような非難はない。むしろ直接投資は、今はすべての国に歓迎されている。1つの理由は多国籍企業の性格の変化がある。会社による植民地主義の支配の恐れは少なくなったのである。投資国が米国だけでなく、日本や欧州、アジア中進国などのように必ずしも軍事力の強い国でないため、植民地主義支配の恐れは減少している[57]。

また、生産技術は生産者にも消費者にもますます使いやすくなった。米国の技術は不熟練労働を基礎にしたが、その習得に技能の要素は小さくなった。そして、電力使用の拡大、石油使用の増大は途上国での操業と技術の転移を容易にした。このような条件の変化が経営資源における賃金の比較優位を高め、途上国への進出を加速させた。さらに鉄鋼、造船などの重工業は大きな資本を必要とし、その操業は高い錬度を必要としたが、東アジアに進出した電子産業は比較的資本の少なくてすむ産業であり、操業が容易であった。要するに、東アジアの発展は、技術が扱いやすくなり、相対的に安い労働力があり、資本が少なくてすむ、という諸条件の好ましい組み合わせの結果である。

　東アジアは「奇跡」的な経済発展を続けている。繊維工業や電子産業に始まった工業化は、今やより広い範囲に広がり、その技術も向上を見せている。こうした変化の理由は、まず、比較的に安定した物価上昇、強い財政政策、開発政策のうまさ、教育や産業基盤の育成、農業の整備、輸出主導政策などの成功がある。次に、世界の潮流を活用し、企業活動のグローバリゼーション、途上地域の工業立地における相対的優位の増大と結びつけ、産業構造の高度化を急速に進めた、という要因がある。また、東アジアの国の多くはドルにリンクし、円高が典型だが、国際通貨システムの利点を活用してきた。その結果、東アジアは国際貿易、国際投資、国際金融に大きな地位を占めている。

　東アジアにおける工業化の波は、アジア中進国、ASEANから中国に及び、さらにインドやラテンアメリカにも雁行的に及んでいる。途上国の発展は南北関係を変化させ、今後の世界の政治、経済に大きな変化を与えることが予想される。東アジア途上国の積極性がウルグアイラウンドを支えてきたが、1995年のAPEC大阪大会もアジアの知恵が有効であった。また、ASEANはインドシナ半島の統合を進めているが、ARFの強化による地域の安全保障にも役割を高めている。これまでの国際システムは米国、欧州、日本3極体制に支えられてきたが、今後は、東アジアを初めとする途上国の参加を必要とする状況である。

　ポスト冷戦期の西欧国民国家の基本的な枠組は、ヨーロッパにおいても大きく変容している。国民国家そのものが多くの矛盾を内包し、強い虚構性を帯びていたからである。多くの場合、国民国家はナショナリズムの象徴を意図的に

育成したり操作して、ナショナル感情と国家の領域との一致を図っていた。しかしその一方で、国民国家は、虚構の上に構築されるとしても、それが社会的存在として国民の意識の中に深く根をおろすようになり、国民生活の枠組として実体化していることも事実である。しかし、最近の経済的グローバルや情報化という大潮流は、国民国家の壁を崩している。

また、欧米民主主義には大きな構造的問題を抱えていた。民主主義は基本的に国内問題を決めるための仕組みであり、国民共同体の中の民主的運営がその目的とされている。そもそも対外関係を決定するのは、国民共同体と国際社会全体の方向性を決める仕組みである。しかし、秘密外交などに対する民主的統制の仕組みが存在しないのが現実である。そのため、歴史的に見れば、戦争は、国民の賛成であれ反対であれ、国家の独占物であった外交によって行われてきた。実際に外交の問題は、民主主義仕組みでは対応しえないのである。今日においても国内的には、戦争への参加をめぐる賛成と反対の議論があっても、実際に国家間の戦争は行われているのである。

【注】
1）英国の社会学者T. H. マーシャルは、市民権（citizenship）の3要素として、市民的権利（civil rights）、政治的権利（political rights）、社会的権利（social rights）を挙げている。彼によれば、時期的には重複はあるが、英国の場合、市民的権利は18世紀に、政治的権利は19世紀に、社会的権利は20世紀にそれぞれ形成期を迎えたとされる。すなわち、市民権の伸長は欧米においても18世紀以来のことであり、まず市民的権利を獲得した上で、政治的権利および社会的権利が保証されるようになったのである。

T. H. Marshall, Class, Citizenship, and Social Development(Westport: Greenwood Press, 1973), pp.10-11, 14.
2）河原宏『日本人の「戦争」』築地書館、1995年、37頁。
3）坂本正弘『新しい国際関係論』有斐閣、1997年、25、28頁。
4）「30年戦争」とは、ボヘミア王の新教徒迫害を契機として、1618年から1648年までの長きにわたって主にドイツで行われた宗教戦争である。そして、30年戦争の講和条約であるウェストファリア条約の締結（1648年）を契機としてヨーロッパにおいては近代国際社会が成立した。以来ヨーロッパ国際社会の構成単位は主権国家となり、域内各主権国家は建前上は完全な独立性を保持していた。それぞれの主権国家の中には種族、言語、風習、宗教などが同一あるいは類似した集団を基礎にして成立したものがあったが、それらの国家は、市民革命などを経て近代国民国家へと発展していった。

5）近代国民国家の重要な特徴の1つは、国家暴力の独占である。社会における暴力とは、自然的な所与の暴力と歴史的形成物のものに大別される。そして、国家は、治安維持や戦争などの手段として暴力を独占しなければ安定できないために、暴力の法制定を国家に要請する。こうして国家は、軍事力、戦争権、治安関連法などを制定し、暴力が「法の借定」する性格を持つのである。国家暴力としての戦争は、「法維持」の機能化とされ、徴兵制度は国民に暴力の行使を強制する典型例になっている。もし、ある平和主義者の国民が徴兵を忌避するなら、彼は法による処罰の対象になる。その反対にこの義務を守って戦場で死んだ国民の行為は称賛され、ナショナリズムの感情的な基盤になっていくのである。

　　多木浩三『戦争論』岩波新書、1999年、33-35頁。
6）鈴木広ほか3人編『社会学と現代社会』恒星社厚生閣、1993年、3-13頁。
7）平石直昭「序　アジアの近代：民衆運動と体制構想」溝口雄三・浜下武志・平石直昭・宮嶋博史編『アジアから考える［5］近代化像』東京大学出版会、1994年、4-9頁。
8）高橋進「日本においての近代がもつ意味」李勉雨編『韓日関係の再照明』（ソウル：韓国世宗研究所、1995年）、22-25頁。
9）土屋健治「序：ナショナリズムと国民国家の時代」土屋健治編『講座現代アジア　1　ナショナリズムと国民国家』東京大学出版会、1994年、11-12頁；藤原帰一「ナショナリズム・冷戦・開発」東京大学社会科学研究所編『20世紀システム　4開発主義』東京大学出版会、1998年、76-77頁。
10）猪口孝「序章」猪口孝『国家と社会』東京大学出版会、1988年、1頁。
11）河合秀和『比較政治・入門』有斐閣、1996年、35-36頁。
12）同上書、37-38頁。
13）五味俊樹『国際関係のコモン・センス（第2刷）』南窓社、1998年、21-22頁；家正治編『国際関係』世界思想社、1993年、18-19頁。
14）カール・ポラニー著、吉沢英成ほか訳『大転換—市場社会の形成と崩壊—』東洋経済新報社、1979年参照。
15）Friedrich Meinecke、菊盛英夫・生松敬三訳『近代史における国家理性の理念』みすず書房、1960年参照。
16）升味準之輔『比較政治：東アジアと日本』東京大学出版会、1993年、3頁。
17）李分一「19世紀半ばにおける日本と韓国の近代国家形成過程の比較研究」（修士論文、上智大学大学院国際関係論専攻、1988年）を参照。
18）中嶋嶺雄『国際関係論』中央公論社、1992年、159頁。
19）升味準之輔、前掲書、5-10頁。
20）坂野潤治「西欧化としての日本近現代史」、東京大学社会科学研究所編『現代日本社会（4）：歴史的前提』東京大学出版会、1991年、1-27頁。
21）横山宏章「社会主義と国家形成：中国における国民国家の建設」土屋健治編、前掲書、

150頁；山影進「アジアにおける国民統合の問題：『国民統合の政治学』序説」平野健一郎ほか『アジアにおける国民統合：歴史・文化・国際関係』東京大学出版会、1988年、14頁。
22) 古田元夫「アジアの社会主義」板垣雄三・荒木重雄編『新アジア学』亜紀書房、1987年、197-198頁。
23) 丸山真男『増補版現代政治の思想と行動』未来社、1964年、27頁。
24) 坂本正弘『新しい国際関係論』有斐閣、1997年、26-27頁。
25) 升味準之輔、前掲書、15頁。
26) 以下のヨーロッパ・ナショナリズムについては、E. H. カーの業績、Edward Hallet Carr, Nationalism and After(London: Macmillan, 1945)、にしたがっている。
27) 高島昌一「日本の民族と国家」西村先生退官記念論文集編集委員会編『日本の社会』晃洋書房、1977年、197-198頁。
28) 近年のナショナル・アイデンティティ問題の複雑な様相とその多面的な議論などについては、中谷猛・川上勉・高橋秀寿編著『ナショナル・アイデンティティ論の現在』晃洋書房、2003年参照。
29) 高島昌一、前掲論文、198頁。
30) 上山春平『日本のナショナリズム』至誠堂、1965年、48頁。
31) 田村栄一郎『ナショナリズムと教育』東洋館出版社、1965年、13頁。
32) 「中性国家」については、高島昌一、前掲論文、200-201頁参照。
33) 丸山真男、前掲書、13頁。
34) 詳しいことは、A. Gerschenkron, Economic Backwardness in Historical Perspective (Harvard University Press, 1966) 参照。
35) 升味準之輔、前掲書、14-15頁。
36) 溝口雄三「序　アジアにおける社会と国家」溝口雄三・浜下武志・平石直昭・宮嶋博史編『アジアから考える [4] 社会と国家』東京大学出版会、1994年、1-2頁。
37) 鴨武彦『世界政治をどう見るか』岩波書店、1993年、124、128頁。
38) Gilpin, Robert, War and Change in the World Politics, (Cambridge: Cambridge University Press, 1981), pp.26-27, 29, 35-36.
39) Lucian Pye and Mary W. Pye, Asian Power and Politics : The Cultural Dimensions of Authority(Cambridge, Mass. : Harvard University Press, 1985), p. 232 : Samuel Huntington, "Democracy's Third Wave", in Larry Diamond and Marc F. Plstter(eds.), The Global Resurgence of Democracy(Baltimore : Johns Hopkins University Press, 1993), p. 18；藤原帰一「政府党と在野党」萩原宜之編『講座現代アジア　3民主化と経済発展』東京大学出版会、1994年、232-237、244-25頁。
40) Philippe Schmitter, "Still the Century of Corporatism ?", The Review of Politics, Vol. 31, No.1(1974), pp.305-332；Alfred Stepan, The State and Society : Peru in Comparative

Perspective(Princeton, N. J. : Princeton University Press, 1978), chaps. 1-3 ; Leo Panitch, Recent Theorizations of Corporatism : Reflections on a Growth Industry, British Journal of Sociology, Vol. 3(1980), pp. 305-332.

41) 鴨武彦、前掲書、126頁。
42) 三谷太一郎「まえがき」『岩波講座近代日本と植民地 8アジアの冷戦と脱植民地化』岩波書店、2001年。
43) 田中孝彦「序論　冷戦史の再検討」、日本国際政治学会編『国際政治　冷戦史の再検討』(134) 有斐閣、2003年。
44) 山口博一『地域研究論』アジア経済出版会、1991年、96-98、101頁；ジョン・ホール「日本の近代化：諸概念構成の諸問題」(『思想』第439号、1961年1月)。
45) 藤原帰一「ナショナリズム・冷戦・開発」東京大学社会科学研究所編『20世紀システム　4開発主義』東京大学出版会、1998年、79頁。
46) 白石隆「『開発』国家の政治文化：インドネシア新秩序を考える」土屋健治編、前掲書、230頁；村上泰亮『反古典の政治経済学（下）』中央公論社、1992年、第7-8章；Charles S. Maier, "The Politics of Productivity : Foundations of American International Economic Policy after World War II", in Peter J. Katzenstein(ed.), Between Power and Plenty(Madison : The University of Wisconsin Press, 1978), pp.23-49.
47) 白石隆、同上論文、231頁。
48) 平島健司「支えられた多様性から模索する多様性へ」東京大学社会科学研究所編『20世紀システム　5国家の多様性と市場』東京大学出版会、1998年、3頁；藤原帰一「ナショナリズム・冷戦・開発」、前掲論文、84-86頁。
49) 藤原帰一、同上論文、87頁。
50) 平川均「NIESの経済発展と国家」萩原宜之編、前掲書、182頁；藤原帰一、同上論文、93頁。
51) 毛里和子「社会主義の変容：中国とロシア」萩原宜之編、同上書、70-71頁。
52) 古田元夫「社会主義とナショナル・アイデンティティ：ベトナムと中国」萩原宜之編、同上書、103-104頁。
53) 毛里和子、前掲論文、45-46頁。
54) Braudel, Femand (Reynolds, Sian translated), The Identity of France, (Harper & Row Publishers, 1988); Lambropoulos, Vassilis, The Rise of Eurocentrism: Anatomy of Interpretation, (Princeton University Press, 1993)；エドワード・W・サイード著、板垣雄三監修、今沢紀子訳『オリエンタリズム』平凡社、1987年；サミュエル・P・ハンチントン「文明の衝突」、『中央公論』1993年8月号；P. ルルーシュ『新世界無秩序』NHK出版、1994年参照。
55) Eisenstadt, S. N., Modernization: Protest and Change(Englewood Cliffs: Prentice-Hall, 1965) (『近代化の挫折』慶応通信、1969年)；So, A. Y., Social Change and Development:

Modernization, Democracy and World-System Theories (London: Sage Publishers, 1990), p.87; 嶋倉民生編『東北アジア経済圏の始動』アジア経済研究所、1992年、などを参照。
56）以下の議論は、「総合討論　アジア・パワーのゆくえ」青木保ほか7人編『アジアの新世紀　7パワー』岩波書店、2003年による。
57）以下は、坂本正弘『新しい国際関係論』有斐閣、1997年、14-15、32-33頁参照。

第3章
東アジア冷戦の形成・展開と開発主義

◆◆◆

第1節　東アジア冷戦の形成

1．米ソ冷戦と東アジア政策

(1) 冷戦の意義と東アジア

　あらゆる「戦い」は「熱い」のが常態であり、「冷たい戦い」＝「冷戦」は、むしろ自己矛盾性をはらむ特異な状況と見なされる[1]。ここでの冷戦は、「イデオロギー対立と核兵器による人類全滅の脅威を背景とした、米ソ間の政治的コミュニケーション機能の低下により発生した、直接軍事衝突に至らない緊張状態」である、と定義する。冷戦の形成には、第2次世界大戦中・大戦終結直後に米英とソ連の間で発生した数多くの「事件」一つひとつが刺激と反応の連鎖となって「相互不信」を強めたことが媒介要因となり、東西間のイデオロギー対立は、相互不信を早める「触媒」として機能した。この相互不信が米ソ間の政治的コミュニケーション機能の低下と核開発競争に駆り立てていた[2]。

　戦後世界は、冷戦構造の中に組み込まれた。この冷戦構造は、一方に「自由主義陣営」という名の米国のリーダーシップの下での資本主義体制が再編教化され、他方ではソ連のリーダーシップの下での「共産主義陣営」が形成されるという、二大陣営による「東西対決」という図式をもって現れた。それは、戦

後、米ソ両国が自国の繁栄と価値観の実現のために世界を安全化させようとし、国際環境自体の中に深く食い込み、対外の膨張政策と国際環境に対する働きかけの強度を強める過程で発生した。そして、東アジアでは中国の内戦という形で明確化し、朝鮮戦争と第1次ベトナム戦争となって現れた。世界のほとんどの国々は直接間接に米ソ対決に関わり、かつ拘束されるようになった。なお、ここでの東アジアとは、北東アジアおよび東南アジアを包括する地域と想定する。

戦後国際関係の枠組を規定した米ソ冷戦は、実に「長い平和」の時代であった、という説がある。米ソ間の冷戦は、人類を全面核戦争の脅威の下に置いたが、実際、「冷たい」ままで止まり、米ソ対立が「熱い」実際の戦争を起こすことはなかった。その意味では「長い平和」の時代であったともいえる[3]。しかし、東アジアでは、各地域での戦火が止まらず、冷戦が熱戦へと転化したために、冷戦＝「長い平和」の図式はまったく成立しなくなる。冷戦期の東アジア各国は、米ソ両国の政治的・経済的・軍事的影響とともに、その知的影響をも受けざるをえなかったものの、冷戦終結後には東南アジアと北東アジアを初めとする各地域ごとに独自的な冷戦の実態が明らかになりつつある[4]。

実に米ソ関係だけが冷戦ではない。その中核に米ソ両国のイデオロギー的・戦略的対立があるとしても、冷戦期の国際紛争の多くは、米ソ以外の地域で戦われた。そのパターンは、一方では米ソ冷戦が地域冷戦に多大な影響を及ぼしたが、他方では米ソ冷戦といった中心部の冷戦と区別された、たとえ地域の冷戦が米ソ関係に特に影響を与えなくても米ソの政策に影響を与えてきたこともある。冷戦体制は、核兵器を保有する超大国だけでなく、その超大国が他の諸国の軍事的・政治的決定を拘束することで1つの「ブロック」を構成していた。ところが、その「他の地域」は、超大国の植民地ではなく、それぞれ独立政府を持っている。ここから、その超大国と独立政府との間の錯綜した関係が生まれた。

第2次世界大戦以前、政治的には植民地として支配され、経済的には農業生産と貧困が特徴であった東アジア地域は、大戦後半世紀の間に国民国家としての独立と、急速な工業化を達成した。その過程で、米国の軍事力に対決した側よりは同盟を結んだ側が、外資を追放するよりは外資を誘致した側が、国民国

家の形成と経済成長の2つを手にすることになった。植民地から独立する過程における右と左の選択は、独立か開発か、という二者選択ではなく、独立と経済開発をともに含む秩序構想のうち、左右のどちらを選ぶのか、という選択であった。そして、この地域を席巻した冷戦、また各国を横断して進められた開発政策と、国民国家形成との関係はどのように関わり、相互結びついていったのか。

東アジア地域には、第2次世界大戦で日本が敗戦し、広大な力の空白地帯が出現した。この力の真空地帯への米ソ両国による進出が東アジア冷戦の起源となり、インドシナ半島、中国、朝鮮半島などを中心に徐々に冷戦の姿を現し、朝鮮戦争を境にして固定し、中ソ対立を軸に大きく影響されながらも存続した。東アジアの冷戦は各国の近代国家の形成過程とも絡み合い、一挙に「熱戦」化した。また、東アジアはキリスト教世界の欧米とは異なり、多様な宗教と文化が共存する多元的世界である。そのため、東アジア冷戦は、欧米的冷戦構造が持ち込めれることで、他者の存在を絶対的に排斥する一神教的東西イデオロギー対立に巻き込まれたものの、米ソ対決や欧州冷戦とは異なる様相を内在していた[5]。

(2) 米ソ両国の東アジア政策

超大国の対外政策は、若干の時差はあるものの、世界的・地域的な同時性を持って展開される。そのため、各国の対外政策も相互関連し合いながら展開される。超大国米国の戦後対外政策の基本目標は、開放された多角的な経済体制の構築にあった。米国は、資本と商品と原材料の自由な流れを可能にするグローバルな規模のシステムを形成し維持することに死活的な利害を持っていたが、その最大の障害は、孤立主義と保護主義という内在的変数と、ソ連型閉鎖経済という外生的要因であった。米ソ冷戦の根本的要因はここにある。戦後ヤルタ体制は、米・英・ソの3大国が中国の自立化に加えて東アジア地域をそれぞれの勢力圏に事実上分割する国際秩序であった[6]。

しかし、ドイツと日本などのファシズム諸国と戦った米ソ両国の奇妙な戦時同盟は、終戦に近づくにつれて内部的な矛盾を露呈しヨーロッパでの冷戦が始

まった。このヨーロッパ冷戦の影響が東アジアにも波及したが、その状況はヨーロッパ冷戦とは違っていた。ソ連は東アジアの一角を占めてはいたが、その「脅威」の度合いはヨーロッパほどではなく、また東アジアでは反ソよりも植民地支配からの脱却と独立国家の建設の方が重要な課題であった。しかし、米ソ両超大国は、次第に東アジア政策を東西冷戦政策に切り替えようと努めた。こうして東アジア冷戦はヨーロッパに遅れて始まったが、戦後唯一の超大国米ソ両国の政策とそれに抵抗する東アジア諸国家や諸民族との対立の側面も多かった。

　1945年8月15日、連合側のポツダム宣言を受諾したことにより大日本帝国は崩壊し、旧満州から朝鮮半島、台湾、日本列島、千島列島、樺太に至る広大な力の真空地帯が出現し、この真空地帯に進出した米国とソ連による占領体制が、そのまま東アジアにおける冷戦の地理上の配置として固定された。元々、米国は戦後東アジアにおけるソ連の優越した地位を認めることによって、太平洋地域を含む米国の東アジア戦後構想をソ連に認めさせ、米ソの協調によって戦後政策を進めようとした。しかし、ヨーロッパの戦後処理問題をめぐって米ソ両国の対立が顕著化し、米国が原爆実験に成功すると、ソ連の対日参戦をむしろ抑えるなど、大国間の協調を前提とした「ヤルタ体制」は動揺し始めた。

　ソ連の東アジア進出に対して米国の対応は、基本的にはヨーロッパと同じ「対ソ封じ込め」政策で一貫し、中国共産化以降には東アジアにおける「不後退防衛線」とその外側の「封じ込め線」という二段構えでいた。前者の防衛には米国が直接関与し、後者では政治的影響力、経済援助、軍事援助などの間接的手段により共産主義の浸透を阻止するという戦略であった[7]。その後の米国は、ヨーロッパでのソ連の脅威や核実験の成功および中国共産化を、ソ連がその絶対的な権力を全世界に押しつけるものと見なし、ソ連を軍事力の強化によって封じ込めようとした[8]。そこで、朝鮮戦争と大国の関与がグローバルな米ソ冷戦と米中冷戦の固定化に決定的な影響を与えることになった。

　東アジア冷戦は、米ソの冷戦戦略や欧州冷戦の持ち込みと、一部の域内諸国の指導者らによる米ソ両覇権国の力利用とその秩序の中で、自らの国民国家建設という狙いが結合して形成された。そして、東アジアの冷戦は、朝鮮戦争を通じて熱戦化し、この熱戦を通じて米ソ以外の「中国」という東アジア冷戦の

重要なプレイヤーが登場した。また、米国の冷戦政策には、日本中心の垂直的地域分業体制を想定したが、それは政治経済的な脱植民地化を目指す東アジア諸国の要求とは到底相入れないものであった。そのため、戦後東アジア諸国のナショナリズムは、東西イデオロギーとは別に、米国の地域秩序構想に内包された「日本問題（脅威）」との格闘を繰り広げていたのである。

　米国の冷戦戦略には、「封じ込め」と「巻き返し」という2つの戦略志向が激しく拮抗し、政府内で対立していた。前者が、共産主義の脅威に対して防衛的であるのに対して、後者は、積極的・攻撃的な政策を主張する考えである。東アジア政策の文脈では、両者の違いは、共産化した中国大陸に米国がどの程度関与するのかに関わっていた。より長期的な防衛体制の構築を目指す「封じ込め」戦略は、米国が得意とする空・海軍を中心に、日本列島を軸とする防衛ラインを築き、アジア大陸への恒常的な関与は避けようとするものである。その反面、「巻き返し」戦略は、中国大陸の共産主義政権を倒し、巻き返すために、米国が積極的に関与するようと唱えるものであった。

　一方、ソ連の東アジア政策は、それのみ孤立して存在するものではなかった。米国的な国際秩序の確立に対抗したソ連は、外部環境への全般的対応の一部として東アジアでの行動を起こしていたが、しかし東欧と比べて東アジアに対しては無知であり、無関心の態度で一貫していた。1948年ユーゴスラヴィアとの対立が表面化し、東欧諸国にはソ連型の政治体制が強制され、ソ連の衛星圏が確立した。当時の東アジアにも東西冷戦は影を落としつつあったが、スターリンにとっては優先順位がヨーロッパであり、その中でも最大の関心事は「ドイツ（再軍備）問題」であった。そのため、戦後ソ連の東アジア政策はヨーロッパ流の伝統的な勢力均衡外交の枠組の中で展開されていたのである。

　ところが、東アジア諸国・諸民族の一部は、ソ連が労働者の祖国と民族解放の指導者と見なし、ソビエト権力そのものが自国革命の理想とされていた。そして、域内共産主義者の一部にはソビエト権力こそ理想の政治体制であり、資本主義の道を通らずに社会主義に向かう早道だと考える者もいた。中国のソビエト権力は早期に潰えさり、それに代わって独自の権力、政治体制が模索されることになったが、それでもソ連の影響は中国を含めて東アジア全体の革命と民

族解放勢力にとって強力なものがあった。その好例の1つは、革命でも戦争に打ち勝つ唯一の方法だとする思想（戦時共産主義・軍事兵営共産主義の発想と組織）を創り出したことである[9]。

大戦終結直後のソ連は、資本主義包囲網の中にあるという一国社会主義的認識と、さらには第3次世界大戦が不可避であるとの対外認識の下に衛星圏へのソ連型政治体制を押しつけていた。こうしたソ連の行動が西側の不信を呼び、こうした相互不信の中で冷戦が定着し、これが再びフィードバックして、ソ連型全体主義体制を強化させていった。このようなソ連の対外認識の下でとられた外交政策は対決姿勢に基づく孤立政策であり、時には強硬策も辞さないものであったが、米国との直接対決は避けようとしていた。まさに戦後ソ連の東アジア政策には、域内共産勢力の力と民族ブルジョアジー意図への不信感もあったものの、東欧政策と比べて明確で包括的な構想を持っていなかった[10]。

以上の事実を踏まえた上で、戦後ソ連の東アジア政策を整理すれば、次の4点が挙げられる。第1の対日政策は、日本の将来の脅威を封じ、冷戦定着後には日本が米国の対ソ攻撃基地化となるのをを阻止する。第2の対中政策は、満州権益の確保と緩衝地帯化であり、これは対米安保の最終的な担保でもあった。第3の朝鮮半島政策は、初めから分割占領で十分との認識があり、冷戦定着によって南北統一の可能性が遠くなると、北朝鮮だけの共産政権を後押しする。第4の東南アジア政策は、共産主義・民族主義運動に対してはソ連の不信感が強く、冷戦対決中でも、主な問題は中国に任せる態度をとった。これを基に、ソ連はヨーロッパ流の極めて伝統的な勢力均衡型外交を展開していったのである。

しかし、東アジア諸国は米ソ両国の政策構想とは異なる課題、つまり自国の植民地・半植民地・従属状態から如何に解放するかという問題を抱えていた。この地域は、19世紀に欧米諸国（と日本）が進出し、諸民族の自立化と植民地化との相剋および苦悩を経験し、また第1、2次世界大戦を通じて民族意識の高揚と国民としての自覚、国民国家形成の必要性を強めた。帝国主義戦争、侵略戦争においては仕掛けた側も仕掛けられた側も民衆は犠牲を強いられたが、植民地・半植民地・従属国の民衆は自分の意思や願望とはまったく異なる次元で無差別に犠牲となったからである。そこで帝国主義と植民地主義を悪と見な

し、自らの解放のための戦争（民族解放戦争）が現れた。そして、東アジアは民族解放のためには、民衆の結集のためにも社会改革と新たな政治体制が必要とされていた[11]。

2．東西冷戦の東アジア的形成

　第2次世界大戦後まもなく、ヨーロッパでは戦後処理や復興政策をめぐって米ソ両陣営が形成されて対立し、冷戦が始まった。こうした急激な冷戦の進展は、戦後西欧・日本の植民地支配と日本の占領から解放された東アジア諸国の国家と政治体制の行方にも大きな影響を及ぼした。この地域の独立のあり方は、それぞれの国の独立運動と植民地支配国や日本軍政との対応（とその独立の担い手）の違いによって大きく異なり、また冷戦構造の転機も、米ソ対立（のちに米中対決）と連動された様々な地域紛争であった。このように米ソ冷戦の進展は、東アジア各国の政治・経済体制に大きな影響を与え、また東アジア各国の異なる政治体制の形成がこの地域の冷戦にも大きな影響を及ぼした[12]。

　大戦直後の米ソ両国の主要関心は、ヒトラーなき後のヨーロッパ大陸の管理問題に向けられ、そのため東アジアの冷戦の様相はヨーロッパと違っていた。東アジアでは、朝鮮半島を例外として、米ソが対峙する地域は多くなく、ソ連の脅威を感じる程度もヨーロッパほどではなかった。東アジア諸国は、それぞれの国内の政治的対立を米ソ対立を利用して解決しようとする動きと、さらには米ソ側に依存せず独自的に旧植民地支配からの解放・独立や統一国家を建設しようとする動きとが同時に現れていた。そのため、東アジア冷戦は、東西冷戦の要因と脱植民地化・近代化の課題および国家建設・国民統一をめぐる国内の政治課題が複雑に重なり合い、時には相対立する関係の中で展開されていた。

　米国は1948年以降、東アジアにおいてもソ連の力と影響力を封じ込める政策を前面に押し出すことによって、ヨーロッパ型冷戦の影響がこの地域に次第に及ばされた。そうした中で1949年10月の中国共産化に伴って東アジアでも社会主義陣営が形成され、しかも1950年6月の朝鮮戦争の勃発によりこの地域の冷戦構造が成立し固定化された[13]。その後の東アジア冷戦は、朝鮮戦争で米中が

直接に衝突したことで、米中対立を軸に展開された。つまり米国は、中国の膨張を抑えるために東アジアに反共陣営を拡大して対中封じ込めを強化したのである。しかし、インドネシアなどの新興諸国の一部は、東西冷戦の否定と国際政治の民主化の方向を示す非同盟・中立主義の道を模索していった[14]。

　1950年代の世界は、米ソ間の軍事的対決が一層激化すると同時に、そのアンチテーゼとしての平和共存論も出現する、表面的には矛盾した時代であった。そしてまた、米ソ両陣営のいずれにも属さない、いわゆる第3世界が自己主張をも始めていた。したがって、一方では域内冷戦が極端に緊張化すると同時に、それを終らせる、あるいはそれを超える国際秩序の模索が始まった時代であった。米ソ両国はミサイル時代の開幕とともに、通常兵器や戦術核兵器の使用を基調とする限定戦争論へと繋がっていた。つまり、世界全体を破壊しかねない核戦争ではなく、米ソ両国は通常兵器やスパイなどの秘密手段による戦いを行い、第3国での政権抗争をめぐる「代理戦争」が出現した[15]。

　そうした状態の中で、全世界の軍事化をコントロールし、米ソの軍事的対決以外の枠組で国際関係を定義しようとする動きが現れ始めた。まず第1に、1953年のスターリン死去以降「平和共存」という概念がソ連で使われ始め、米国側でも「冷戦の休戦」ということが言い出されるが、それは米ソ両大国間に必然的に戦争が発生するとは限らないという認識の高まりを示した。そして第2に、第3世界諸国が米ソ冷戦型の国際秩序とは別の世界秩序（バンドン体制）の必要性を主張していた。主にアジアやアフリカ地域の新興諸国の中では、西洋中心型の冷戦体制と権力政治の展開が帝国主義外交の延長に過ぎないものとし、米ソ冷戦型の国際体制に挑戦し始めたのである[16]。

　以下では、東アジア冷戦の形成について、それと深く関連するいくつかの事例、つまり戦後米国の対日占領政策や中国大陸の共産化と朝鮮戦争の問題などを取り上げて検討する。これらの出来事は、たとえ東アジア冷戦の形成において時間的なズレと地域的ねじれがあるものの、基本的には連続性を持ちながら、世界的冷戦の仕組みと地域的冷戦との関連、そして2国間関係や各国の国内冷戦問題などが相互複雑に絡み合うメカニズムの下で展開されたものである。実に東アジアの冷戦は、朝鮮戦争を契機に熱戦に転じ、しかもベトナム戦争で東

アジア冷戦が激化したため、米国の対ソ、あるいは対中封じ込めが軍事的に対処することになり、そうした軍事的な対処が次第にグローバルな政策と化した。

(1) 米国の対日占領政策と日本の西側陣営化

　1945年8月15日、日本はポツダム宣言を受諾して降伏し、米軍による事実上の対日単独占領統治が始まった。連合軍最高司令官に任命されたマッカーサー元帥は、米国政府の方針に基づいて日本の非軍事化と民主化を進め、同年10月、婦人の解放、労働組合の奨励、教育の自由主義化、圧政的司法制度の撤廃、経済の民主化などの5大改革指令を発した。また、軍隊の解散、戦争犯罪容疑者の逮捕、軍国主義者・戦争協力者の公職追放および財閥解体、農地改革など、上からの改革を実施させた。しかも、米国は天皇制を改革し利用する政策をとり、1947年11月には主権在民、象徴天皇、基本的人権、戦争放棄を規定した日本国憲法が制定された。

　戦後初期の日本には、大日本帝国の崩壊によって、近隣アジア諸民族との関係を根底から再検討する契機が与えられた。しかし、日本は米国中心のGHQの占領下に置かれ、その指導を受け入れることになり、旧植民地、そして東南アジアの占領地域などに対する支配者としての過去を自らの名と手によって清算する機会を持たなかった。米ソ両国の対立と冷戦戦略により、日本と東アジア諸国との関係の方向と内実は決定的な影響を受けたのである。日本にとって植民地の脱植民地化とは基本的には他国の問題であり、自らの課題として認識されたことはなかった。そのため、今日の日本は、冷戦の終焉により「西側」の一員としてではなく、アジアの一員としての歴史的責任が鋭く問われている[17]。

　戦後の米国は、領土的支配を伴わない「植民地なき帝国」の秩序構築とソ連の勢力圏拡大に対抗し、1947年冷戦宣布ともいえるトルーマン・ドクトリンとマーシャル・プランを発し、ヨーロッパを舞台とした米ソ冷戦が本格化した。米ソ冷戦はヨーロッパで開始され、1948年のベルリン封鎖がその第一幕となった。こうした戦後の新しい国際状況の展開は、ヤルタ構想に代わる、新たな米ソ冷戦という国際秩序の模索となったが、それは米ソ中核の世界システムの構想であった[18]。以来、西側陣営の欧米諸国は、1949年にNATOを形成して軍事的結

束を固め、また「政治経済戦争」の遂行のために秘密の多国間組織のココム（対共産圏輸出統制）を発足させるなど、反共姿勢を強めていった。

　ヨーロッパでの冷戦の激化と中国大陸の情勢変化の下で米国は、対日占領政策を変化させていた。米国は自国の対ソ封じ込め政策の観点から対日占領政策の再検討に乗り出し、日本を友好国にさせる方針を固めたのである。それは、日本が地理的に米ソ関係の戦略上重要な位置にあり、経済的にも東アジアで最も大きな工業力と熟練した労働力を保持し、また軍事的には域内で最も多数の現代的な戦争向けに訓練された潜在的な兵力を擁し、しかも国家としても唯一の全国民を動員できる国として評価したからである[19]。こうして米国の対日占領政策は1948年より転換し始めたが、その結果、東アジアでは対日講和が実現しないうちに、冷戦という「新たな戦争」を迎えることになった。

　1949年頃の東アジアを取り巻く国際情勢は非常に不安定な状態に陥った。同年8月のソ連の原爆保有と10月の中国の共産化、そして中ソ同盟の締結などは、米国の東アジア政策を大きく変更させ、東アジア政策の要が中国に代え日本になった[20]。米国の東アジア政策には、日本を「経済復興と賠償中止」などを通じて安定勢力化させ、この地域の共産主義浸透を防ぐことと、それによって米国の経済的・人的負担を減らし、余力を冷戦の主戦場ヨーロッパに振り向けるという二重の狙いを込めていた。そして、米国は日本軸の東アジアの有機的統合を図っていた。それは、米国の多角主義に基づく自由貿易体制の地域的表現であり、「周辺的」な東アジアにおける「経済的」な冷戦戦略の産物であった[21]。

　米国の東アジア地域の統合構想は、域内冷戦体制の構築のための非共産諸国との統合であった。すなわち、東アジア地域における反共封じ込め政策の推進のために、日本の政治経済復興と安定を軸に東アジアの非共産圏諸国との政治的・経済的結びを強化させる必要があったのである。そして、日本と東アジアとの統合には、日本の原材料資源の供給地および工業製品の輸出市場として、共産中国に代わる地域として東南アジアとの統合が不可欠になった[22]。こうして米国は、東南アジアへの積極的援助が検討されたが、経済的危機に伴う東南アジアの共産化への危険と、それが米国安保上の脅威に繋がるとの認識の下で、日本・西ヨーロッパ諸国と東アジア地域との政治経済的な統合を促進させた。

しかし、この時に1950年6月の朝鮮戦争が勃発した。この戦争を契機に、米国では日本の再武装・基地化を求める声や早期講和慎重論が軍部内でにわかに高まった。また米国は、長期占領による米軍の士気低下と日本の反米感情の高潮を憂慮した。その結果、朝鮮戦争の最中の1950年8月に警察予備隊令が公布され、翌年9月8日にはサンフランシスコにおいて、日本を含む参加52カ国のうち、調印を拒否したソ連、ポーランド、チェコを除く48カ国との間に対日平和条約が調印された。また同日、日米の間で平和条約第6条を受ける形で日米安全保障条約が締結された。米国の対日占領政策は、朝鮮戦争を契機に非軍事化から軽武装と経済再建へと転換され、早期講和にも踏み切らせたのである[23]。

　こうして米国の対日単独占領は終わり、「サンフランシスコ体制」とも呼ばれるアジアの新国際秩序ができ上がった。それは、日本の主権回復とある程度の再軍備、そして日本本土と沖縄における米国軍事力の維持を基調とし、韓国、台湾、フィリピン、オーストラリア、ニュージーランドを合わせた軍事体制であり、ソ連、中国、北朝鮮の軍事力に対峙するものであった。国際政治の軍事化という現象が、1952年までにはアジア・太平洋地域にまで及んでいたのである。しかし、日本は、軍事面では米国の体制に自らを組み入れながらも、経済面ではできる限り自主的な動きを見せたが、その好例は「政経分離」原則に基づく民間レベルでの日中貿易関係（1952年6月の日中貿易協定）の維持であった[24]。

　その後の米国は、日本の再軍備に対する圧力を強めたが、それは日本の防衛だけでなく、アジア・太平洋地域全体の兵力バランスという文脈で構想されたものであった。米国は東アジア政策にとって日本の死活的な重要性と日本の通常兵器による再軍備の奨励・促進などを再認識し、その後もこうした対日基本政策が引き続けられた。とにかく日本は、朝鮮戦争最中の1951年9月8日、中ソを含まない片面講和条約と日米安全保障条約の下で米国との同盟関係に入り、経済や文化にもわたる重層的な構造を持つ2国間関係に発展した。しかし、その一方で日米関係には、周辺諸国から日本の軍事大国化の憂慮といった「占領の遺産」と西側陣営下の「冷戦外交」という二重的な関係をも含んでいた[25]。

(2) 中国大陸の共産化と台湾の苦悩

　中国大陸における国民党と共産党との戦いは、内戦そのものが共産革命の過程であり、内戦での共産党の勝利は革命の勝利となった。その結果、大国間協調と中国大国化を前提としたヤルタ体制が東アジアにおいても崩れ始めた。1949年建国後の新中国は向ソ一辺倒政策を取り入れ、しかも朝鮮戦争で米中対決の基本構造がつくられて冷戦の東アジア版ができ上がった。つまり、中華人民共和国の成立やソ連との同盟条約、そして朝鮮戦争によって、東アジア冷戦の主役は米中関係となったのである。米国は、「中国の喪失」を契機に国内的には狭隘な反共主義であるマッカーシズム（赤狩り）が吹き荒れ、この過程で新中国が米ソ両超大国間の冷戦構造の不可欠な一部に組み込まれていった[26]。

　事実上、新中国のソ連一辺倒的な対外政策の根底には、コミンフォルム（ヨーロッパ共産党情報局）の成立と反ソ的立場をとったユーゴスラヴィア共産党のコミンフォルムからの追放、そして米国の対日占領政策の変化という要因があった。前者は、それまでソ連の東アジア政策に不満を持っていた中国共産党は、ソ連が対米対決姿勢を強めたことで信頼感を取り戻し、また新中国と同様に自力で解放闘争を行ってきたユーゴ共産党の追放が自分に跳ね返ることへの警戒感である。後者は、新中国が米国の対日占領政策の変化を、旧日本の復活、ことに日本軍国主義の再現と考えていた。当時の新中国にとっての日本は、米国と並んで、絶対的に警戒すべき国であったのである。

　中国大陸の共産化は、米ソ両国の朝鮮政策にも大きな影響を及ぼした。米国は、中国国民党が優位を確保していた1947年初頭までには旧満州へのルートとして朝鮮半島の戦略的価値を重視し、その統一実現に熱心であった。一方、ソ連は朝鮮半島を満州、さらには自国への侵攻ルートと見なす立場から北朝鮮の金日成の権力基盤を強化することに力を注いで統一には熱意を示さなかった。しかし、中国内戦で共産党が優位となると米ソの立場は逆転し、米国が朝鮮の統一実現を事実上放棄し、ソ連は北朝鮮による武力統一の動きを黙認・支持することになった[27]。1948年夏には、朝鮮半島の南北に事実上２つの政権が誕生して対立することになり、その事態は次第に戦争へと急傾斜していった。

　中国の共産化という新たな国際情勢の展開は、米国の対中政策はもちろん、東

アジア政策の前提そのものを崩壊させた。また、1949年8月にはソ連が原爆実験に成功し、米国の核兵器独占も崩れた。米国は対ソ戦略・東アジア政策の見直しに迫られ、ソ連の影響力拡大とともに、中国のソ連離反への期待や日本の中立化をも懸念した[28]。特に、米国は日本の中立化阻止と西側陣営に繋ぎ止める手段として、経済的には東南アジアと結びつけ経済復興を保障しようとした。つまり、東南アジアは日本や西ヨーロッパなどが生産する工業製品の市場となり、これらの国に原材料を供給する役割を果たすという地域経済圏を構築し、それを通じて戦略的な拠点となる日本の経済自立を図ろうとしたのである。

こうした米国の新しい戦略の下で新中国は、建国直後から冷戦構造に組み込まれた。戦後米ソ両国ともに対中政策は、中国統一の点では一致したが、結局中国内戦が再発し、共産党が国民党に対する優位を確保してソ連への傾斜を強めると、米国の対中政策も次第に冷戦的な発想に傾いていった。日本を手先にした米国の新しい東アジア戦略への強い危惧は、新中国を一層ソ連に接近させる結果となった。そして朝鮮戦争は、米国の対中政策の決定的転換をもたらした。また、中国は朝鮮半島が東北地方に隣接し、中国がこれを自国の安全保障に対する深刻な脅威と見なして直接参戦したが、その背後には米国による対中軍事干渉の準備行動として捉えるという中国独自の対米・国際情勢認識があった[29]。

米国は、「中国の喪失」とソ連の原爆保有などによって、米国外交および国防政策全般の再検討を開始した。その結果、ソ連の軍事的脅威の増大と西ヨーロッパの軍事的劣勢を強調し、かつ米国の大規模な軍備増強を主張する報告（「米国の安全保障に関する目的と計画」：NSC-68）が提出された。NSC-68は、その実行に伴う経費が年間500億ドルと算定されるなど、平時における米国の軍事政策のあり方を大きく変更させる軍備強化案であることから、トルーマン政権内部でも議論が生じていた。しかし、その最中に朝鮮戦争が勃発し、この戦争が承認の促進剤となって、この計画は最終的にNSC-68／4として国家安全保障会議で承認されることになった[30]。

しかし、1950年代半ば以降の新中国は、国際情勢の相対的緩和と中国自身の国家建設のための平和な国際環境の必要により平和外交を精力的に展開した。

それは、社会体制を異にする諸国との2国間関係の準則であったが、そこには朝鮮戦争で得た得失の決定的な「教訓」と米中冷戦の局面から抜け出すための必死の試みがあった。すなわち、戦争は何としても避けようとする決議であったのである[31]。この時期の東南アジアと中国の関係を支配したのは冷戦論理だけでなく、ナショナリズム優先の論理が働いており、そこに東アジアの冷戦の特徴が見られる。いずれにせよ、新中国は朝鮮戦争に全面的に巻き込まれることで、東アジアの冷戦、つまり米中対決に一方の主役になった。

なお、中国大陸での国・共内戦で敗れ台湾に移った国民党勢力は、「中華民国」を名乗りながら中国の「正統政権」を主張し続けた。こうして中国は台湾海峡を隔てて、「中華民国（台湾）」と「中華人民共和国（大陸側）」とが分かれて分裂国家となった。それ以来台湾の政治体制は、中国国民党の政権によりつくられた権威主義体制であった。そして、台湾の政治には、1つは台湾の政治システムが共産党との内戦中という形で、1949年から1987年まで続いた「戒厳令」体制があり、もう1つは『中華民国憲法』そのものを棚上げる「反乱鎮安時期臨時条項」という法令が存在することになった。さらに憲法の中にも、立法院（国会）が改選しない終身議員による「万年国会」になっていた。

朝鮮戦争を契機として根本的に修正を加えた米国の東アジア政策は、中国に対する米国の封じ込め政策を強化させる過程で、台湾の国民党政権が西側陣営の一員として組み込まれた。そして、台湾海峡は朝鮮半島の38度線と並ぶ東アジアにおける冷戦の「正面」となったのである。冷戦の激化期の中国と台湾の間には1955年と1958年の2度の軍事衝突が発生したが、米国は台湾の「大陸侵攻」を支持せず、またソ連も中国の「台湾解放」を援助せず、ここに均衡が成立して危機の緩和がもたらされた。しかし、中台関係には、基本的に「国・共の敵対要因」と「東西の冷戦要因」が働いていた[32]。

(3) 朝鮮戦争と南北朝鮮の分裂化

東西冷戦は、国家間の相互不信と誤解を招き、一歩間違えば戦争に繋がる可能性があり、しかも戦争をさらに拡大させる要因となるメカニズムであった。東アジアでの熱戦の始まりとなった朝鮮戦争は、双方の誤認と誤算が重なり合っ

て国際戦争になった。この戦争は北東アジアの片隅で限定戦争の形で行われたが、冷戦メカニズムの下にヨーロッパで発生した冷戦を世界的な規模に広げ、東西両陣営の国際的緊張の高潮と軍備拡張のエスカレート、そして軍事対立の加速化などのグローバルな影響を残した[33]。東アジア地域にとってはなおさら影響が深く長いものであった。特に、米中両国にとって朝鮮戦争は、それぞれの国内政策および対外関係の面でその後の数十年の方向を決定した。

　東西冷戦の東アジア的拡大という状況の中で、韓国の李承晩政権は、東アジア冷戦を激化させることに自らの政権と国家の活路を見いだそうとしていた。朝鮮半島の緊張を高め、朝鮮半島を冷戦の最前線に位置させることで、自らの戦略的価値を高めたのである。また、東アジア冷戦の激化を積極的に「利用」しようともした。彼の「反日反共」政策の底流には、彼なりの戦略観があったのである。朝鮮戦争の直前、米国占領軍の撤退が進むと、「北進統一」を声高に唱え、挑発的な言動で38度線の緊張を高めたり、朝鮮戦争の休戦に反対し、中国への戦争拡大を目論んだりした。李承晩政権は、まさに東アジア冷戦の激化を自らの目標達成のために利用しようとした[34]。

　朝鮮戦争は、朝鮮半島の統一を目指す北朝鮮の金日成政権の侵略により始まった。そして、米国と国連、そして中国とソ連が介入して国際戦争となった[35]。しかし、この戦争の根底には、米ソ両国の対立が引き起こした朝鮮民族の分断状況にその起源があった。ソ連は、中国革命の勝利に刺激され、北朝鮮を積極的に援助した。米国はこの戦争介入を機に日本の再武装を断行した。米地上軍と空軍は日本の基地から出動し、日本の掃海艇は米軍に徴用されて北朝鮮沿岸の機雷除去に参加した。米軍は「封じ込め」から「巻き返し」に転じ北進したために中国の軍事介入を招いた。中国の介入は、中国と友好同盟条約を結んでいたソ連が背後にあり、第3次世界大戦の危機をはらんでいた。

　ソ連側から見れば、朝鮮戦争は北朝鮮が朝鮮半島を支配することができれば東アジアにおける軍事バランスを自己に有利にすることが可能になるし、米国側は、最初から北朝鮮の背後にソ連の存在を前提した上で、ソ連と同じ理由によってこの動きを阻止させようとした。また、米国はソ連の同盟国たる中国の力をこれ以上に増大させないためにも、台湾を中国本土から切り離し、大陸中国

による台湾の武力解放を阻止させようとした。そのため、朝鮮戦争は米ソ関係だけではなく、米中関係を決定的に悪化させる契機となった。米国にとって朝鮮戦争は、ヨーロッパを主要舞台としたソ連との対決の第1歩が東アジアで踏み出されたことに加え、中国との対立も始まったことを意味したのである[36]。

中国にとっても米国の進出は中ソ同盟を試すものであり、中国を二分化しようとする米国と敵対関係に入るのは当然とされた。そして、米軍が北上すると、中国側は何十万人もの義勇軍を投入し、事実上米中戦争へと発展したのである。一方、日本も直接間接的な側面での国際政治の軍事化に貢献することになった。米国は、中国の共産化と中ソ軍事同盟の締結に対応して、東アジアにおける日本の軍事的価値を再認識していた。そして、朝鮮戦争を契機に日本の軍事化、あるいは日米関係の軍事化を一層進めることになった。その結果、日本は、米国陣営側の国々との単独講和と日本本土と沖縄の米国の基地化、そして冷戦下の米国主導型の軍事体制へと編入させられたのである。

しかし、米ソ両国にとって東アジアの冷戦は第二義的なものであり、そのため、朝鮮戦争は局地的な限定戦争になった。それは、それぞれの利害から戦争に深く関与した諸大国が対立し合いながらも、戦争を朝鮮半島に止めようとする点で利害が一致したからである。米国は、朝鮮半島を越えて中国やソ連との全面戦争になることは望まず、そのために中国領の爆撃や台湾の国民政府軍使用を主張するマッカーサーを解任した。中国は、戦争拡大の大変な負担のために、朝鮮以外の地域に侵攻しない限り、戦火を朝鮮に限定しようとした。ソ連は、世界大戦へと発展することを恐れて、中国に大量の武器装備の提供や一部の空軍を鴨緑江周辺と北朝鮮上空に派遣し国連軍と交戦したにもかかわらず、公式には中立の立場をとり、休戦交渉の仲介役を務めていたのである[37]。

米国にとって「二重の周辺性」を持つ朝鮮半島での戦争は、東アジアの冷戦を規定した最も重要な出来事であった[38]。この戦争で米中が戦ったことで朝鮮半島での「冷戦」、米ソの対立が朝鮮半島で「熱戦」となり、米中の対決が20年間続き、朝鮮半島が「休戦状態」のままに分断された。実に朝鮮戦争は不安定で不確実な猜疑心に満ちた中ソ同盟関係を背景に、中ソ両国が韓国の解放を焦る北朝鮮を十分に統制できないまま起こったものであった。また、米国がそれに

即時に前面介入するとは、中ソ両国も予測していなかったのかもしれない。米国も中国の参戦を最後まで見通せず、このような米中ソ3国それぞれの「読み違い」も、内戦の「国際化」、そして東アジア冷戦の固定化に繋がっていった。

冷戦の開始以来、米国は常にヨーロッパでの共産主義の封じ込めを中心にその戦略を構築してきたが、朝鮮戦争を契機に東西冷戦は一挙に熱戦化し、かつグローバル化しながらNATOの軍事同盟化や西ドイツの再軍備にも拍車がかけられた[39]。朝鮮戦争は、大国が関与して大規模な国際戦争となり、局地的な限定戦争で終わったが、戦争当事者間の誤認と不確定性のために長期かつ悲惨な戦争となった。1953年7月の休戦に至るまで朝鮮半島を往復して戦闘が行われ、膨大な人的犠牲・財産の損失と精神的・心理的な被害をもたらした[40]。悪い（間違った）決定が人の命も奪った典型例であった。この戦争によって南北朝鮮の平和統一への道は遠くなり、双方とも統一を切望しながらも緊張が続いた。

米国は、対中封じ込めのために東アジアでの反共陣営を作り、1970年代初期まで米中関係が断絶し、この現実はその後の東アジアの国際関係の主要な緊張要因となり、この間の東アジアの国際政治は米中対立を基軸にして展開された[41]。朝鮮戦争の休戦ライン38度線は、ベルリンとともに、東西対立の最戦線の象徴となり、このラインの背後に東アジア諸国はそれぞれの陣営に結束を固めた。米国はドミノ理論に基づいて急速に軍備を拡大し、フィリピン駐留米軍の増強と軍事援助の促進、インドシナ紛争への介入拡大、台湾への援助増大と積極的支援、日本への再軍備圧力の強化など、この地域の非共産圏諸国を糾合して反共陣営を構築した。こうして東アジアは欧州と並ぶ冷戦の主要舞台となった。

冷戦の観点から見れば、朝鮮戦争は東アジアに次のような影響を与えた[42]。第1に、戦争の直接的な結果として冷戦が全世界に拡大し、しかも軍事的側面がクローズアップされた。第2に、米中が朝鮮戦争で直接対決したことにより、米中対決の東アジア冷戦の原型が形成された。すなわち、戦争後の米国の東アジアにおける軍事的戦略の重点が対ソ全面戦争から中国を主敵として想定した局地的な限定戦争へと移行したのである。第3に、米国の東アジアの「不後退防衛戦」（アチソン・ライン）が韓国や台湾およびインドシナなどにまで拡大された。

第4に、米国国内に共産主義陣営に対する強い警戒心とドミノ理論を植えつけ、「中国脅威論・主敵論」を台頭させていった。

いずれにせよ、朝鮮戦争は、東西冷戦の世界化とともに、朝鮮半島の分断体制を対内外的に固定化してしまった。つまり、この戦争によって、南北それぞれの人々に安保脅威と戦争恐怖症を内面化させ、しかも南の権威主義と北の全体主義という非民主的な政治体制を生み出した。そして、冷戦体制下の米ソ（のちの米中）対立が南北朝鮮間の対立をより助長し、また逆に南北朝鮮間の対立が東西冷戦を深化させる一因になるという悪循環を招いた。この「勝敗なき戦争」は、南北両側の軍事力の強化と民衆の敵対意識を内在的に固定化させた。これ以降の南北両社会は、強固な反共主義国家と反資本主義国家となり、これに基づく統治正当性の下でそれぞれの国家建設を優先させていった。

第2節　東アジア冷戦の変質と開発競争

1．冷戦緩和期の東アジア情勢

ところが、1953年には、ソ連のスターリンの死去と米国のアイゼンハワー新政権の誕生をきっかけに東西間の緊張緩和の兆しが見え始めた。こうした国際情勢の中で、朝鮮戦争は1953年に休戦となり、翌1954年にはインドシナ紛争も休戦協定に向かった。アイゼンハワー政権は軍事費の増大がインフレを招き、軍事経済は国家を戦争や独裁へと追いやるとし、財政の健全化を重視し、国家戦略遂行に当たっては目的と手段の間に適切なバランスが確保されるべきであると考えていた。その根底には、1947年以降に高潮した東西両陣営の緊張が初めて緩み、米国にとって多額の軍事費を恒久的に支出することは政治的にも困難な情勢であるという背景があった[43]。

こうしてアイゼンハワー政権は、共産勢力の拡大阻止策が資本主義経済の繁栄の下での封じ込め政策という大前提の下で新戦略を模索し始めた。その結果、米国の圧倒的な報復戦力により、いかなる敵の攻撃をも抑止しようとする「大

量報復戦略」あるいは「ニュールック戦略」を打ち出したのである。しかし、実際には東欧での動乱や台湾危機などの政策遂行に当たっては、米ソの直接軍事対決に事態が拡大しないよう慎重な姿勢がとられ、結果的に対ソ政策も、従来の封じ込め政策と大差がないものに終わった。その一方で米国は、東西両勢力の現状維持とその固定化が進む中で、グローバルな対ソ封じ込め政策および東アジアにおける対中包囲網を目的とした反共同盟体制を一層強めていった。

　米国指揮の下にNATOは1949年に設立されたが、1951年にはギリシャとドルコが加入し、1955年には西ドイツも参加して再軍備を始めた。その反面、東欧圏ではワルシャワ条約が1955年に締結され、ソ連兵力の駐屯が半恒久化した。また、中近東ではバクダット同盟（英、仏、イラン、イラク）、それ以東ではCENTO（トルコ、パキスタン、イラク）が形成され、さらに米英とパキスタン、フィリピンはSEATOを組織した。米国はその上、台湾および韓国、そして日本との個別に安全保障条約を結んで全世界にかけての軍事同盟体制を作り上げていた。その反面、ソ連側は中国、北朝鮮、北ベトナムとの同盟関係を維持するなど、東西両陣営ともに軍事的結束を強めていた[44]。

　東アジアの場合、米国は域内非共産諸国との一連の相互防衛条約を結びながら対中封じ込め政策をとり続け、また地域的経済統合の重視と、その中での日本の役割を強化していった。韓国、日本、東南アジア諸国は、米国の新たな戦略的地位が与えられ、その地位はその時々の米中関係の性格によって左右された。そのため、米ソ冷戦を中核とする世界冷戦と東アジア冷戦の間には一種の時差が生まれ、米ソ関係が相対的に安定した1960年代には米中冷戦の激化とともに、東南アジアの紛争がベトナム戦争の拡大に繋がっていた。しかし、国際情勢は、中ソ対立や非同盟運動の盛り上がりなど、冷戦発生・展開期の単純な東西二極の対立構図に顕著な変化が現れ始めた。

　1962年のキューバ・ミサイル危機以降には、米ソ両国間の政治的コミュニケーション機能の向上と核軍拡の抑制によって相互不信と相互恐怖が著しく緩和された[45]。しかし、米ソ両国を中心とした「核の独占」政策は、フランスや中国などの後発核保有国と潜在的核保有国の激しい反発を招き、米ソ両陣営内に「自主外交」と「自主路線」追求の動きを顕在化させた。また、米ソ間の「核の

独占」政策は、両国の直接軍事衝突の回避を最優先した結果であるので、両陣営の「周辺部」における米ソ一方の介入に対しては、他方は抑制的な行動を余儀なくされた。冷戦の緩和はまた、「南北問題」を発見させ、しかも新生独立国家を巻き込んで非同盟主義を活性化させていた。

　非同盟主義は1955年バンドン会議から始まった。この国際会議ではアジアでは新興国家の中国、インド、インドネシアなどが大きな役割を果たし、2つの大国に対抗する非同盟諸国の結集（第3世界）の中核となった。「東西」の対立軸に対する「南北」の対立軸が「発見」され、「南」の世界は同志的結合によって「北」の世界（第1と第2の世界）に対抗するものと考えられた。こうした動きは「南」の世界の「北」の世界に対して一定の力の結集によって国際政治上でも一定の影響力を行使することができるようになった。第3世界は国際政治における一大政治勢力に成長したばかりでなく、国際経済でも積極的に自己の意思と利益を主張し始め、世界の多極化を一層促進させた。

　しかし、新生諸国による非同盟体制は定着しえなかった。その根本的な理由は、まだ米ソの軍事力が圧倒的で、アジア・アフリカ諸国のアピールも無視しえたこと、そして非同盟諸国の主張を先取りする形で平和共存を唱道し始めたことなどが挙げられるが、最も重要な要因は、参加国間の対立によりアジア・アフリカ諸国の結束が長続きしなかったことである。そうした状態下で非同盟精神は数年後には色褪せるものとなり、米ソの冷戦と世界の軍事化の動きを大きく変えることはできなかった。しかし、米国などの先進諸国は、友好的な新生諸国に対する冷戦型政治経済的な支援を積極的に行い、これらの国々の近代化を促進させていった。

　日本の冷戦政策は対米戦略に基づいていた。官民一体の対東アジア外交は、米国のそれにほぼ完全に追随するパターンで進められた。米国の東アジア政策は一貫して、この地域への中ソの影響力排除、地元の共産勢力排除を目標とした。そのため、日本の経済的関与はこの地の反共的国家の経済安定、政権安定に貢献するという経済外的役割を果たしたのである。日本政府の援助も、日本企業の輸出や投資を刺激する効果を持つが、それは政治的には米国の政策的援助の肩代わりという性格を持ち、また受入側の国々には現政権の「安定」という効

果をもたらすものであった。すなわち、日本の経済援助は、日本経済への刺激効果と並んで、政治的性格が端的に現れていたのである[46]。

　以上のような東西冷戦の変質が進む中で、従来西側世界に対して一枚岩の団結を誇った社会主義陣営は、朝鮮戦争を通じて、同盟諸国に犠牲を強いるソ連の利己的な政策に対する中国や北朝鮮の不満が内部で醸成され、蓄積されていった。東アジアの冷戦の大きな特徴は、東西対立の中で東側の中核を担った中国とソ連が早い時期から対立関係にあったことである。こうした冷戦状況の下では、中ソ両国の対米関係は一方が良好（緩和）であれば、他方は悪い（緊張）という非対称的なものであり、東アジア地域の冷戦を複雑化させる原因となってきた。つまり、どのような国であれ、中ソいずれか一方と関係改善を図れば、もう一方との関係悪化が避けられなくなるからである。

2．米中ソ三角構造の形成

　国際政治は、複数の主権国家によって構成されている。しかし、現実的には絶対的権威の政府が存在しないため、複数の国家間関係やそのルールは力の政治に基づく「大国」の論理によって支配されることが多い。東西冷戦期には米ソ両国による支配が顕在化したが、1960年代以降には、米ソ冷戦の相対的緩和と新大国中国の台頭によって、これら大国の国内政治動向や対外行動が国際政治に多く投影された。ことに、東アジアの国際関係においては、米ソ関係と並んで、中国の存在がこの地域の冷戦動向を大きく左右する、いわば米中ソ三角構造が顕著になった。ここでの三角構造とは、3国間関係においてA国とB国の関係が他のC国に影響され、かつC国が顕著な影響を及ぼすことを意味する。

　この三角構造形成の主役は中国であった。戦後中国は社会主義に突入したが、1960年代以降にはソ連との対立を一層深めていった。中ソ両国の関係は、1968年8月のソ連のチェコ侵攻や「主権制限論」の主張に対する中国側の猛反発と、さらには翌1969年3月に発生した中ソ国境衝突事件などを契機に対決的姿勢まで激化した。そして中国は、米国帝国主義と社会主義陣営の中間に位置する第3世界を中間地帯と定義づけ、この中間地帯における民族解放闘争の支援に重点

を置くことになった。また、1964年のフランスとの国交樹立を契機として、米国以外の西側諸国とも接近を図るべく「二つの中間地帯論」を打ち出すなど、中国独自的な反米反ソの国際統一戦線の結成を訴えるようになった[47]。

　すなわち、中国は米ソ両国との同時対決の道を選択し、ソ連は1962年のキューバ危機以降の対米「平和共存」の姿勢をとるなど対米関係の改善を図り、東西冷戦は米中ソ三角構造の形を強めていた。東アジアの冷戦も、基本的に米国と中ソ両国で構成される三角構造を顕在化させていたが、その進展はヨーロッパ冷戦に比して、はるかに複雑なものとなっていた。ヨーロッパ冷戦は現実的に熱戦の可能性をほとんどなくしていたが、東アジア冷戦は東西対立の中で熱戦を交わした場となっていた。ところが、この熱戦はイデオロギーの対立や陣営間対立だけにくくられるものではなく、植民地、反植民地の解放闘争、民族闘争と民族統一の側面を色濃く持つものとなっていったのである。

　以下では、東アジア冷戦において米中対決と中ソ対立の事例を分析することによって米中ソ三角構造の形成過程を検討した上で、その枠組の中で東アジア冷戦において新たな熱戦となったベトナム戦争についても考察を加える。この時期の中国は、米ソとの同時対決の道を選択し、ソ連の対米関係はキューバ危機をピークとする緊張状態が続いていた。また、米国はドミノ理論にとらわれてベトナム戦争に深入りしつつあった。しかも、中ソ対立下の中国は、「自力更生」路線に沿った国家建設方針に転換した。北朝鮮においても「チュチュ」思想に主導された国内体制確立の過程で「自立的民族経済建設」路線が強調されるなど、多元化傾向が経済建設の分野にも及んでいた。

(1) 米中対決

　中国共産化直後の米国の対中政策は、できる限り中国をソ連から離間させようとするものであった。しかし、中国共産党は米国の期待に反して、様々な摩擦を抱えながらもソ連との関係を深めていった。当時、米中両国の関係には双方の事情を十分理解し合える親密な意思伝達の経路がなく、そのために両国間の思い違いや誤解・不信が深まっていた。一方、ソ連も国共内戦の初期には国民政府を正統な中国政府として認めるなど、必ずしも中国共産党を全面的に支

援したものではなかった。当時のソ連側では、中国共産党が米国と提携することへの猜疑心が強く働いていたのである[48]。中国共産党が提携を求めたのは、内戦の遂行上ソ連の援助を必要としたからである。

　米国は、朝鮮戦争への軍事介入の際に、中国共産党がこの機会を利用して台湾への攻撃を仕掛けないように、台湾海峡へも米第7艦隊を派遣したが、中国共産党は根強い対米不信感の下で米国が台湾を支援して、大陸への攻撃を仕掛ける可能性が高いと見ていた。こうして中国は朝鮮戦争に介入したが、それによって、ソ連に続いて米国の封じ込め政策の対象となった。米国は台湾に対する経済・軍事両面の援助に力を注ぎ、蒋介石政権が権力を維持し、台湾が強力な軍事的基地に変わるのを可能にした。そして、1954年の中国軍による金門島攻撃で始まった第1次台湾海峡危機によって、アイゼンハワー政権は米台相互防衛条約を調印し、台湾の防衛責任を公式に明らかにした[49]。

　朝鮮戦争開始以前から米国は中ソ排除下の対日単独講和の方針を決めていたが、開戦後はそれを急速に具体化させた。日本はサンフランシスコ講和条約と日米安保条約で独立を回復し、その一方で在日米軍基地・米軍駐留と「国連行動に対する支援」が義務づけられた。中国側は、朝鮮戦争の米国介入と北進を朝鮮半島のみならず、台湾海峡と中国南部のインドシナ半島の3つの方向から中国を包囲し侵攻していると受け止めて朝鮮戦争に参戦した。この間、東アジア冷戦構造の形成、ことに中国にとって、朝鮮戦争を契機に結ばれた日米安保条約と日台平和条約は大きな脅威となり、その後の米中関係を一層緊張させる要因となった。また、米国の対中脅威論は、ベトナム戦争介入の一因ともなった[50]。

　米国と中国が朝鮮戦争で直接対決したことで、東アジアにおける米中相互不信と対立の構図が固まり、その結果、東西冷戦には米ソ対立に米中対決が加わり、国際関係が緊張したため、同盟諸国の米国の軍事力への依存は増大し、その結果、米国のヘゲモニーは強化された。対共産圏禁輸政策が強化されたことも、西側陣営での米国の立場の強化に繋がった[51]。この時期の中国内外を取り巻く革命と戦争および階級闘争という非常時の政治体制が形成される中での米中対決は、中国が米国を主要敵と見なし、社会主義対資本主義の対決図式を固

定化させた。こうした中国の「戦時共産主義」をもたらした要因こそが、東アジアの軍事環境、冷戦という国際環境であったのである[52]。

こうして中国は、米国の対中封鎖・軍事干渉の可能性に備えて一連の国内対策を決定した。軍事戦略上に米国を主要敵とし、予想される米国の3つの侵略方向、朝鮮半島、台湾海峡、インドシナ半島に隣接する地域を軍事力配備の重点地域とした。こうした対米軍事戦略優先は、ソ連の援助・スターリンの理論援用とも絡みながら、中国指導者の経済建設路線と国家発展戦略および階級闘争論の強調、思想教育重視の政治運営方式にも大きな影響を与えた。朝鮮戦争後の中国指導部内では、経済発展よりも国家の安全保障、政治思想の統一を政策決定の優先順位の第一にし、そのため、中国国内の重工業立地は1970年代まで米国からの攻撃に備えて沿海地域には建設しないことにしたのである[53]。

(2) 中ソ対立

戦後の世界では、各民族による国家形成と国際連合による集団安全保障の実現を理想化していた。しかし、自国の安全保障を「空間」の確保によって実現しようとするソ連は、アジア太平洋戦争終結以前から東アジアへの再進出を図った。その過程で、日米を共同の敵として結ばれた戦後の中ソ同盟は、中ソ対立へと変わった。ソ連は国家領域の拡張に固執しながらも、社会主義共同体においては主権の制限もありうると主張したのに対して、中国は、社会主義国相互間にも内政不干渉の原則が適用されるべきだと主張したのである。ここで主権国家体系と社会主義陣営という2つの異なる地域システム観の間に発生した中ソ対立が明確となった[54]。

そもそも朝鮮戦争の際には、ソ連の利己的な政策に対して中国、北朝鮮の不満が内部で蓄積され始めた。中国は朝鮮戦争に「抗米援朝」を掲げて参戦したが、その根底には、仮に米軍の北上を許した場合、先の中ソ友好同盟相互援助条約を根拠として、米国の脅威を口実にソ連軍が旧満州に進出、駐屯し、既得権益化を図ることを恐れていた[55]。そして、朝鮮戦争以降の米中対決は、中ソ関係にも微妙に投影した。ソ連は、その地位と影響力を維持するためにグローバルな範囲で一定の緊張緩和を求めるようになるが、中国は東アジア冷戦の最

第 3 章　東アジア冷戦の形成・展開と開発主義　97

前線で米国の包囲網に直接さらされているため、対米対決を主張したのである。こうした情勢認識の相違は、その後の中ソ論争の焦点の1つとなった[56]。

　また、フルシチョフは、1956年のソ連共産党第20回大会でスターリンの批判と社会体制の異なる諸国との平和共存および「革命の輸出」を否定した。こうしたフルシチョフの新しい対外戦略は、中ソ同盟関係の亀裂など社会主義陣営の構造転換を生み出し、東アジア冷戦構造の変質の端緒となった。中国はソ連の新政策に不満を持ち、1958年頃の毛沢東がソ連の援助と指導下の重工業重視政策の是正と急進的な大躍進政策に転換した。ソ連はこれを挑戦として受け取り、1959年に中ソ国防協定を破棄し、1960年には中国派遣のソ連技術者・専門家を引き揚げた。冷戦構造の下でも、米ソ双極構造が解体し、多極化現象が進んだが、中ソ同盟関係の事実上の破綻は多極化をさらに促進させたのである[57]。

　以来中国は、ソ連からの離反と国内における準戦時体制下での急速な社会主義建設が一体として「大躍進」を展開した。「大躍進」は、「修正主義」に転落しつつあるソ連に代わって社会主義を守る役割を中国が担うという認識を出発点として、労働力の大量投入による人海戦術的な方法で、工業・農業などあらゆる面で世界に類例のない高成長を達成して、ソ連に代わる社会主義建設の規範例をつくることを目指したものである。そして、大衆の高度の動員状況を作り出すためには、国際情勢の緊張を現実よりも過度に強調する必要があった。中国の「戦争不可避論」には、米中対決という国際政治の局面があるが、擬似的な準戦時体制の構築という国内的要請をも反映されたのである[58]。

　1960年代以降の中ソ論争は一層公然化した。1963年には大々的に論争と相互批判が交わされ、中ソ両国は敵対関係に入った。ソ連と訣別した中国は、1964年10月に独自の核実験と1967年6月の水爆実験に成功し、また1970年4月には人工衛星を打ち上げた。1964年フルシチョフ失却後も中ソ関係は改善されず、1966年、中国が文化大革命に突入して反ソ政策を強めると、中ソ関係は一層悪化した。しかも1968年にソ連がチェコスロヴァキアを侵攻し、主権制限論を打ち出すと、中国はソ連を「社会帝国主義」と批判し、従来の社会主義陣営は消滅したと主張した。翌1969年には中ソ国境での武力衝突が発生し、東アジアの国際関係は米中ソ3大国が対立する構造に変わった。

中ソ対立は、マルクス・レーニン主義は1つであるというイデオロギー的状況の中で起きて発展したため、それは「正統と異端」との戦いとなり、各国共産党を巻き込んで、諸党の抗争と分裂を引き起こした。アジアではインド、パキスタン、モンゴルなどはソ連派、インドネシア、フィリピン、カンボジアなどの東南アジア諸国では中国派が強かった。中ソ対立は共産党だけではなく、非同盟・中立を標榜する新興諸国にも影響を及ぼした。かつて「平和5原則」を認め合ったインドと中国は、1959年以後チベット・国境問題をめぐって対立し、1962年の中印戦争に至った。また、第3世界指導国のインドネシアは1965年の新政権が反中親米政策を標榜するなど、東アジア諸国の分裂と多様化が進んでいた。

(3) ベトナム戦争

インドシナの戦後処理は、再植民地化を狙うフランスの復帰から始まり、ベトミン（越盟）の抗仏と大国間の利害関係とが重なってベトナム紛争を拡大し拡散させた。1950年代までのインドシナ紛争は、フランスの植民地主義に対する民族解放闘争であった。しかし、この革命運動が共産主義者によって指導されていると考えた米国は、彼らをソ連の手先であると思い込んで次第に介入し、東アジアの冷戦を象徴するベトナム戦争を生み出した。しかも米国は、対ソ・対中封じ込め政策をベトナムにも適用させ、もしベトナムが共産主義の手に落ちれば、次々とインドシナ全域が共産化し、その影響が東南アジア全域に与えるとする「ドミノ理論」を作り上げていった[59]。

1960年代初期のケネディ政権は、第3世界との関係改善からその対外政策を始動させた。米国の政治・軍事援助を通じて新興国の近代化を促し、安定的な民主政体を築き、共産勢力を防ぎ、そのための平和部隊や「進歩のための同盟」を提唱した。その一方、ケネディ政権は軍備強化にも積極的に取り組んだ。ケネディ政権は、「柔軟反応戦略」を採択したが、それは核戦略の強化と併せ、通常戦力の柔軟性を増大し冷戦の激化に備えるため、非核戦争、ゲリラ戦、局地戦、限定戦などに対応できる戦力を急速かつ実質的に整備拡大するものである[60]。しかし、ベトナム紛争は米国の支援にもかかわらず勝利を収めず、米国威

信の大きな失墜とアジア全体の中立主義の動きを加速化させた。

そこで、ケネディ暗殺後のジョンソン政権は、1964年の「トンキン湾事件」を契機にベトナムに本格的に介入し、ベトナム戦争を拡大させた。ベトナムには事実上２つの政権が併存し、米中ソなど東西両陣営はその片方ずつを承認し援助を開始した。米国は共産中国の出現や朝鮮戦争などに大きな衝撃を受け、東南アジアでの共産勢力拡大の阻止を明確にし、1965年２月以降の北爆開始とともに、一層の戦闘部隊の派遣を行い、ベトナム戦争が泥沼化し、かつ「米国の戦争」に変質した。一方、中ソ両国がそれぞれに北ベトナムを支援し、また北ベトナムは南の解放戦線勢力（ベトコン）を支援していた。

1960年代の米国は、東アジアにおける中国の圧倒的な脅威に対抗するために南ベトナムと近隣諸国、さらに東南アジア各国との協力関係の強化を図った。地域の諸国を一体化する格好の手段としてSEATOには東南アジアばかりでなく、広く第３世界で間接侵略（ゲリラ戦）に対する防衛において地域的組織が参加する先例となることが期待された。米国は、広くインドや日本も含めた地域統合の実現を狙っていた。日本もまた、自由主義陣営の一員として東南アジアなど途上国の経済発展と政治的安定に貢献することを目標に掲げていた。池田勇人首相をワシントンに迎えた日米共同声明でも、日本が東南アジアに対する経済援助に特別の関心を抱いていることが明記されたのである[61]。

東南アジアは、米国がその力と威信をかけて中ソの領土的、イデオロギー的な膨張を阻止するための決定的な隘路であった。しかし、SEATOは、その限界と無力ぶりが顕在化した。東南アジアという概念が形成されたのはせいぜい第２次世界大戦までさかのぼる程度で、この地域は、歴史も、文化も、宗教も、その置かれた立場もまったく異なる諸国の集まりに過ぎなかった。独立後間もない各国は、それぞれ国家としての独自性や一体性を強調しなければならず、隣国との友好ではなくむしろ対立こそが、そうした目的には合致していた。しかも、東南アジアのSEATO加盟国は大国行動への不信感を強めており、そのために、米国による単独の軍事介入を警戒したのである。

1960年代以降は、米ソ間の軍事的対立が一応安定化し、代わって中国の軍事や外交が米ソ両国の「覇権主義」に対する挑戦として現れていた。こうした情

勢の中で、日本は自らの軍備を最小限に控え、国防を米国の軍事力に委ねていた。それは、一方では変転する国際情勢の中で1つの安定要素を提供するものであったが、他方では米ソ関係の進展や米中・中ソ関係の悪化などの出来事についても傍観者の域を出なかった。しかし、日本は米国の「核の傘」の下でも米国に盲目的に追従せず、沖縄返還交渉やベトナム戦争への消極的な態度で一貫していた[62]。こうした東アジアの多元化傾向の存在が、熱戦をもたらしたというその厳しい外観とは裏腹に、地域冷戦の崩壊を準備する一因となった。

3．東アジア冷戦の特徴と体制間の開発競争

(1) 東アジア冷戦の特徴

　東アジアの冷戦体制の成立は、米国の戦後構想が冷戦以前にもこの地域で様々な障害に直面し、さらにヨーロッパの冷戦の進展、東アジア諸国の民族運動の展開、そして朝鮮戦争により大きく変容を迫られていた。東アジア冷戦は、東西冷戦のように数多くの地域的事件一つひとつが刺激と反応の連鎖となって「相互不信」を強めていた。しかも、東アジア冷戦の場合は数多くの事件が熱戦化し、イデオロギー対立が近代国家形成とも深く絡み合う形で展開した。米国が東アジア政策の再編を図っていた最中に朝鮮戦争が勃発し、米中対決を軸とする東アジアの冷戦構造が成立した。そして、地域戦争は一挙に国際戦争となっていたが、大国間の全面核戦争への危険のために限定戦争で終わっていた。

　東アジア冷戦は、ヨーロッパ冷戦とは違う構造を持っていたが、そこには4つの特徴が見られる[63]。

　第1に、地域構成国が政治体制、経済水準、文化風土などのあらゆる点で極めて多様であり、こうした多様さゆえにヨーロッパ冷戦のようなイデオロギーに主導された2極陣営の形成が困難であった。また、東アジアでは中国が米国と衝突し、かつソ連と対立したので、早くから三角構造の様相を呈した。ヨーロッパ冷戦は自由主義陣営と共産主義陣営という二元論的世界観の対立を最大の特質としたが、東アジアの冷戦は、1972年の米中接近以前に大きく変質し、またこの地域には冷戦要因とは別の歴史的・感情的・民族的要素をめぐる各国家

間の対立が明瞭に存在し、しかも中ソ両国が激しく戦火を交えさえした。

　第2に、東アジアの冷戦構造は、ヨーロッパから持ち込まれた東西対決が地域の固有の歴史状況と結びつく形で形成されたものであり、中国と台湾、北朝鮮と韓国、そして南北ベトナムの分断国家形成の過程もヨーロッパとはかなり異なっている。すなわち、この地域が長らく植民地支配を受けたことが冷戦の形成過程とも深く絡んでいるのである。この地域の社会主義諸国においては、事実上社会主義イデオロギーよりも民族の独立・統一の達成が上位に置かれる傾向があった。また、非社会主義国にしても、戦後にようやく独立を達成した国がほとんどであり、そうした国のエリートたちは地域秩序を形成した経験もなければ、地域秩序を追求する動機を持ち合わせてもいなかった。

　そして第3に、ヨーロッパの冷戦が北大西洋条約機構（NATO）、ワルシャワ条約機構（WTO）という2つの大きな集団安全保障機構間の対立から構成されていたのに対し、東アジアの冷戦は、米国、ソ連と地域構成諸国の個別的安全保障体制の集合で構成されていた。すなわち、洋の東西でそれぞれの軍事同盟網が結成されたが、東アジアの軍事同盟は、ヨーロッパ域内のNATOやWTO型のイデオロギー的・軍事対決的な集団同盟体制の構築が困難であったのである。また東アジア地域の東側陣営では早くから中ソ両国が対立状態にあったが、西側陣営ではようやく独立を勝ち取った各国にとって、日韓関係で示されたように旧支配国日本を含む集団安保体制の形成には抵抗感が強かった。

　この時期の日韓関係には、従来東西冷戦に隠されていた歴史的反目と心理的障害が顕在化していった。1950年代初期以降の日韓両国は、東アジアにおける米国主導の安全保障ネットワークの「安全保障三角形」を支える左右の辺を構成してきた。しかし、この三角形の3辺のうち、重要であるにもかかわらず不安定で予測の難しかったのがその底辺に当たる日韓関係（『疑似同盟』）であった。日韓関係において歴史とその記憶による相互の不信感と猜疑心に端を発していたのである。しかし、米国が日韓における軍事プレゼンスと軍事コミットメントを一方的に縮小しようとしたとき、日韓は脅威を感じて、日韓関係を改善し、協力しようとした[64]。

　第4の特徴は、東アジア地域では体制を超えた経済的相互依存関係が存在し

てきたことである。ヨーロッパでは経済相互援助会議と欧州共同体からなる二大経済陣営が形成されたが、東アジア地域では構成国の経済発展の差が大きく、特に社会主義国の場合、中ソ対立もあって経済陣営を形成することが不可能であった。そのため、東アジア冷戦は、国家形成と東西間の「開発競争」とが絡む形で展開されるが、そこには①社会主義中央計画経済型戦略、②第3世界の国々による輸入代替型戦略、③輸出主導型＝NIES型戦略という3つの開発戦略があった。このうち、③は、後発工業国としての国家の大きな役割と資本、技術、市場などを外部の世界経済に一体化させていった。

東西冷戦構造の前線基地としてのアジアNIESは、内外両面から国家の正統性が繰り返し問われる中で、経済開発を政治正統性の根拠とし、米国は冷戦構造下の開発独裁を容認していた。こうして開発独裁体制が強められたが、それは米国の東アジア政策にも沿ったものであった。1950年代まで民族解放運動を援助してきた米国は、1950年代後半のドル危機に直面して、援助の削減と一定の「自立経済」の達成による反共政策に転換した。この時期米国の政策には、日本を工業国に育成し、北東アジア・東南アジア諸国を食糧・原料の供給地とする垂直型国際分業体制を作り上げようとした。しかし日本帝国主義の復活を警戒する東アジア諸国は、自国のナショナリズムを高揚させていた[65]。

そして、1960年代には「南北問題」が世界的な争点になると、「国連開発の10年」や1964年の国連貿易開発会議（UNCTAD）に示されたように、発展途上国の開発問題とそのための先進国の援助競争が激しくなっていった。既に東アジアでは英国のコロンボ・プランや米国の反共援助が展開されていたが、1966年のアジア開発銀行の設立や日本の提唱した東南アジア経済開発閣僚会議の開催、1967年のASEANの設立など域内経済協力も進められていった。米国の占領から脱して独立した日本が米国の援助で復興し、賠償を梃子に東南アジアとの経済関係を復興させ、1960年安保問題を乗り越えたのち高度経済成長に入り、1964年にはOECDに加入して経済成長の先頭を走っていった。

東アジア諸国の経験から見れば、ある種の権威主義的な要素が真の民主主義に至る過程で避けられないものかもしれない。韓国は、1965年に日韓国交正常化と日本の円借款によって工業化を始動させ、インドネシアでもスハルトがイン

ドネシア債権国会議を通じる援助によって経済再建に向かった。台湾においては農工バランスをとった成長が続いており、香港においては軽工業を中心に輸出が伸びていった。シンガポールも中継貿易から中継加工貿易へと工業化を進め、石油精製などを中心に輸出を伸ばしていった。ASEANの中では、タイ、フィリピン、マレーシアが外資導入による輸入代替工業化を進展させていった。これに対して、中国では文化大革命のため経済は停滞し、北朝鮮もその内向的政策のためにあまり発展しなかった。ベトナムは、戦争の最中に巻き込まれていた。

　こうした中で、1960年代以降の米ソ冷戦の中身は大きく変容していた。世界は二極構造ながら多極構造へと変わった。米国は、その力が相対的に低下する中で、どのようにして国際的立場を維持しつつソ連と中国を封じ込めるのか、新しいアプローチが必要であった。その結果1969年7月、米国のニクソン大統領は、ベトナム戦争の教訓から対外武力介入に慎重な姿勢を打ち出した。そして1971年7月、大統領補佐官キッシンジャーが極秘に訪中したが、これが歴史的転機となり、同年秋の国連総会では中国の国連復帰が認められ、翌1972年2月のニクソン訪中によって米中間の敵対関係に終止符が打たれた。こうして米中対立を基軸とした東アジア冷戦構造は大きく変質することになった。

(2) 東アジア諸国の開発主義と体制競争的共存

　開発主義は、権力者が国家や社会の価値目標、あるいは政治イデオロギーとして掲げ、開発資源を上から体系化することを絶対化しているものである。また、反共と権威主義体制という2つの共通特徴を持つ開発体制は、開発主義を正統性原理にして、成長達成を目的にした政策を採用し、かつ政治経済諸制度を（程度の違いこそあれ）合目的に体系化した体制のことを指す。東アジア諸国の実態に即して言えば、経済領域の国家主導（国家の市場介入など）と政治領域での権威主義的な中央権力の一元的支配という2つの機能が開発体制の特徴となる。また、開発体制はある国家の歴史的な固有の政治経済システムのことではなく、その国の発展段階における一時的な特徴のことである[66]。

　元々開発主義は、1930年代のニュー・ディール時代米国が始まったものであ

る。戦後では、米国の西ドイツと日本における占領政策においてその基本的原則となった「生産性（力）の政治」の後発国家の応用である。それは、生産性の上昇を政治問題として処理することによって、階級対立、稀少資源の権威的分配をめぐる国際的・国内的対立を「経済成長についての合意」に置き換えるものであった[67]。しかし、生産力の政治（あるいは開発主義の政治）は、「政治文化」、「伝統」といった現象を随伴するものとなる。つまり、どこにおいても国家の機構、政治の制度、慣行、言語、社会の構造などは長期の歴史的産物である[68]。そのため、生産力の政治も多様である。

　戦前の東アジア諸国は、独立を維持したタイを含めて、経済的には西欧先進国の植民地もしくは半植民地となり、朝鮮、台湾、満州は日本の植民地となっていた。このため東アジア諸国の経済はコメ、砂糖、天然ゴム、綿花、茶などの農産物や石炭、石油、銅、錫などの鉱産物のモノカルチュア経済となり、伝統的な自給自足のコメの経済と外国資本によるプランテーション経済が併存する二重経済となった。その上、工業化は国内市場向けの軽工業に限られ、近代的な工業はすべて植民地帝国が押えることになって植民地的経済構造を余儀なくされた。東南アジアの場合は、植民地時代にプランテーションや鉱業生産のため、華僑やインド人が移民移動力として流入して複合社会がつくられていた。

　こうした経済状況の下で独立を達成した東アジア諸国は、経済問題の建て直しが大きな課題であった。その結果、①共産党の指導した国々は、土地や生産手段の国有化、農業の集団化、国営企業による工業化の道が求められ、②民族主義者が指導した国々も、反植民地主義的立場から旧宗主国の農園、企業の接収や国有化が行われ、政府主導の工業化が進められていた。これに対して、③穏健なエリートが指導した国々では、旧宗主国の権益が残され、彼らの援助の下で自由な経済活動が行われていた。また、④分断地域の反共国家は、米国の援助による経済開発が進められた。そして、東アジア諸国は、ナショナリズムの高まりの中で、政府主導の経済開発政策を模索していった。

　この時期の米国は、ソ連との間に狭い範囲に限定された軍備管理と戦略（核）兵力削減の合意という条件の下で、経済体制間の競争的共存状態が出現した。この時期の米ソの対立は、核兵力を中心とする戦略兵力の上では均衡状態に達

し、それぞれが第3次世界大戦を行いうる戦略兵力を備えながら、世界戦争を行えない相互拘束の時代に入っていた。当時のソ連は、経済面において米国との競争を宣言してから、資本主義市場経済と社会主義計画経済の経済体制間の「競争的共存」という局面が明確になった。しかし、米国は対内的問題（人種、教育、都市環境など）の調整能力を低下させる条件の下でベトナム戦争が遂行されたが、それは米国経済に一段と過大な負担になっていた。

　こうして東西冷戦のメカニズムの中には、政治・軍事的対立の他に、経済体制間の競争と並んで、発展途上諸国の間の開発競争的な側面を持っていた。1950～60年代の長い間に、欧米と日本の植民地支配から多くの東アジア諸国は政治的独立を達成したが、しかし真の意味で独立を全うするためには「開発」問題を解決する必要があった。東アジア各国にとっては、西側の自由陣営と東側の社会主義陣営のどちらの側がより有益な役割を果たすのかが大きなテーマになった。東アジア諸国は、ソ連型社会主義モデルこそが停滞的な自国経済を引き上げるという見方が一方に存在し、他方では、米国型資本主義世界こそがそうだという開発論争が、東アジア冷戦の1つの側面となったのである[69]。

　こうした背景の根底には、3つの理由があった。その1つは、多くの東アジア諸国は、日本が深く関わったアジア太平洋戦争が日本の敗戦によって次々と政治的独立を達成し、貧困からの解放を目指す「開発」という問題が東アジア人自身の大きなテーマとして意識されるようになったことである。もう1つは、「開発」の課題を抱えた多くの東アジア諸国に対して有益な支援をする力があるのは、米国を代表する西側の世界なのか、あるいはソ連を代表する東側の世界なのかという問題が冷戦ゲームの焦点になったことである。そして、第3の理由は、米国が東アジアの地域集団安全保障のネットワークをつくるべき努力を重ねてきたが、そのような軍事協力だけでは非共産諸国を「西側」陣営に止めておくことができない状況であった。そこで米国が持ち出されたのが開発協力であった[70]。

　そして、1960年代以降米国の東アジア政策の特徴は、経済開発の重視を基軸とした政策の体系化であった。こうして東西冷戦の意味は、軍事的・政治的競合である以上に、経済開発のモデルの競争に切り替わって行くことになったので

ある。経済開発の組織化は、米国における政策形成の組織化に始まり、各種国際組織の提案と設立、さらに対象となる諸国の間の地域経済のネットワークの構想といった広範な領域で進められた。このうち、最後のレベル、対象国相互の「地域主義」については、日本の参加（とその経済的影響圏）に対する各国の敏感な反応を一因として北東アジアでは挫折し、また東南アジアでも各国の協力は得られなかった[71]。

　東アジアの社会主義諸国の場合は、解放以降に自由と民主主義を標榜し、必ずしも社会主義政権そのものを直接の課題として提起したものではなかった。また当面の敵である帝国主義的権力・資本主義体制を克服する内面的な努力を行った。しかし、これらの国は、暴力革命＝内戦が至上課題であったために、そのような内的努力は結実する間もなく新たな権力・体制を組織することになった。その意味で現在の北朝鮮の政治体制と思想は、日本植民地統治の遺産と並んで、東西対決の極端な理念的遺物であった。いずれにせよ、東アジア諸国の両体制間には、互いの開発政策の推進と開発モデル競争のために、地域緊張の悪化と戦争は避けるべき課題であり、両モデル間の共存が持たれていた。

【注】
1) 冷戦の概念や本質などをめぐる日米両国の議論については、Herbert Feis, Churchill, Roosevelt, Stalin: The War Waged and the Peace They Sought(Princeton University Press, 1957); D. F. Fleming, The Cold War and Its Origin, 1917-1960(Allen and Unwin, 1961)［小幡操訳『現代国際政治史Ⅰ―Ⅳ』岩波書店、1966年］；Louis J. Halle, The Cold War As History, (Harper Row, Publishers, 1967)［太田博訳『歴史としての冷戦』サイマル出版会、1970年］；Adam B. Ulam, Expansion and Coexistence: The History of Soviet Foreign Policy 1917-67(Secker and Warburg, 1968); John L. Gaddis, The United States and the Origins of the Cold War 1941-1947(Columbia University Press, 1972); 武者小路公秀『国際政治を見る眼』岩波書店、1977年；永井陽之助『冷戦の起源』中央公論社、1978年；矢野暢『冷戦と東南アジア』中央公論社、1986年、などを参照。
2) 滝田賢治「冷戦概念と現代国際政治史」細谷千博・丸山直起編『ポスト冷戦期の国際政治』有信堂高文社、1993年、10、12、16-17頁。
3) John Lewis Gaddis, The Long Peace: Inquiries into the History of the Cold War(Oxford: Oxford University Press, 1987); Charles W. Kegley, Jr. (ed.), The Long Postwar Peace: Contending Explanations and Projections(New York: Harper Collins,

1991）；田中明彦「第2次世界大戦後のアジアと戦争」平野健一郎編『講座現代アジア 4 地域システムと国際関係』東京大学出版会、1994年、252頁。
4）矢野暢、前掲書、3頁。
5）西川吉光『戦後アジアの国際関係』晃洋書房、1998年、27、47頁；Melvin Small and J. David Singer, Resort to Arms: International and Civil Wars 1816-1980(Beverly Hills: Sage, 1982)；中園和仁・横山宏章「アジアの冷戦」細谷千博・丸山直起編、前掲書、103頁。
6）Akira Iriye, The Cold War in Asia: A Historical Introduction, (Englewood Cliffs: Prentice Hall, 1974).
7）小此木政夫「東アジアの冷戦」小此木政夫・赤木完爾共編『冷戦期の国際政治』慶応通信、1987年、98-104頁。
8）中園和仁・横山宏章、前掲論文、92頁。
9）姫田光義「［南］としての東・北東アジア世界を考える」『［南］から見た世界 01東アジア・北東アジア』大月書店、1999年、21頁。
10）戦後ソ連の東欧政策と東欧の新体制の形成については、林忠行「ソ連・東欧圏の成立と冷戦」、細谷千博・丸山直起編、前掲書、43-60頁。
11）姫田光義、前掲論文、19-21頁。
12）Hoffmann, Stanley, Primacy or World Order: American Foreign Policy Since the Cold War, Yew York: McGrawHill, 1978, pp. 3-4; 天児慧「アジアの政治変容」天児慧編『アジアの21世紀：歴史的転換の位相』紀伊国屋書店、1998年、26頁；萩原宜之「アジアの民主化と経済発展」萩原宜之編『講座現代アジア 3民主化と経済発展』東京大学出版会、1994年、136頁；藤原帰一「アジア冷戦の国際政治構造」東京大学社会科学研究所編『現代日本社会：国際化（7）』東京大学出版会、1992年、341頁。
13）山極晃「序論」、山極晃編著『東アジアと冷戦』三嶺書房、1994年、9-10頁。
14）江口朴郎「現代における冷戦と平和共存」『岩波講座 現代6 冷戦：政治的考察』岩波書店、1963年、14頁。
15）入江昭『新・日本外交』中央公論社、1991年、80-82頁。
16）同上書、86-88頁。
17）後藤乾一「近代日本・東南アジア関係史論序説」土屋健治編『講座現代アジア 1ナショナリズムと国民国家』東京大学出版会、1994年、44、50-51頁；『岩浪講座 近代日本と植民地 8アジアの冷戦と脱植民地化』（第3刷）、2001年参照。
18）五十嵐武士『日米関係と東アジア』東京大学出版会、1999年、116頁。
19）五十嵐武士『戦後日米関係の形成：講和・安保と冷戦後の視点に立って』講談社学術文庫、1995年、42-43頁。
20）西川吉光、前掲書、40頁。
21）李鐘元『東アジア冷戦と韓米日関係』東京大学出版会、1996年、291-292頁。

22) 米国政府内の対アジア「地域統合」の構想については、John W. Dower, Empire and Aftermath: Yoshida Shigeru and the Japanese Experience, 1878-1954(Cambridge, MA: Harvard University Press, 1979); Michael Schaller, The American Occupation of Japan: The Origins of the Cold War in Asia(New York: Oxford University Press, 1985); William S. Borden, The Pacific Alliance: United States Foreign Economic Policy and Japanese Trade Recovery, 1947-1955(Madison: The University of Wisconsin Press, 1984); Andrew J. Rotter, The Path to Vietnam: Origins of the American Commitment to Southeast Asia(Ithaca: Cornell University Press, 1987); 渡辺昭夫「戦後初期の日米関係と東南アジア」細谷千博・有賀貞編『国際環境の変容と日米関係』東京大学出版会、1987年；菅英輝「アメリカの戦後秩序構想とアジアの地域統合：1945-50年」『国際政治』第89号、1988年；李鐘元「戦後米国の極東政策と韓国の脱植民地化」『岩波講座：近代日本と植民地8 アジアの冷戦と脱植民地化』岩波書店、1993年などを参照。
23) 西川吉光、前掲書、50頁；五十嵐武士『対日講和と冷戦』東京大学出版会、1986年、274-276；黒川修司「日本の再軍備：朝鮮戦争との関連で」、山極晃編、前掲書、209-210、220-223頁。
24) 入江昭、前掲書、70-74頁。
25) Henry W. Brands, Jr., "The United States and the Reemergence of Independent Japan," Pacific Affairs, vol. 59, no. 3(Fall 1986), p.388；五十嵐武士『日米関係と東アジア』、前掲書、98-99、159頁；黒川修司、前掲論文、215-216頁；宮沢喜一『東京―ワシントンの密談』備後会、1975年、223-226頁。
26) 中園和仁・横山宏章、前掲論文、92頁。
27) 鐸木昌之「朝鮮戦争」小此木政夫・赤木完爾共編、前掲書、165頁。
28) 山極晃「東アジア戦後体制の成立と変容」、山極晃編著、前掲書、37-38頁。
29) 大西康雄「ポスト冷戦期の中国の対外政策」大西康雄編著『冷戦後の北東アジア：新たな相互関係の模索』アジア経済出版会、1993年、139、143頁。
30) William R. Keylor, The Twentieth-Century World: An International History, 2nd ed.(New York, Oxford University Press, 1992), pp.287-288；西川吉光、前掲書、41-42頁。
31) 毛利和子「冷戦と中国」山極晃編著、前掲書、100-103頁。
32) 田中直吉ほか編『米国の台湾政策』鹿島平和研究所、1968年、401頁。
33) G．ケナン「アメリカ外交政策の歴史的発展」『世界』1964年8月号（東京講演）。
34) 李鍾元「アジアの中の朝鮮半島」国分良成編『現代アジア 危機からの再生』慶応義塾大学出版、1999年、203-204頁。
35) 五十嵐武士『日米関係と東アジア』、前掲書、122-123頁；菅英輝「朝鮮戦争とアメリカ合民国」、山極晃編著、前掲書、143-144、176-178頁；朱建栄「中国と朝鮮戦争」左同書、8、14頁；朱建栄「中国の対日関係史における軍国主義批判」『戦後外交の形成』（年報近代日本研究）山川出版社、1994年、310頁；和田春樹『朝鮮戦争』岩波書店、

1995年、95頁；Sergei N. Goncharov, John W. Lewis, Xue Litai, Uncertain Parters: Stalin, Mao and the Korean War, (Stanford: Stanford University Press, 1993), pp.140, 144, 149-150.
36) 入江昭、前掲書、58頁。
37) 高野雄一「朝鮮戦争の終結と国連」『世界』1964年、4月号；朱建栄「中国と朝鮮戦争」、山極晃編、前掲書、198頁。
38) 李鐘元、前掲書、292頁。
39) 西川吉光、前掲書、47頁。
40) 金学俊著、鎌田光登訳『朝鮮戦争＝痛感の民族衝突』サイマル出版会、1991年；石井明「冷戦波及下の東アジア：日本ファクター・中ソ同盟・平和共存」、平野健一郎編、前掲書、182頁。
41) 国分良成「東アジアにおける冷戦とその終焉」鴨武彦編『講座　世紀間の世界政治　第三巻　アジアの国際秩序』日本評論社、1993年、39-49頁。
42) 大西康雄、前掲論文、7頁。
43) 西川吉光、前掲書、56-57頁。
44) 入江昭、前掲書、82-83頁。
45) 滝田賢治、前掲論文、17-19頁。
46) 小泉允雄「日本とアジア：アジア観及び東南アジア関係の昨日と今日」板垣雄三・荒木重雄編『新アジア学』亜紀書房、1987年、384-386頁。
47) 西川吉光、前掲書、117-118頁。
48) Sergei N. Goncharov, John W. Lewis, Xue Litai, op. cit., p. 144.
49) 中園和仁・横山宏章、前掲論文、95-97頁。
50) 朱建栄「中国と朝鮮戦争」、山極晃編著、前掲書、187-188、200頁。
51) 菅英輝、前掲論文、179-180頁。
52) 毛利和子、前掲論文、281頁。
53) 毛利和子、同上論文、266-282頁；朱建栄「中国と朝鮮戦争」、前掲論文、206頁。
54) 石井明「冷戦波及下の東アジア：日本ファクター・中ソ同盟・平和共存」平野健一郎編、前掲書、167-195頁。
55) 西川吉光、前掲書、48-49頁。
56) 朱建栄「中国と朝鮮戦争」、前掲論文、202頁。
57) 中園和仁・横山宏章、前掲論文、99-100頁。
58) 姫田光義・阿部治平・上原一慶・高橋孝助・前田利昭『中国近現代史（下巻）』東京大学出版会、1982年、597頁；古田元夫「アジアの社会主義」板垣雄三・荒木重雄編、前掲書、198-200頁。
59) 白石昌也「第一次インドシナ戦争とジュネーブ会議」、山極晃編著、前掲書、285頁；中園和仁・横山宏章、前掲論文、98頁。

60) 西川吉光、前掲書、104-105頁。
61) 松岡完「20世紀システムにおけるベトナム戦争：1961年の愚行」東京大学社会科学研究所編『20世紀システム 6機能と変容』東京大学出版会、1998年、263頁。
62) 入江昭、前掲書、136-138、141頁。
63) 大西康雄、前掲論文、3-4、19-20頁；Theda Skocpol, States & Social Revolutions, (New York: Combridge University Press, 1979)；五十嵐武士『日米関係と東アジア』、前掲書、105頁。
64) ヴィクター・D・チャ著、船橋洋一監訳・倉田秀也訳『米日韓　反目を超えた提携』有斐閣、2003年、1-5頁。

　なお、同盟とは、一般に共通の脅威に対する軍事防衛としてくくられるものである。戦後日本は、韓国の戦後復興および米韓同盟関係に深く関与してきた。しかし、それは『疑似同盟』関係であった。チャによれば、疑似同盟とは、共通の第三国を同盟国として持ちながら、相互には同盟関係にない2国間関係を指すものである。
65) 小林英夫『戦後日本資本主義と「東アジア経済圏」』御茶の水書房、1983年、60頁；李種元「戦後米国の極東政策と韓国の脱植民地化」、前掲論文、13、33頁。
66) 岩崎育夫「開発体制の起源・展開・変容」東京大学社会科学研究所編『20世紀システム 4開発主義』東京大学出版会、1998年、116-117頁。
67) 白石隆「『開発』国家の政治文化：インドネシア新秩序を考える」土屋健治編、前掲書、1994年、230頁；村上泰亮『反古典の政治経済学（下）』中央公論社、1992年、第7-8章；Charles S. Maier, "The Politics of Productivity: Foundations of American International Economic Policy after World War II", in Peter J. Katzenstein(ed.), Between Power and Plenty(Madison : The University of Wisconsin Press, 1978), pp.23-49.
68) 白石隆、同上論文、231頁。
69) 渡辺昭夫「21世紀はアジアの世紀か」天児慧ほか編『アクセス国際関係論』日本経済評論社、2000年、246-247頁；江口朴郎、前掲論文、14-15頁。
70) 岩崎育夫、前掲論文、120頁。
71) 藤原帰一「ナショナリズム・冷戦・開発」東京大学社会科学研究所編『20世紀システム 4開発主義』、前掲書、92-93頁；李鐘元「東アジアにおける冷戦と地域主義」鴨武彦編、前掲書、235-236頁。

第4章
米ソ・デタントと東アジア国際変容

❖❖❖

第1節　デタント期の東アジア

1．デタント期の東アジア国際関係

(1) 米ソ・デタントと中国

　そもそも冷戦とは、戦後ヨーロッパ勢力バランスの維持を前提とした上で、米ソ直接の武力対決を避けながらも、あらゆる手段を用いて覇権を争った「冷たい戦争」であった。それは、第2次世界大戦後米ソの間で繰り広げられた権力とイデオロギーの領域での争いであり、そこには米国主導のリベラルな政治・経済体制とソ連の独裁的な共産体制という2つの生活様式間の競争も絡んでいた。そのため、相対立する国益や国益に対する認識によって、絶えず米ソ両国間関係に緊張が生まれ、対立が発生していた。戦争でも平和でもない冷戦秩序と、一方の損失が他方の利益と見なされるゼロ・サム・ゲーム的な闘争の場で、敵対国同士は国益の増大を求めて競争することを余儀なくされていた[1]。
　しかし、こうした冷戦秩序は、1960年代半ば以降の国際政治の「多極化」と一連の「冷戦構造の溶解過程」が、1970年代にはさらなる「変容」を成し遂げた。これは「デタント」と名づけられていた。デタントは米ソ間または東西間の関係が対抗関係から協調関係へと移行する過程を示す概念であり、国益の違い

が完全には解消しえない国家間の緊張緩和の状態を示す。しかし、国家利益・イデオロギーが相衝する米ソ両国が平衡的勢力関係として併存している限り、葛藤と緊張の形成は常態的現象であり、その意味でデタントは、1950年代型冷戦要素の解消・両極対決状況の一変型（冷戦構造の戦術的形態・冷戦の代替現象）であり、冷戦秩序自体の終焉を指すものではなかった[2]。

戦後米ソ間の緊張緩和は数回に現れたが、その好例は1970年代のデタントである[3]。それは、1969年誕生した米国のニクソン政権が、ベトナム戦争終結、局地的な核戦争勃発の危機をはらんだ中ソ対立の抑制と米国の国際競争力の回復のために追求した対ソ・デタント政策と対中和解によって、「政治的コミュニケーション機能」が作動し、米ソの核兵器の管理化（SALT I）などの多数の条約・協定で具体化された。そして、米ソ間には「相互不信」「相互恐怖」の大幅な低下と、従来以上の「共通理解」「協調精神」の要素が生まれ、その結果東西間の交流・接触の活性化をもたらした。こうした動きの根底には、世界の多極化と米中ソ3国の一種の核均衡という背景があった。

1960年代半ば以降、米ソ関係を取り巻く国際環境は大きく変容し、それに伴って東西冷戦構造も変容期を迎えていった。ソ連は核戦力でほぼ米国に追いつき、経済的には西ヨーロッパ諸国や日本の台頭が顕著となった。また、中国は第3世界のリーダーを自任して世界各地での「民族解放運動」を支援し始め、1964年には核兵器を保有（米中冷戦の形成）した。こうして国際政治の舞台では「中国の影」が増幅されていた。もはや世界は、冷戦の最も激しかった1950年代の「米ソの支配による平和」時代とは違い、軍事的には米ソ二極構造から政治経済的な多極化の時代を迎えた。米ソ両国の冷戦体制下の覇権秩序の動揺（「敵味方の二重封鎖」の弛緩）が顕在化していった。

こうした国際環境の中で、米ソ両国は、1969年以降から1970年代初期にわたって両国の共通の利害関係と相互必要によって緊張緩和の幅を広げ、数多くの重要問題を解決するために既存の対立関係に、「協力」という要素を加えていた。もはや世界は米ソ二極構造の概念だけでは把握できない、新しい政治経済的な課題を世界各国に突きつけたのである。そして、米国のニクソン新政権は、変化された現実に対応するために新たな対ソ封じ込め政策の方法を模索し始めた。

その結果、米国は従来の「対ソ対決型封じ込め政策」から「対ソ協商型封じ込め政策」へと世界戦略を根本的に見直し始めた[4]。そこには、中ソ対立の深刻化とベトナム戦争の泥沼化という背景が存在していた。

　急変する国際情勢の中で、米中関係は急進展した。そもそも東アジア冷戦の中心が中国であったために、東アジアの冷戦は、ヨーロッパとは異なる終わり方をすることになる。「泥沼」となったベトナム介入を前ジョンソン政権から引き継いだニクソン大統領とキッシンジャー補佐官は、中ソ一枚岩との認識に基づいた、中ソ両国と敵対する政策を修正し、対中関係の打開を模索し始めた。その結果、米中冷戦が終わりを告げ、米国の東アジア政策にも大きな転機となった。その効果は、中国革命の波及を阻止する目的から非共産主義諸国を支え、あるいはその内政に干渉することが必要なくなった点にあり、それは米国外交のこの地域へのコミットメントの方法が大きく変わったことを意味していた[5]。

　ニクソン政権の新外交政策は、米国が全世界的な力の均衡を作り上げるため、中ソ両国との間に制限的な協力関係を推進して新たな米中ソ3国間の勢力均衡を図るものであった。ニクソン政権にとってのデタントは、国際政治の場で米国の指導力を維持しうる1つの手段・過程・雰囲気それ自体であった。そして、それはソ連と中国の膨張の阻止と急進的な革命を抑制させることによって地政学的な勢力均衡を成し遂げるものとして理解されていた[6]。すなわち、世界には既に米国、ソ連、中国、日本、ヨーロッパ共同体という5つの中心地（権力分散型の国際関係）が存在することになり、各々の中心地は、自勢力圏内の秩序維持と他勢力圏への介入の抑制を図る戦略構図であったのである。

　米国としては、1950年代冷戦型の「世界的ヘゲモニー事業」と「敵（中ソ）・味（日独）方の二重封鎖戦略」が動揺する中で、自国の国際的立場の堅持と対ソ封じ込めのためには新しいアプローチを必要とした。そこで米国は、（肥大な軍事費の大幅な削減のため）ソ連との軍拡競争に歯止めをかけ、（軍事費の民間部分への転用とその活性化を通じて）東側諸国との貿易関係の拡大を狙った。そのための緊急課題は、まず米国の威信を損なうことなくベトナムから撤退することであり、その過程で中ソ両国との関係改善を図る必要があった。同時に米国は、武力衝突にまで達した中ソ対立を外交的に利用し、中ソそれぞれ

が米国との良好な関係に利益を見いだすように図ろうとしたのである[7]。

　そして、ニクソンとキッシンジャーは、これまで対ソ・対中政策の規定要因であった反共イデオロギーに拘束されず、権力政治的な見地に立った「勢力均衡」外交を遂行した[8]。彼らは、まず中国封じ込め策を放棄して、中国と事実上の国交関係を結び、北ベトナムへの圧力行使を期待するとともに、対ソ外交に有利な環境を形成した。次に彼らは、ソ連との間に多くの利害関係網を構築し、ある種の国際的行動規範をつくろうとした。中国にとっては中ソ対決状況および内政上の理由から米国の誘いを受け入れる条件が存在し、ソ連側には「中国カード」が有効に働いた。こうした米国の新政策は、従来の関与政策を放棄するものではなく、戦後的なパックス・アメリカーナの崩壊に対応するものであった。

(2) 東アジア冷戦の変容

　1972年米中接近は、東アジアの戦略バランスを根本的に変え、以来この地域は、米中ソの三角関係（三極構造）が成立した。それは、米ソの核均衡に中国の潜在的軍事力を加えた三すくみの秩序であり、これをめぐる米中ソの三者ゲームが米中ソ間の貿易自由化に繋がったが、中ソ対立は顕在化していた。1960年代以降のソ連が中国を威嚇する政策をとったため、中国は短期間に米国に傾斜していった。米中関係の発展は当初、米ソ緊張を生み出したが、中国が米ソの力の均衡に参入したため、ソ連は戦略的思考と戦略計画を全面的に再検討した。結局ソ連は、米中接近という状況の中で、米国との関係を強めることが賢明であると考えて米ソ首脳会談を行い、ここで米ソ・デタントが成立した[9]。

　しかし、1970年代初期のデタントは、平和への希求から生まれたことではなく、力の均衡を図ろうとする基本力学、および米中ソ3国の戦略的必要性から生まれたものであった。それは超大国間の新たな関係構築を図る新国際秩序の模索でもあった。ソ連はデタントによって、安全保障上の緊張を一時的に緩和させ、超大国間の正面対決以外のあらゆる手段を用いて、勢力均衡に決定的な転換をもたらす機会を手にした。日本は、安全保障上の環境が大きく変化するにつれ、独自に中国と接近し、ソ連とも関係を改善し、さらに朝鮮半島での緊

張状態も緩和したと認識した。しかし、韓国は東アジアでのデタントが増殖することについて動揺した。中国とソ連、そして北朝鮮が信頼醸成に実質的な譲歩を見せないことは、共産主義者が依然として攻撃的であることを示していると映ったのである[10]。

　元々、米ソ冷戦の東アジア地域への拡散は、朝鮮戦争や第1次インドシナ戦争への「冷戦の飛び火」の形で見られたが、1950年代中葉から活発になった米ソ両国の援助合戦の形をとっても現れた。ところが、ヨーロッパ冷戦は米ソが直接対決したのに対して、東アジア冷戦は1950年代までソ連の前衛として現れた中国と米国が朝鮮戦争やインドシナ事態をめぐって正面対決していた。しかし、1970年代初頭の米中接近は、地域的反共組織を次々と解散させるなど、地域冷戦構造に大きな影響を与えた。米中接近は、中国にとっては主要な敵・ソ連論を突きつめた結果であるが、これによって朝鮮戦争以来の米中の直接対決状態が終わり、中国がすべての西側諸国と関係改善を図る道が開かれた[11]。

　まさに米中接近は劇的に行われた。1949年以来の米中関係は敵対感に陥っており、1969年のニクソン政権誕生の時にも、台湾問題と東アジアでの米軍の存在などによって緊張が続けていたからである。そのため、ニクソン政権初期には米中ともに、両国間の関係改善については大きな不安感を抱えながらまごまごしていた。しかし、両国は関係改善に対する利害が相互一致したので和解の道を選択した。その結果、米中和解に伴って両国間の貿易は大幅に増加することになり、デタント下の「平和構造」（国家間の相互利益と国際的な公共益、国際秩序と協調システム）と東アジアの協調的な国際関係の進展にも貢献した。しかし、その一方で米国の劇的な政策転換は、東アジア情勢を動揺させた。

　そのため、デタントの急進展にもかかわらず、東アジア諸国間の軍備競争や中ソ対立、そしてインドシナ事態をめぐる米中ソ間の葛藤は続いたのである。それでも、東アジア地域の軍事的緊張は大幅に緩み始めた。米中和解後の米国は、対中関係において中国との貿易のさらなる自由化に踏み切り、ドルの使用制限の撤廃などの禁止条件を緩和していった。軍事問題に関しては、ニクソンは中国に対する偵察飛行の中止を命令し、中国大陸周辺に核兵器を配備するという決定も取り消した。政治的には、従来の政策を変更して、中国の国連加盟を支

持した。こうした米国の新しい政策は台湾との問題を引き起こしたが、対中関係正常化の全体的重要性の方が政策の優先度が高かった[12]。

東アジアの冷戦形成と展開は、中国と日本問題に関わって現れ、ついに中国周辺の朝鮮・インドシナ半島における革命闘争の内戦化とその内戦の国際化という意味での「冷戦の熱戦化」をもたらした。しかし、東アジア型冷戦は、他者の存在を絶対的に排斥する欧米型の一神教的東西イデオロギー対立に巻き込まれたものの、米ソ対決や欧州冷戦とは異なる様相を呈していた[13]。そして、1970年代のデタント期には東西両ブロック内での多様な分極化を引き起こし、この地域の安保や安定の基礎となった同盟関係を一層複雑化させた。デタントの進展に伴って東アジアにおいても重要な変化が現れ、逆にその変化が世界的規模でのデタント推移の上でも重要な変因となったのである。

要するに、米中関係の改善は、東アジア冷戦の変容に大きな転換をもたらした。それは、第1に、朝鮮戦争以来の米中冷戦を終了させ、中国がすべての西側諸国との関係改善に乗り出す道を開いた。第2に、米中両国が「覇権主義」に反対するという表現で対ソ統一戦線を組んでいた。第3に、米国が初めて「一つの中国」の原則を確認し、中台統一が中国の内政問題であることを認めた。以上の3点は、従来の東アジア戦略バランスを根本的に変える重要な変化であり、二極構造を最大の特徴とする東西冷戦がいずれ崩れることを示唆するものであった。米中関係の劇的な変化は、この地域を取り巻く国際関係のさらなる多極化をもたらしたが、その一大要因は、経済的相互依存の深化であった。

東アジアの大国間関係が一変する中で、冷戦の試験場となった朝鮮半島を取り巻く国際情勢は顕著な変化を成し遂げた。しかし、その変化の方向は、国際情勢の変動とは逆のものであった。1970年代の南北朝鮮は、朝鮮半島をめぐる国際政治の枠組とは別に、南北の朝鮮民族同士の血で血を洗うような朝鮮戦争の傷が相互対立の一大要因となっていた。朝鮮戦争は、朝鮮半島の分断体制を固定化させただけでなく、南北両政権の強権政治への論理的正当性を付与し、両国民の間には「分断病理症（憎悪と愛情の交錯）」を内面化させていた。南北両社会は、相互矛盾的な排他的感情や偏見・思い込みが一方的に増幅させられ、その基盤の上で極端な対峙が続けられたのである。

1970年代初期の韓国は、ニクソン政権の在韓米地上軍撤退計画と日中国交正常化によって対米・対日不信と自主防衛努力を高めながら、対内的には「維新体制」を成立させた。この時期の日韓関係は極度に緊張したが、その根底には金大中・文世光事件の処理問題と日本の対韓安保政策の変更（韓国安保論から朝鮮半島の安全論へ）や韓国の対日強硬策という背景があった。しかし韓国の対北対決姿勢の強化と米ソ・デタントの後退に伴って、日米韓3国間の関係は米国主導下の新たな東アジア軍事戦略の中に組み込まれることとなった[14]。

2．日中国交正常化と日韓関係

(1) 日中国交正常化

　戦後日本の中国政策は、形の上では1949年10月以来に米国の対中封じ込め政策と台湾の支持政策を一貫して擁護してきた。ところが、日本にとっての基本的な中国問題は、中国・台湾のいずれの政府を承認するかという問題と、大陸貿易をいかに行うかという問題であった。日本は、「一つの中国」政策を取った米英と異なり、「二つの中国（一つの中国、一つの台湾）」の立場に立って台湾を正統政府として承認したままで、「中国の政府」との外交関係を最終的に持つことを狙っていた。そして、日本は「二つの中国」を実現する手段として、「政経分離」の方法による日中貿易の拡大を図ったが、そこには経済的利益とともに、中ソ分断の手段としての日中貿易の重要性を認識したことによる[15]。

　しかし、法的には未だ共産中国と戦争状態にあった日本は、衝撃的なニクソン訪中に慌てた佐藤政権が急遽中国への接近を試みたが、中国側はこれを拒否した。中国は米国とともに、日本帝国主義の復活および日本の侵略または侵略行為を恐れ、1950年の中ソ友好同盟相互援助条約の中でも日本を仮想敵国として規定していたのである。しかし、米中接近により日本も対中接近を図ることになり、日中関係は大きな転換を迎えた。1972年7月に成立した田中内閣は中国問題を最優先の課題とした。そして同年9月、米国の了解の上で田中首相の訪中が実現され、国交正常化が実現した。同時に日台条約は終了した。なお、日中共同声明には「反覇権条項」が盛り込まれた[16]。

日中共同声明は、実務協定と平和友好条約の締結のために交渉することが謳われていた。その後、両国の貿易協定、航空協定、海運協定、漁業協定、商標保護協定などの実務協定が結ばれた。しかし、平和条約の交渉は「反覇権条項」の扱いをめぐって難航した。この「反覇権条項」交渉の難航の根底には、中国側の文化大革命の進行と権力闘争という内政問題だけではなく、日本外交が対米基軸路線の大枠に拘束され、またソ連への配慮もあって、中国との関係を悪化させたことが背景をなしていた。しかし、日中両国は、1978年8月、米国の後押しや反ソ国際統一戦線の形成に奔走する華国鋒路線に乗って、反ソ色の強い反覇権条項を入れた「日中平和友好条約」を締結させた[17]。

　日中平和友好条約の交渉過程には、「反覇権条項」に象徴される米中ソの三角関係のあり方に強い影響を受けていた。つまり、東アジアをめぐる日米中ソ4大国間の関係においては、どの一辺の関係変化も、他のすべてに大きな影響を与えていたのである。こうした状況の中で日本は、できるだけそれぞれの国との関係を2国間のものとして考え、個別に政策を進めようとした。しかし日本は、日中関係とともに対ソ関係の改善を期し、しかも対米政策協調も視野に入れる必要があったので、日中交渉は単なる2国間関係ではなかった[18]。要するに、中国の要求する「反覇権」は、ソ連の「アジア集団安保」構想への挑戦となり、この問題をめぐる大国間の様々な摩擦や軋轢が生まれたのである。

　とにかく、日中国交正常化は、米中関係改善と並んで、ソ連脅威への対抗という共通項を介して急激に親密化した。そして、日本は、従来の日米安保体制に加え、中国との関係をアジア・太平洋の国際秩序安定を担うもの（米国戦略体制内の一員）と見なし、他方の中国側にも日米安保への一定の「理解」を示した。これは、米国が意図した戦略の1つであったが、結果的に日本は中国を日米安保体制と結びつけた上で、両国間の直接間接の協調と親交関係を一層活性化させた。しかし、日中両国の平和友好条約の締結は、東アジア全域の国際関係を著しく流動化させながらも、日中・米中関係の安定化には大きく寄与したが、その一方で日ソ・米ソ関係の悪化をもたらす新たな起点となっていた。

　そして、中国の東アジアへのプレゼンスは日中国交正常化以降に一層強まり、日本との政治的・経済的なヘゲモニー争いといった競争的共存が続けられた。

元々、中国共産主義者は民族主義者であった。すなわち、中国共産主義というのは、外国から侮りを受けない独立の強い豊かな中国をつくりたいというナショナリズムを基盤として、あるいはナショナリズムと結びつく形で中国に入ってきた。この時に共産主義者は例外なく愛国主義者であり、そのため、共産主義と民族主義が合体した形で、中国共産党が創立されたのである[19]。こうした背景の下で中国は、西側先進諸国と隣接諸国・地域との関係改善を積極的に図った。それは相互が極めて重要な存在と考えていたからである。

(2) 日韓関係と韓国・台湾

1960年代末、新たな日韓間の協力関係は、その出現と同じくらい急速に消滅していった。1970年代にも日韓関係に進展は見られたが、1969年に確立された安全保障関係が再検討（韓国から朝鮮半島へ）される過程で緊張が表面化したのである。これは北朝鮮との関わり方に大きな違いが生じたことに連動していた。さらに、日韓両国に国内政治をめぐって強い軋轢が生じ、両国関係は断絶の危機に瀕した。日韓両国の間の数々の論争と相まって、歴史感情による緊張が再燃し、既に不安定になっていた日韓関係はさらに緊迫していたのである[20]。

1972～1974年時期の日韓両国間に軋轢が増大した主たる要因は、皮肉にも冷戦期の緊張が緩和したことに起因する。それは、北東アジア西側陣営の日米韓3国という多国間関係の中で、日米と米韓、そして日韓という2国間関係の双方に「見捨てられる」／「巻き込まれる」の懸念の構造に変化をもたらしたものである[21]。米国の東アジア戦略が変化する中で韓国は、日本が共産主義の隣国と交流することに対して、「見捨てられ」の懸念を募らせていた。また日本は、朝鮮半島の様々な不測の事態に不安感を抱くにつれ、韓国との関係を強化し過ぎると「巻き込まれ」ることを懸念していたのである。しかし、朝鮮半島で再燃した対立は、北朝鮮の行動だけがもたらしたものではなく、冷戦期の超大国間の対立がもたらしたものであった[22]。

この時期の日韓間の軋轢は、実際に起こった事態（金大中・文世光事件など）を直接の原因として生まれたが、日韓両国をさらなる関係に追いやった根底には、両国が同盟ゲームと敵対ゲームの双方で相反する姿勢を示し、相入れない

戦略をとったことによる力学が働いていた。しかし、その後の1975〜1979年時期には、日米韓の三角同盟関係に通例では考えられない相互作用が生まれた。その契機は、「サイゴン陥落」に加え、在韓米地上軍撤退計画であった。米国カーター政権の新たな在韓米地上軍撤退計画によって、日韓双方の政府は1975年から1976年にかけて着手した相互関係強化の取り組みを継続した。この計画は、韓国だけではなく日本を脅かしうる力の真空という危険な事態を東アジア地域に招く可能性が高かったからである[23]。

1970年代までの韓国は、朝鮮半島を取り巻く共産主義というイデオロギー的要因と日本の脅威という地政学的要因といった「二つの脅威」にさらされていると見なしていた。そして、それに対抗する基盤を米国の冷戦戦略への積極的加担に求めた。そのため、韓国は冷戦便乗型リージョナリズムという地域的秩序の形成よりも、地域対立に利益を見いだす状況が続いた。こうした韓国の冷戦志向は、日韓国交正常化とベトナム参戦などにより経済発展の基盤を形成させた。しかしその一方では、韓国自身の対外関係の制約要因、例えば非同盟運動への接近の試みの破綻や、共産圏をも含めた外交の地平の拡大が挫折されるなど、国際的な孤立を深める結果になった[24]。

この時期の台湾は、ベトナム戦争の行き詰まりで米国が世界戦略を変更して対中接近を図る中で、自国の戦略的地位が低下し、同時に台湾の国際社会における孤立化に伴う対外危機を強めた。安全保障戦略の調整を迫られた台湾は、国際的には「弾力的・実利的外交」攻勢を強化して、中国との対抗上なるべく多くのカードを握ろうとするに至った。台湾は外交的孤立からの脱却を目指して、国際的空間の活動の拡大を追求する外交攻勢を積極的に展開した。その過程で、台湾の民主化運動と絡む独立の思想としての「台湾ナショナリズム」が現れた。以来中台関係は、内戦の「国際化（国民党）」と「国内化（共産党）」を軸の上、「台湾化」という新たな軸が加わった。

3．ベトナム戦争の「ベトナム化」と戦争終結以降

　1970年代初期の米ソ・デタントと米中和解が進展する中で、ニクソン政権は、ベトナム戦争の終結に向けて「柔軟姿勢と強硬姿勢（アメとムチ）」という両面戦術を展開していた。すなわち米国は、一方では、継続的な「パリ平和会談」への参加と中ソ両国の圧力による北ベトナムからの譲歩を期待しながらも、他方では、4年間にわたってベトナム戦争に全面的な介入を続けていたのである。しかし、こうした米国の対ベトナム政策は、残酷な爆撃と軍事的脅威にもかかわらず、ベトナムからの名誉ある撤退ができない状況に陥ってしまった。それは大国間の「勢力均衡」による国際政治の枠組においては、革命と国際的内戦とが交錯する地域紛争に如何とも解決し難い証明であった。

　ベトナム戦争は、1960年代半ば以降の米ソ・米中冷戦の構造に規定されながらも、第3世界諸国の動きを象徴する戦いとなっていた。元々、この戦争は、南ベトナム内部で北ベトナムと一体となって社会主義路線をとる反政府勢力のベトコンと、反共的な南ベトナム政府との間の内戦に、米国が「ドミノ理論」と力の過信の下で大々的に介入し、ついに「戦争の米国化（泥沼化）」を招いていた。この戦争にのめり込んだ米国は、次第に膨大な人的・財産的被害や国内世論の分裂および議会の反発、そして米国の不敗神話の崩壊と、それが米国社会に深い影響を与えていた。また、中ソ対立が進行する中での中ソによる北ベトナムへの支援は、両国を和解へと導かず、むしろ主導権争いを演じていた[25]。

　1960年代は米ソ両超大国間での核戦争の可能性が低下したが、世界各地で局地戦争の頻度は増大していた。その根本的な理由は、戦後独立した新興国家が、かつての欧米先進諸国と同様に、ナショナリズムに燃え、また各国の内政絡みの対外関係が複雑になっていたからである。新興諸国は独立後10年内外という状態であったので、国内政治が不安定となり、隣国との境界も明確でない場合が多かった。ところが、大衆的ナショナリズムだけはどの国でも高揚していたからこそ、対外関係は緊張していた。しかし、1950年代と違って、局地戦争が第3次世界大戦に繋がる可能性が減少したために、皮肉なことに小規模な戦争が頻繁に行われていたのである[26]。

その意味では、1960年代の最も長く、また最も多くの死傷者を生んだベトナム戦争は例外的な現象であった。他の局地戦争とは違って核大国たる米国が交戦国となり、またベトナム自身、他の新興国家のようにまだ完全な独立態勢を整えていないうちに戦争になった、あるいは独立するための戦いとして対米戦があったからである。その点、米国指導者たちは時代の変転を明確に読み取れず、ベトナム人のナショナリズム、民族自決運動を外国から操作されている共産主義運動と間違えたまま、米国の国民的利益に反して米軍を投入して、北ベトナムおよび南ベトナムにおけるベトコンを相手に戦った。それは公式的な冷戦概念を東南アジアに応用し、かつ中国の封じ込め政策の反映であった[27]。

その一方で、1960年代半ばより米国を初めとする先進諸国は、思想的・文化的レベルにおいて「反文化」や「新左翼」運動が広く高まっていた。それは、従来の社会秩序や主流思想に真っ向から挑戦し、革新的なものの見方を植えつけたが、これもベトナム戦争や軍備の増強、そしてそれの象徴する国内政治構造や国際秩序への反動として台頭したものである。このユニークな現象の国際関係上の意義は、冷戦体制を支える思想的基盤を弱めたことにある。米国の場合、新たな新左翼や修正主義的な見方は、冷戦思想そのものに挑戦して、いわば国際関係を軍事的・地勢学的に捉え、軍備の拡張や軍事的介入によって世界の安定化を図ろうとする冷戦概念、国際社会を善悪の対立と見る二元論、また米国至上主義（価値や理想）こそが問題であるとされ、ついに反戦運動へと繋がっていった[28]。

こうした米国の国内動きをも反映して、ニクソン新政権は、東アジア地域への直接の軍事介入ではなく、地域を構成する各国の「力の均衡」を利用しようとした。反共という理念を実現するためには介入も辞さない政策から、そこに存在する政府との共存を模索する現実主義への転換が起こったのである。東アジア諸国から見れば、米中冷戦の終結と米ソ・デタントの進展は、それらの政権を支えてきた国際環境が一挙に崩れ去る激変であった。共産革命の波及に対抗する上で同盟を組んでいたはずの米国が、その共産大国との関係を改善すれば、共産勢力を牽制する勢力としての米国の政治的支持と軍事・財政援助を受けてきた東アジアの非共産諸国の持つ戦略的重要性は低下せざるをえないのであ

る[29]）。

　さて、米国のニクソン政権が中ソ両国との関係改善を図った主な理由は、ベトナム戦争の早期解決であった。彼の戦略は、対ソ、対中、ベトナムの３つの関連する課題を同時に解決するものであったが、ベトナム問題の解決は外交の手順としては一番後回しになった。それは米中和解を達成し、これを梃子に米ソ関係を改善したのち、ベトナム支援のこの３国との関係を背景に、北ベトナムに対して強い交渉カードを握るためであった。米国は、中ソ両国との間で一方に米国が他方との関係改善を警戒させて、中ソ両方が互いを牽制させながら対米接近を図らせる誘因戦略を試していた。しかし、ベトコンと北ベトナム軍は、米国が支援する南ベトナム政府の正統性を認めず、戦争を続けようとした。

　そこでニクソン政権は、地上戦闘を次第に南ベトナムに引き渡した上で米軍を漸進的に撤退させる、いわば戦争の「ベトナム化」政策を推進させることになった。その一方で中ソ両国を通じて北ベトナムに米国主導下の戦争終結に応じさせようとした。米中ソの３国は、大国間のデタントの進展のためには、一定の譲歩の必要性をともに認識しており、その争点の１つがベトナム問題であることも明白であった。しかし、元来ベトナム戦争は、近代国民国家建設のための内戦であったので、大国間の勢力均衡外交による解決には限界があった。こうした中で、ニクソン政権は、北ベトナム代表者と秘密会談を持ちながら、この戦争の「ベトナム化」政策に沿って在越米軍を撤退し始めた。

　同時にニクソン政権は、米国主導下の早期終戦を狙い、ベトコンと北ベトナム軍に対する高強度の爆撃を行った。その結果、ニクソン政権は選挙公約とは違って４年間にインドシナ全域にわたって前政権よりも多量の爆弾を投下したが、この戦術は大多数の米国国民の意思に反するものであった。しかも米国は西ヨーロッパとその他の国々から「自由世界の保護者」という以前のイメージに反する、極めて無慈悲で国際世論を無視する残酷な国という悪名がつけられた[30]）。結局、ニクソン政権は、大国間のデタント政策と弱小国に対する高強度介入という戦略的矛盾とともに、米国社会にはベトナム・シンドロームを深める一方、ベトナム社会には深い戦争の後遺症を残すことになった。

　また、こうした米国の一方的なベトナム戦争の強硬な解決策と後退戦略は、東

南アジアの親米各国に対米不信感を強める結果となり、米国離れを加速化させた。そして、東南アジア諸国は共産圏との外交関係を模索し始め、米国一辺倒の外交姿勢を変化させたが、それが米国の地域政策に対する正当性危機へと繋がった[31]。この最中に域内諸国は、非軍事的・経済主導的な地域協力の枠組（ASEAN）を一層発展させていた。その根底には、米国の二分法的な冷戦論理や一方的な政策転換に対する強い不信と、さらには西欧国家体系型の冷戦構造への帰属感の欠如などの要因があった。ちなみに、日本・韓国などの北東アジアの親米各国は、米国の政策転換を深刻な安保危機として受け止めていた。

　1972年10月初め、米国と北ベトナム代表は、交渉の難航を重ねた末に1つの合意に至った。その内容は、停戦後60日内の米軍の撤退と米軍捕虜の送還、選挙を含む南ベトナム問題の政治的妥結などであった。北ベトナムは南ベトナム政権の退陣を要求せず、米国は北ベトナム軍の南ベトナムからの撤退を要求しないという譲歩の結果であった。停戦会談は両側の根深い不信のため一時的に決裂したが、同年12月、米国の「クリスマス爆撃」ののち、1973年1月27日には最終協定を調印させた。結果的にニクソン政権は、ベトナムで「屈辱の撤退」の挫折感を味わい、1973年の米議会は「トンキン湾決議案（1964年）」の無効化と同時に、「戦争権限法」を通過させ大統領の戦争権限を大幅に制限した。

　そして、ウォーターゲート事件で辞職したニクソンの後を就いたフォード大統領にとっては、ベトナム戦争終結のためのパリ和平協定を枠組とするインドシナの安定化が彼に果たされた任務の1つであった。1973年に米議会は、インドシナへの米軍介入を禁じるとともに、南ベトナムへの援助予算も大幅に削減していた。もはや南ベトナムの崩壊は時間の問題となり、1975年4月フォードは米国にとってベトナム戦争は終わったとの訣別宣言を行い、サイゴンは共産勢力の手に落ちた。その後に共産側が南北ベトナムの統一を果たし、1976年7月にベトナム社会主義共和国が誕生した。一方、カンボディアでも共産ゲリラ組織によってポル・ポト政権が樹立するなど、インドシナ全域が共産化されていた[32]。

　それでは米国はなぜ、ベトナム戦争で直ちに勝利できなかったのか。それは、広大なジャングルと山岳地帯からなるベトナムの地形や、それを巧みに利用した共産側のゲリラ戦術、制限戦争としての制約が米軍の機動力発揮を困難にさせ

たこと、非民主的な南ベトナム政府の基盤の弱さ、米軍における空軍力への過信等々が挙げられるが、何よりも戦争目的の不明確さと長期持久戦に伴い、米国国内に厭戦ムードが高まった要因が大きい。その反面、ベトナムの解放勢力は、国際世論を味方とすることに成功し、またラオス、カンボディアの聖域を持ち、しかも中ソ両国からの支援を得ていたのである[33]。

　実にベトナム戦争は、地域紛争において米国の介入が抱えたディレンマを集約していた。共産主義者でも植民地主義者でもない現地勢力を探した米国は、適当な「協力者」を発見できず、発見すれば傀儡に過ぎず、その傀儡さえ政策執行能力は乏しかった。そのため、米国は直接的な戦争の「介入」を一層強化することによって「紛争拡大（泥沼の介入）」を招いた。ベトナム戦争での「泥沼の介入」の結果、米国は勝つことができない戦争に引き込まれ、結局米国の敗北で終わった[34]。しかし、この時期における米ソ協調の進展や米中和解、そしてベトナム戦争の終結は、東アジア地域をめぐる大国間の権力政治上の対立を大幅に緩和させる役割を果たしていた。

　しかし、その一方で、北ベトナムはベトナム戦争の終結とその後の南北統一過程を通じて中国に対する不信感を強めていた。当時の北ベトナムにとっては、ベトナム戦争が終結していない段階で、中国が国際システムの現状維持を望む方向に転換したことは大きな脅威と感じられた。ニクソン訪中以来、中国指導部のこうした傾向に警戒心を高めた北ベトナム指導部は、中国も参加した国際的な現状維持の枠組の中にベトナム南部が完全に位置づけられてしまう以前に南部解放を達成しようとした。1975年春のサイゴン政権の崩壊に際して、北ベトナム指導部がサイゴンの武力解放を決議し、その後急速な南北統一を急いだ背景には、このような中国に対する警戒心が存在していたのである[35]。

　そして、南北統一後のベトナムと中国の関係は、カンボジア問題や華僑・華人をめぐって急速に悪化していった[36]。中国との公然たる対立は、ベトナムをソ連の陣営により深く参入させる結果になった。このことは、一面ではベトナムが、社会主義陣営と資本主義陣営の対決という世界観から離脱することを困難なものとした。ベトナムは、自らが体現した社会主義の普遍性を従来以上に強調し、中国のあり方を「民族主義的逸脱」と「資本主義との結託」という点で

批判していた。しかし、「貧しさを分かち合う社会主義」が有効に機能しなくなったという点では、中国とともに共通の問題であった。そのため、両国の共産党は1980年代以来に「新経済政策（改革開放と刷新政策）」を模索していた。

　インドシナ崩壊直後の1975年5月、フォード政権は、東アジアの親米各国の一層の対米不信と米国離れを強く懸念して記者会見を行い、防衛と経済協力を中心とするアジア同盟関係を改めて強化すると宣言した。そして同年12月、フォードの東アジア訪問後には、「新太平洋ドクトリン」を発表するなど、東アジア同盟国外交の展開を明確にした。しかし、これは米国が孤立主義と東アジアからの撤退へと向かうことなく、同地域の平和と安定に積極的に取り組む姿勢を明らかにしたものであるが、成果が表れず、一般原則の表明に止まった[37]。もはや米国は影響力の衰退に伴って冷戦型覇権秩序の正当性が弱体化され、また軍事力だけでは国際紛争を十分に解決できないことを印象づけていた。

　とにかく、米中冷戦の終結と米ソ・デタントの急速な進展は、韓国・台湾のみを例外とすれば、東アジア各国を冷戦の前哨から引き下げる結果になり、この地域の非共産・親米諸国の政府が自らの手で国内治安を保ち、地域秩序をつくらざるを得ないという、一種の強いられた自立を生むことになった。ちなみに、ニクソン政権のドル防衛策の発表、さらに第1次石油危機の勃発とともに、非産油国発展途上国の経済はこれまでにない苦境に見舞われた。当事国から見れば、石油危機はまさに資本主義の「全般的危機」にほかならなかった。政治的・経済的にも、米中冷戦下の経済発展を支えた条件が揺るがされたのである。

　1971年中国の国連代表権の獲得や1975年のベトナムの南北統一により、両国の国民国家としての存在は、広く国際社会によって認められた。ところが、皮肉にもそのことが両国の社会主義体制の危機を招くことになった。それは、国内的には国民国家としての存亡の解消は、戦時体制化の「愛国心」の高揚によって維持されていた「貧しさを分かち合う社会主義」に対する人々の忠誠心を揺がすことになったからである。また国際的には、国民国家によって構成される国際社会の一員となったことが、両国を国際システムに対する挑戦者からその現状維持を望む存在へと次第に変貌させて、「反システム運動」の一環としての社会主義国家というアイデンティティを揺がすことになったのである。こうした

危機は、両国の共産党を1970年代末以降に改革へと導いていった[38]。

4．日米韓3国の安保協調と中ソ対立・北朝鮮

(1) 日米韓3国の安保構図

　1970年代の北東アジア情勢は、米ソ冷戦の相対的緩和と新大国・中国の台頭によって、米中ソ3国の動向と、日本を含む4大国間の関係が地域変化に多く投影された。日米中ソ4大国は、冷戦イデオロギーの呪縛から解放し、力の均衡という権力政治的観点から国益に則ったより現実的な外交を展開し、そのゲームに東アジア諸国が入り交じり、実々の外交ゲームが行われた。こうした中で、北東アジアの西側陣営・日米韓の3国は、米国を軸として「協力と摩擦」という混在状況の下で、政府同士の政策合意を中心とする新たな安保協調体制を模索し始めた。その結果日米韓3国は、日米・米韓軍事同盟と日韓疑似同盟（quasi-alliance）という三角形の安保協調体制を再確認することになった。

　日米関係は、冷戦の激化とともに米国によって日本が東アジアにおける「反共の防波堤」として育成されたことから始まった。1951年9月のサンフランシスコ平和条約は米国陣営のみとの片面講和となり、また日本は日米安全保障条約の締結によってパックス・アメリカーナの傘下へと編入されていたのである。そして、日本は朝鮮戦争やベトナム戦争の際には、出動した米軍の軍事基地・補給基地としての役割を果たし、膨大な特需に恵まれて経済復興や高度成長を達成した。1970年代の日米関係は、ブレトン・ウッズ体制の崩壊や経済の高政治化の中で国際協調の精神（経済サミット枠組）を維持するとともに、日本が米国の新たな対ソ封じ込めと対中関係強化政策に協力していった[39]。

　また、日韓関係は、東西冷戦の激化や米国の地域統合構想と絡んで展開された。米国の対アジア政策は、中国を失った代わりに日本を東アジア地域統合の中心に置いてその下部構造として韓国や東南アジア諸国を束ねることであった[40]。冷戦体制下での米国の北東アジア地域統合政策は、日本と韓国を結ぶ日米韓3国の協力体制の構築であり、そのために1965年6月の日韓基本条約が「経済協力方式」で決着された[41]。そして、1970年代の日韓関係は、たとえ両国

間の軋轢はあったものの、米国との安保協調体制を堅持した。日本の安保にとっても米韓両国との政策協調は必要であり、また韓国にとっても日米両国との安保協調は事実上不可欠であったからである。

ところが、1970年代の米韓関係は、米国が太平洋国家論と極東安保論を強調したものの、アジア人によるアジア自体の防衛、東西和解、海外軍事縮小などを内容とするニクソン政権の新政策をめぐって「ぎくしゃく」した。在韓米地上軍の撤退問題は、韓国軍現代化の支援約束の下に行うものであったが、朝鮮戦争の体験を持つ韓国国民にとっては再び戦争勃発の危険性を高めるものと理解され、また米中和解は朝鮮戦争の際に中国軍と全面的に戦った韓国にとっては対米不信を増幅させる契機となった。こうした中で韓国は、対北対話路線に踏み切り、維新体制という内政改革を断行した[42]。一方、米国のアジア戦略にとっても韓国の地政学的な緊要性と軍事同盟は欠かせないものであった。

激変する東アジア情勢の中で、日本は、米国から沖縄を取り戻す代わりに、日米安保条約の自動延長とともに、自衛隊の拡大と沖縄に対する米国の支配、そして日本本土での米軍駐屯およびその費用の一部を負担することになった。韓国は、北朝鮮との競争・対決的な立場と経済発展という観点からも米日両国との協力が必要とされ、米国主導下の新たな地域統合戦略に組み込まれた[43]。しかし、北東アジアでは、大国間の権力政治的観点と国益に則った現実的な重層外交の展開とは対照的に、韓国と北朝鮮、そして台湾は依然として冷戦外交を展開していた。すなわち、大国間の国際関係と地域小国の国際関係とは、それぞれ異なった仕組みと様相で展開されていたのである。

1970年代半ばまでの米国の東アジア政策の中には、緩やかな対ソ封じ込め政策推進の狙いがあり、加えて中国を引っ張り込む形で対ソ戦略を模索するものであった。日本は、日米両国の相互依存の深化のために米国の対ソ封じ込め政策に協調していた。また、日中両国の関係は著しく進展したが、日本にとっての中国は、長期的な自国安保と北東アジア全体の平和のために中国の国際社会への参入と経済的相互依存が不可欠であり、中国にとっての日本は、国内経済建設と国際社会への復帰のためにも日本の協力を必要としていた。そして、韓国は、北朝鮮との対決状況の下で、政治安保的・経済的な観点からも日米両国

との安保政策協調の堅持は不可欠な課題であった。

　こうして日米韓 3 国は、ソ連の脅威に対する共通の安保体制が模索され、ソ連に対抗することで日米中、そして韓国の戦略的利害が一致していた。もはや国際関係は 2 国間関係のみに切り離して考えることができず、関連国が相手に対して与える影響や意味合いを織り込んだ形で分析せざるを得ない時代となった。しかし、日米韓の 3 国間の安保結束とは、三角形同盟ではなく、日米同盟と米韓同盟に限定されており、日韓両国の同盟は、事実上不可能であった。日米韓 3 国の安保協調の枠は、米国の極東戦略の下で日米同盟と極東全体の安全保障を関連づけながら、日本の安全にとって韓国の安全の「緊要」性と、米国のベトナムからの米軍撤退や沖縄返還に伴う沖縄の極東米軍基地化などの戦略構図（1969 年のニクソン・佐藤共同声明）に組み込まれていた。1970 年代は、たとえ戦術的変化があったものの、米国主導下の安保構図の基本的な枠は維持されたのである。

(2) 中ソ対立と北朝鮮

　しかし、東側陣営での中ソ両国は対決姿勢を一層強め、また北朝鮮が自立化路線に踏み切るなど、東西両陣営間の対照的な動きが現れていた。中ソ関係は、陣営内の覇権や路線問題などをめぐって対決していた。その決定的な契機は、1968 年のチェコ事件後のソ連による「主権制限論」主張に対する中国側の反発と、1969 年の珍宝島領有権問題をめぐる中ソ武力衝突事件であった。これを境に中国は、ソ連を「社会帝国主義」として米国と同列の覇権国家と見なし、また米中和解以降の「反覇権条項」とは事実上ソ連を指すものとなった。一方、ソ連は、アジアにおける中国包囲網を狙った「アジア集団安保」構想を打ち出し、東アジア諸国への接近を図ることになり、ここで「中ソ冷戦」が激化したのである[44]。もはや共産陣営の内側では、国家間の問題や国境問題、そして民族間の問題をめぐる亀裂が明確になった。

　中国は、いち早く社会主義陣営と資本主義陣営の対立という世界観から離脱した。1970 年代に提唱された「三つの世界論」は、米ソ両超大国の覇権主義的世界支配に対抗する第 3 世界、その中心としての中国というイメージを体系化

した理論であり、冷戦時代の二大陣営の対立という世界認識からの離脱を明示した議論であった。しかし、ついに中国外交は、西側との関係改善とソ連覇権主義に反対する国際統一という名の下に、国際秩序の現状維持に協調的な姿勢を強めることになった。中国が「世界革命の中心」になろうとした試みでもある文化大革命は、逆に中国自身を深刻な危機に追い込んでしまった。こうした中で中国は、米中接近にその活路を見いだすこととなったのである[45]。

　戦後ソ連は、米国と並んで、対中関係については極めて慎重論を堅持してきた。東アジアにおける米ソ両国の熾烈な角逐にもかかわらず、両国はともに中国本土での直接対決を避けており、中国周辺の朝鮮・ベトナム戦争の時にも、中国への介入を避けてきた。しかし、1970年代中ソ両国の対立は熾烈な国境紛争にまで発展し、ソ連が対中包囲網の構築を試み、また中国がソ連の対中封じ込め体制の強化を避けるために対米・対日接近を図ることになった。1975年春のベトナム戦争の終結以降には、東アジア問題をめぐって中ソ間の角逐が激化した。ソ連との友好関係を深めていたベトナムに対して中国は著しく警戒的になり、1979年には国家的利害が絡む深刻な国境衝突として中越戦争が発生した。

　もともと中ソ対立は、民族的対立と国家的対立、そして両共産党間の教義上の異端者同士的抗争という3つのレベルの対立構造が重層的に一体化したものである。1970年代の中ソ対立は双方の国際関係のあらゆる分野に及び、中国の対ソ向きの反覇権姿勢とソ連の対中牽制的な態度を一層強めていった。事実上、戦後ソ連の対外政策は、欧州では宥和、東アジアでは強硬というアンバランス的姿勢で一貫され、中国からは厳しい対ソ警戒心とともに大きな反発を招いた。中国の国連代表権の回復後には、国連を舞台として主に中ソ理論闘争や第3世界争奪戦的な外交ゲームを展開されたが、こうした中ソ対立は1970年代国際政治のさらなる多極化をもたらす一大要因にもなった[46]。

　こうした中ソ対立の狭間に置かれた北朝鮮は、1972年に社会主義憲法が制定され、金日成国家主席が全権を掌握し、主体思想に基づく独裁体制を強めた。1973年以降は、中ソ対立の最中で「三大革命小組」運動を中心に自力的な大型生産設備の建設を急ぐなどの自主政策を強め、その過程で金正日への後継者工作が本格化した。1976年8月には板門店の共同警備区域で北朝鮮警備兵と米兵

が衝突する事件（米兵2人殺害）が発生し、米朝関係は一時的に緊張を高めた。しかし、この事件は、極東の火薬庫である朝鮮半島の緊張状況を世界にアピールしたが、米朝両国はベトナム戦争や朝鮮戦争を通じて「国際的支持のない力の解決は無に帰する」という教訓に学んでそれ以上の武力行動を自制した。

第2節　デタントの変容と東アジア開発体制

1．米ソ・デタントの変容と東アジア

　国際関係は、国際社会の様々な内在的・外生的要因によって一直線に進まない場合がある。そのため、1970年代初頭のデタントは冷戦の終焉に直接結びつかず、以来米ソ関係は、「相互不信・相互恐怖」→「イデオロギー対立の強調、政治的コミュニケーション機能の低下、核軍拡」→「相互不信・相互恐怖」→「軍事ブロックの強化、周辺部への軍事介入、経済制裁などの具体的対抗措置」という緊張構図を再燃させた[47]。冷戦構造には、米ソ両国が敵味両方に対抗し安保を提供する「封鎖構造」と陣営内の競争国を統制する「ヘゲモニー構造」という二重の軸の上に成り立っていたが、デタントがこれを脅かした。その中で米ソ両国は2つの軸の復活を狙い、その結果デタントの後退をもたらした。

　米ソ・デタントの潮流は、1975年を境に大きく変化しつつあった。その主たる原因はソ連の拡張主義であった。ベトナム後遺症に苦しむ米国を尻目に、ソ連は、インドシナに続いて、アフリカでもキューバ兵を使って、影響力を拡大しようとした。貿易関係や軍備管理で利益を与える代わりに、ソ連に拡張主義を抑制させるというキッシンジャーのリンケージ戦略は、機能しないようになった。1977年に発足したカーター外交の特色は、先進諸国間の政策調整および先進諸国と第3世界諸国の相互依存を管理する世界秩序の構築を目指すことにあった。しかし、1979年2月にはイラン・イスラム革命が起こった。また、同年7月にはニカラグアで親米政権が崩壊した。こうした最中、ソ連軍のアフガニスタン侵攻が起こり、米国の対ソ・デタント路線は、もはや風前の灯となった[48]。

1975～79年時期、米国と東アジア冷戦期の２つの敵対国との関係は総じて悪化した。米中ソ３国は、東アジアをめぐって「勢力均衡」外交を展開した。米国は「勢力均衡」理論の下に、米国外交の伝統的な「中ソ離間策」と「中国のチトー化」政策を背景として対中接近を図り成功したが、それが「ソ連脅威論」と結びついていたためにソ連を著しく刺激する結果になった。また、日本の米中寄りの対外政策は、一層ソ連を刺激させて1979年の北方領土の軍事基地化やソ越条約の締結を促進させる一要因となった。その上、米国の勢力均衡外交は、革命と国際的内戦とが交錯する地域紛争の解決にも繋がらず、その意味で「勢力均衡」外交は、19世紀ヨーロッパ型勢力均衡政策の崩壊と同様に、国際政治の中・長期的な安定化をもたらすものではなかった。

　1970年代後半頃のデタントはその限界に達し、東アジアの安全保障環境は、劇的な悪化を経験した。ソ連がアフリカ・中東・ユーラシア大陸周辺部で非妥協的な態度をとると、米ソ両超大国の間に平和共存の実現可能性とソ連の真の意図について疑問が生じ、デタントの脆弱性が露呈したのである。また、米中間の和解もその萌芽期に摘み取られた。1970年代初期のニクソン・キッシンジャーの働きかけは、1979年１月にようやく関係正常化という形で結実するが、そこに至る過程は遅々として苦渋に満ち、米国と中国の双方は不信感といらだちを募らせるという予期せぬ結果をもたらした。デタントの終焉はこの地域に、以前と少しも変わらぬ冷戦の緊張状態を再びもたらしたのである[49]。

　そもそも米ソ・デタント構造は、重大な欠陥を抱えていた。ソ連は、デタントが第３世界の民族解放闘争には適用されず、むしろデタントを通じて米国と同様、第３世界に政治的・軍事的進出を行う権利を獲得したと信じていた。その反面、米国は、ソ連との間に安定的関係の維持によって国際平和と安全を保障しうると捉え、米国主導の「正統な秩序」へのソ連の編入を意図していたので、デタント表層の基底では米ソ両国のヘゲモニー競争が顕在化していた。また、米ソ・デタントは両陣営内の自立化（分極化）を加速化させたが、中国などの第３世界からは世界の米ソ「共同分割管理化」として受け止めていた。そして、米中ソ３国は、次第に第３世界をめぐって熾烈な戦略的角逐戦を行った。

　国際的危機と変動が続いた1970年代は、米ソ両国の相互必要によってデタン

トを追求し、東西両陣営間の「力」と「イデオロギー」の結合力が弱まっていた。しかし、デタント期を含む冷戦構造下の米ソ間の対立は、国家間の伝統的な葛藤要素の「通常的競争関係」のほかに、イデオロギー上の相違性を内包していた。そのため、相互認め合えない米ソ両体制が併存する限り冷戦的特性を排除できなかった。そして、1970年代半ば以降の東アジア地域をめぐる日米中ソ4大国は、日米関係の強化と日中関係の進展が結びつき、米ソ・日ソ関係が冷却化するという、冷戦に似た構造に移行した。この冷戦文脈には、西側諸国の新保守主義勢力の台頭と世界経済の衰退という国際潮流とも無関係ではない。

1970年代末の東アジア国際関係は著しく流動化した。1978年11月にベトナムはソ連の支援を受けてカンボディアへ侵攻した。こうした状況の中で1979年初頭以来、米中国交樹立（1月）、中越戦争（2月）、中ソ友好同盟相互援助条約廃棄（3月）へと事態が急変する中で、イランを初めとする中東情勢の流動化と、アフリカ各地それにアフガニスタンからインドシナ半島を経てアジア全域に広がる「ソ連の影」の拡大が見られ、加えて韓国大統領暗殺以後の不安定な朝鮮半島情勢、第2次中越戦争の危機とインドシナ難民流出などの重大な出来事が続けられた。そして、1979年末のイラン革命・米大使館人質事件とソ連のアフガニスタン侵攻は、「新冷戦の時代」を予告していた。

しかし、1980年代初期の東西緊張の再燃は、デタント以前の状況への逆戻りではなかった。中国の開放化と米国の東欧進出へ橋頭堡が築かれ、東アジアの冷戦もほぼ終わっていた。東アジアは、域内諸国の非政治的・非軍事的な交流や接触が顕著化し、地域独自の冷戦溶解の兆しが現れ始めたのである。その典型例は、アジア太平洋の国際関係の進展である。そこには冷戦構造を形作る権力政治的発想ではなく、経済的相互依存関係を通じた域内協調や発展を求めるなど、地域諸国を結ぶ交易が、国際政治の表舞台では対立して国々を結合させた。東アジア諸国は、域内の歴史的土壌とデタント期の成果を継承・発展させながら、地域的にも広く、かつ様々なレベルのネットワークの重層的な形成による緩やかな東アジアの国際秩序を模索していった。

1970年代末以降の中国は、自国を取り巻く有利な国際環境の中で、「富国強兵」という国家目標の達成のための政策的転換を模索しつつ、その結果、1970

年代末以降には中国沿海を中心とする開放・改革路線の採択と、中国経済の外向型発展を断行したのである。そして、海外の直接投資と貿易の緊密化に伴って国際市場に参入していった。それは、中国大陸の土地、自然資源、この国が擁する唯一の比較優位である低廉で勤勉な労働力の基礎の上で、先進諸国からの外資と技術を導入し、その中でも華人ネットワーク（例えば台湾の技術力と製造力、香港のマーケティングとサービスのノウハウ、シンガポールの情報ネットワークなど）を活用する方法であった[50]。

2．東アジア型開発体制の拡散と変容

1970年代の第3世界は、国際政治における一大政治勢力だけでなく、国際経済でも積極的に自己の意思や利益を主張し始めた。1970年代の資源ナショナリズムはドルの世界経済支配を打破するのに大きな役割を果たしたが、それはベトナム戦争での米国の失敗とともに米国の威信を大いに低下させた。しかし他方では中ソ対立の激化と中国の文化大革命の結果、中国が明確に「三つの世界」論を提起し、2つの陣営の対立状況はなくなったと宣言（1974年）したことに見られるように、社会主義陣営の威信も弱体化した。しかも第3世界諸国も独自の道を歩み、その結束も弱体化した。そして、政治的意味合いを色濃く持っていた第3世界よりも発展途上国や後発国という概念で捉え始めた[51]。

第3世界の一部の国々は、先進国の資金援助に依存し、これに従属的に結びつきつつ輸出主導型の産業発展を目指し、工業化と都市化を強力に推進して一定の成果を収めながらも、膨大な対外債務と巨大なスラムを残して従属の度合いを深めていた。その過程で、強力な集権政治と統制経済は民主主義を抑圧するものとして機能した。そのため、第3世界は、単に民衆が貧困であるばかりでなく、程度は様々であるが、強者が弱者に常に勝利を収める国であり、非常識なイデオロギーが定着し、経済よりも政治、能力よりも階級が優先する国であり、また人権を無視し、法的保護が欠け、複数政党制を認めず、政治批判が許されず、個人を無視する国々というイメージを強めていた[52]。

東アジア諸国は、1960年代半ば以降より開発体制を強めた。元々、開発主義

とは、「工業化の推進を軸に、個人や家族や地域社会ではなく、国家や民族などの利害を最優先させ、そのために物的・人的資源の集中的動員と管理を図ろうとするイデオロギー」のことであるが、東アジア各国の開発主義の実態やその契機は一様ではなかった。しかし、程度の差はあれ、次の3つの共通的な特徴があった。第1に、開発の単位と目標が個人・家族、企業、地域社会ではなく、国家や民族に置かれていること。第2に、国家が広範に経済や社会の運営に介入していること。第3に、途上国における開発主義の普及と持続には、経済成長イデオロギーの浸透と定着が密接に関連していることである[53]。

また、開発主義の主要な成立要件は、後発国が急速な経済発展を進めようとする「キャッチアップ型工業化」の要請と、冷戦体制や国内の共産主義者、反政府主義者への対抗を意図した「危機管理体制」の整備という2つに求めた。そして、開発主義が支配的なイデオロギーになるためには、成長イデオロギーの導入と定着が不可欠であり、その契機は、1950年代半ば以降の米国の途上国向け戦略の変化、さらに技術・援助・経済成長をめぐる米ソの「システム間競争」であった。こうした国の内外的状況の下で東アジア諸国は「開発主義の制度化（開発体制）」、つまり政治権力の集中とその指導理念、投資資金の管理と運営、労使関係への介入、成長を共有する社会政策が展開された[54]。

東アジア諸国の場合、こうした開発体制の出現要因は、国際的、国内的、および政治的、経済的な4つの要素が結合し、その下で開発体制が展開された。この地域の権力者は、自分たちの権力基盤の強化、米国の軍事的・政治的援助と多国籍企業の受け皿、国民の経済社会生活の改善など、様々な課題の解決を開発体制という入れ物に求めていたのである。

それではなぜ、開発体制が権威主義的政治体制と国家主導型開発なのか。それは、国家の国際的・国内的政治危機（例えば、国際・国内冷戦）の乗り切りを理由に、権力者が一元的な政治権力の確立を唱えたことと密接に関わっている。そして、この権力者の主張に対抗したり反対する政治社会集団は、強権的に排除されたのである[55]。

東アジア諸国の開発体制が掲げた開発は、経済成長に加えて、自国が置かれた安全保障上の危機状況の中で、国家生き残りのための国家社会の改造・改革

が強調された。こうした危機意識が国家の中央集権と国家主導の工業化を促す要因となった。そして、開発体制が成長するための単なる制度措置、あるいは権力支配のための権威主義体制では終わらない、広く国民大衆を巻き込んだ上からの社会運動の一面を持っていた。そして、1970年代には、こうした開発体制の下で持続的で高い経済成長を遂げた[56]。しかし、権威主義体制の下での国家主導型の開発戦略が成功裡に進められるならば、その帰結として権威主義体制それ自体が「溶解」されるという内的論理をも存在している。

東アジア諸国の「経験則」から見れば、工業化の基礎的諸条件において未熟な後発国が、強い外圧とわずかに与えられた時間的余裕の中で急速な発展を遂げようとした場合、国家主導型の開発戦略は不可避である。国家主導型の開発戦略とは、政治統治のシステムの観点から見れば、権威主義的開発体制である。多種多様な要求を持つ国民大衆の広範な政治参加の下で政策決定をなす民主主義的政治システムよりは、官僚テクノクラートを中核とした少数のエリートが政策目標を設定し、この目標に向けて大衆を動員していく政治システムの方が、後発国の開発戦略を効率的に推進できうる。そのため、東アジア諸国には、こうした権威主義開発体制が一般的になっていたのである[57]。

開発経済の理論上、後発国が自国の急速な工業化推進のためには、「工業化資金の動員」「投資リスクの社会化（分散化）」「適切な産業選択」が不可欠となる。それは、純粋な市場論理では達成されず、国家や社会集団の力を借りる必要があり、そのためには国家が複多な市場参加プレイヤーの間での複雑な利害調整を行わなければならない。その調整過程は政治そのものであり、したがって工業化は、経済現象であると同時に政治現象でもある。しかし、市場プレイヤー間の利害調整が市場内部で達成される程度、逆に国家や社会内ネットワークが役割を果たす程度は国によって大きな違いがある。それは、工業化初期の歴史的経験（産業種類、旧体制の特徴、国際環境など）が異なり、その中で形成された国家や社会制度も異なるからである。しかも、工業化の展開パターンや内容は、時期的条件によって変化し、そのために工業化をめぐる政治のパターンも変化するのである[58]。

東アジアの「新興工業諸国（NICs）[59]」の発展戦略は、輸出指向型工業化で

あった。NICsの工業化への要請は、自国の植民地化もしくは軍事的侵略への脅威などの危機意識によって触発された。また、こうした工業化が強い民族主義的イデオロギー（富国強兵・殖産産業）まで高まり、これが近代化運動の中核的要素となっていくこともあった。東アジア諸国においては、その工業化の主体が企業ではなく銀行や国家が主導する「上からの工業化」を推進させていく場合が多かった。すなわち、社会側には工業化に要する資源動員能力と産業組織が発達していないために、国家が財政政策を武器として、上から資源の動員と工業部門の創成などを育成・組織化させていったのである。

東アジアNICsは、輸入の自由化、適正な為替レートの設定、そして種々の輸出促進と外資導入などの一連の政策と、先進国の直接投資企業に対する各種の関税免除や法人税免除、利潤の優遇措置が与えられた。まず韓国では、1965年からの改革で輸出業者への輸入ライセンスと輸入品の免税、為替レートの単一制と各種の融資が行われ、韓国貿易協会も設立された。1966年の外資導入法制定と1970年の馬山輸出自由地域を設置した。そして台湾は、1961年の第3次4カ年計画で金融改革と貿易自由化政策が採用され、1962年には「技術合策条例」制定、1964年「投資奨励条例」改正と外資導入法の整備が行われ、1965年には高雄輸出加工区の設置へと続いた。シンガポールの場合は、1967年の経済拡大奨励法と1969年のジュロン工業団地の造成、また香港では中継貿易港から次第に輸出指向へと政策転換を行った。

1970年代に入ると韓国、台湾を中心にNICsは、重化学工業化政策が採用された。NICsでは実質賃金の一定の上昇とともに、後発国からの労働集約的製品での追い上げに直面した。加えて、石油危機後の世界不況のために先進国の保護主義も強まった。NICsにとって産業構造の高度化は、成長のために必要であった。重化学工業化は、韓国、台湾では従来から一貫して追求されてきた中間財の輸入代替政策の延長にあった。順調な輸出を背景に作り出された一定規模の中間財国内市場は、鉄鋼や石油化学の開発可能性を生み、造船もそれらの中間財との関連で現実性が生じたのであった。そして、韓国では1973年以降に重化学工業開発を積極的に行い、台湾も1973年「10大建設」が実施された。

東アジアNICsと開発体制は、1970年代の米ソ・デタントと米中接近がもたら

す東アジア各国の安保体制の動揺と、世界経済不況下での自国経済の危機という国際環境の中で、それなりに国家の安保を確立し、国内政治を安定させ、経済的自立と国民の生活保障を行うという、すべての難題を一挙に解決する政治経済システムの役割を果たした。そこでは、国家と社会の全面的改造の意味が込められ、権威主義的性格にもかかわらず、開発体制が多くの国で国民から厳しい批判にさらされることなく、一定期間持続される理由があった。また欧米諸国の対応は、開発体制が東アジア諸国の政治的秩序を確保し成長を達成する上で有用であると考えられ、親米政権である限り開発体制を「容認・黙認」していた。

こうした背景の下で、東アジアの韓国、台湾、シンガポール、香港などは、1960年代後半以降、世界貿易の成長ブームに乗り工業製品輸出を伸ばし、経済成長の足掛りを得以降、1973年と1979年の石油危機後の世界不況下でさえ相当順調な輸出と経済成長を維持した。NICsは、歴史的に久しく農・鉱業の第1次産品輸出地域に押し止められてきた。そこに工業が興り、製造された製品が先進国市場に急速に浸透していたのである。こうした経験は、人間としての基本的欲求すら満されず飢えに喘ぐ東アジアの人々を貧困から解放する開発モデルを提供するものであった。そのため、これらの国々の発展は、世界の関心を呼び起こし、理論的にも実戦的にも多大な影響を与えることになった[60]。

こうして1970年代東アジア諸国の一部は、高度経済成長を遂げたが、それによって各国の政治、経済、社会文化などの領域で大きな変容をもたらした。政治領域の変容とは、支配集団の強大化と長期化である。開発体制は、政府批判勢力を抑圧する制度によって権力が自己増殖し、支配の安定と継続を保障するメカニズムを備えていたのである。経済領域では、地場資本の台頭が現れ、巨大な地場ビジネス・グループが形成された。そして、この特権的経済集団は、開発体制から相対的に自律性を持つようになった。社会文化の領域では都市化と大衆消費社会をもたらし、「新中間層」という新しい社会集団を形成させた。以来この集団は、自国の市民社会と政治的民主化の担い手となった[61]。

1980年代以降の東アジア各国は、内部的にも、対外的にも、経済発展の深刻な格差に悩むようになった。開発政治の歪みから生じた問題が噴出して政治的

抑圧と腐敗が露呈し、都市化や人口爆発や軍事化がそれぞれに大きな重荷となって、国内の社会的矛盾が一挙に激化したのである。そのため、NICsの人々の間には、自国の解放・独立・革命と、従来の開発・工業化、冷戦・国家・ナショナリズムに対する疑問を強め、新たな「ナショナル・アイデンティティ[62]」を模索し始めた。そして、大衆の政治化が進む中で、民主主義の内実を自前のものとして、しかも自前のやり方で作り出そうとし、内なる価値の再発見・掘り起こしが意味を持ちながら急進的な批判運動と結合する局面を迎えていった。

【注】

1）佐々木卓也「アメリカと冷戦」細谷千博・丸山直起編『ポスト冷戦期の国際政治』有信堂高文社、1993年、25頁；R・W・スチーブンスン、滝田堅治訳『デタントの成立と変容』中央大学出版部、1989年、16-18、21-24頁。

2）中嶋嶺雄『国際関係論』中央公論社、1992年、132頁。

3）戦後米ソ両国間の関係において緊張緩和（デタント）の動きは4回起こっていた。①1955年の「ジュネーブ精神」（の時期）、②1959年の「キャンプ・デーヴィッド精神」（の時期）、③1963-64年の「キューバ・ミサイル危機後の緊張緩和」（の時期）、そして④1972-75年の米ソ・デタントなどにわたって現れていた。この30年間に、デタントは多くの異なった形をとって発生した。1950年代には、デタントはほとんどすべて雰囲気に基礎を置いた。この時期には米ソ間の対話が生まれ、核戦争を回避しようとする双方の願いが明確になったとはいえ、何ら実質的成果は生み出されなかった。1960年代にはこれとは対照的に、部分的核実験停止条約、ホットライン協定、核拡散防止条約を含む実質的成果の上にデタントが築かれ、その過程で「抑制」という要素が生まれた。そして、1970年代初頭のデタントは米ソ間の政治、軍事、経済、科学、文化、社会関係という全分野にわたる一連の包括的条約によって特徴づけられる。米ソは両国関係を規定し、制度化しようとしただけではなく、デタントを双方がともに関心を抱くイシューを解決する手段として利用しようとしていた。

4）米国ニクソン政権の新たな戦略概念は、ソ連との核のバランスに加え、中国やヨーロッパ諸国も加えた全世界的な力の均衡を作り上げて行こうとするものであった。またそれは、従来の米ソ両大国に中国を加え、3大国の間のバランスをとろうとするものであり、米国がもはや中ソ両国を仮想敵国視した既存の戦略を続けることはできないとの判断に基づくものであった。新アジア政策においても、中国をアジアにおける大国として認めた上で、これに地域安全上の役割を果たすことを意味した。そのため、米中間の「上海コミュニケ」の中では、米中両国がアジアにおいて覇権を目指さず、第三国の覇権化にも反対することを謳っていたが、これはソ連のみならず米国もアジア最大強国と

しての地位を求めないことを示唆していた。

5) 藤原帰一「ナショナリズム・冷戦・開発」東京大学社会科学研究所編『20世紀システム　4開発主義』東京大学出版会、1998年、95-97頁。

6) Henry Kissinger, White House Years(Boston: Little, Brown, 1979), p. 55.

7) 佐々木卓也、前掲論文、34頁。

8) 欧州型の「勢力均衡」理論とその外交については、Henry Kissinger, A World Restored: Castlereagh, Metternich and the Restoration of Peace 1812-1822(Gloucesteer, Mass., Peter Smith, 1973); Hans J. Morgenthau, Politics among Nations: The Strugle for Power and Peace(New York, Alfred A. Knopf, 1948)、などを参照。

9) 入江昭『新・日本の外交』中央公論社、1991年、148-151頁；R・W・スチーブンスン、前掲書、223頁。

10) ヴィクター・D・チャ著、船橋洋一監訳・倉田秀也訳『米日韓　反目を超えた提携』有斐閣、2003年、112、144頁。

11) 田中明彦「第2次世界大戦後のアジアと戦争」平野健一郎編『講座現代アジア　4地域システと国際関係』東京大学出版会、1994年、280頁。

12) R・W・スチーブンスン、前掲書、212頁。

13) Melvin Small and J. David Singer, Resort to Arms : International and Civil Wars 1816-1980(Beverly Hills: Sage, 1982)；中園和仁・横山宏章「アジアの冷戦」細谷千博・丸山直起編、前掲書、103頁。

14) 田村晃嗣「カーター政権の在韓米地上軍撤退政策」日本国際政治学会編『国際政治』「冷戦変容期の国際政治」(107)、1994年9月、116-117頁；李分一「1970年代韓国の権威主義体制と新旧教会」アジア・アフリカ研究所編『アジア・アフリカ研究』39-4（354)、1999年10月、61-62頁。

15) 陳チョウヒン『戦後日本の中国政策：1950年代東アジア国際政治の文脈』東京大学出版会、2000年、2-4頁。なお、戦後日本の対中政策については、田中明彦『日中関係：1945-1990』東京大学出版会、1991年；添谷芳秀『日本外交と中国』慶応通信、1995年；緒方貞子、添谷芳秀訳『戦後日中・米中関係』東京大学出版会、1993年、などを参照。

16) 日米中関係の中の「台湾問題」と日中平和友好条約の締結過程での「反覇権条項」をめぐる問題については、伊藤剛「日米中関係における「台湾問題」：米中和解とその影響」日本国際政治学会編『国際政治』「米中関係史」(118)有斐閣、1998年5月、118-132頁；入江昭、前掲書、161-166頁；原栄吉『日本の戦後外交史潮：その選択』慶応通信、1984年、151、221-222頁；石丸和人・松本博一・山本剛士『戦後日本外交史Ⅱ』三省堂、1983年、237-251頁などを参照。

17) 中西寛「自律的協調の模索：デタント期の日本外交」五百旗真編『戦後日本外交史』有斐閣アルマ、1999年、154-159頁。

18) 田中明彦、前掲論文、232頁。
19) 石川忠雄「日本にとって中国」国分良成編『現代アジア　危機からの再生』慶応大学出版、1999年、12頁。
20) ヴィクター・D・チャ、前掲書、103頁。
21) チャによれば、「見捨てられ」「巻き込まれ」という用語は、日米韓3国の三角関係を指す。彼の彼は、日米韓3国で構成される三角形の相互作用を説明するため、「疑似同盟」という概念提示する。この疑似同盟は、共通の第三国を同盟国として持ちながら、相互には同盟関係にない2国間関係を指す。このモデルの最大の特徴は、日韓関係が変化を見せる際に、その決定要因として米国の政策を重視するところにある。なお日米韓三角モデルの中で、三角形の底辺をとなる2国間関係は、日韓関係を指す。多国間関係は、日韓両国を庇護する共通の超大国である米国を指し、三角形の左右2辺を形成する。
　　同上書、3、273頁。
22) 同上書、103-104頁。
23) 同上書、136、165-166、169頁。
24) 李鍾元「アジアの中の朝鮮半島」国分良成編、前掲書、206頁。
25) 西川吉光『戦後アジアの国際関係』晃洋書房、1998年、146-147頁；田所昌幸「経済大国の外交の原型：1960年代の日本外交」五百旗真編『戦後日本外交史』有斐閣アルマ、1999年、122-123頁；菅英輝「ベトナム戦争をめぐる国際関係」日本国際政治学会編『国際政治』「冷戦変容期の国際政治」(107)、1994年9月、11-29頁。
26) 入江昭、前掲書、115-116頁。
27) H. Morgenthau, New Foreign Policy for the United States(New York: Council on Foreign Relations, 1969)〔木村修三・山本義章訳『アメリカ外交の刷新』鹿島研究所出版会、1974年〕参照。
28) 入江昭、前掲書、123-125頁。
29) 藤原帰一、前掲論文、97頁。
30) 歴史的に米国が遂行した戦争には、理想主義的正当性が付与されてきた。1812年の米英戦争は「海洋航海の自由」という原則で、1861年の南北戦争は奴隷解放のための人間主義追求で、1889年の米スペイン戦争は弱小民族解放戦争で、第1次世界大戦は民主制度の守護で、第2次世界大戦は全体主義の破壊のため、そして朝鮮戦争は、反共と自由守護といったそれぞれの正当性が付与されていたのである。しかし、ベトナム戦争は時間の経過とともに、米国国内外の世論により内政干渉や弱小民族に対する非人道的虐殺などの批判を浴びており、戦争遂行の正当性を失っていた。
31) 初瀬龍平「アジアにおける地域主義の諸類型」菅英輝編著『アジア太平洋の地域秩序と安全保障』ミネルヴァ書房、1999年、4-5頁。
32) 西川吉光、前掲書、148-149頁。
33) 同上、150頁。

34) Harrson, Selig S., The Widening Gulf: Asian Nationalism and American Foreign Policy(New York: The Free Fress, 1978)；藤原帰一「アジア冷戦の国際政治構造―中心・前哨・周辺―」東京大学社会科学研究所編『現代日本社会　7国際化』東京大学出版会、1992年参照。
35) 古田元夫「社会主義とナショナル・アイデンティティ：ベトナムと中国」萩原宜之編『講座現代アジア　3民主化と経済発展』東京大学出版会、1994年、114-115頁。
36) この時期のベトナムの中国との対立の基本的要因となり、またその国際的孤立の原因ともなったカンボジア問題は、その後のベトナムの歩みに大きな影響力を与えることになった。ポル・ポト政権を打倒した後、カンボジアにおいて自らが擁立した政権への支援を、ベトナムは「社会主義陣営の東南アジアにおける前哨」としての「国際主義的義務」と位置づけていた。この限りでは、カンボジアという周辺国家に対する深いコミットメントも、ベトナムの東南アジアの一員という「地域国家」としての自覚には結びつかず、むしろ東南アジアには、カンボジア問題をめぐってASEANとインドシナという2つのブロックが対立するような構図すら形成された。
37) 西川吉光、前掲書、150-151頁。
38) 古田元夫、前掲論文、112-113頁。
39) 安保哲夫・柴垣和夫・河合正弘『日米関係の構図：相互依存と摩擦』ミネルヴァ書房、1992年、6-8頁。
40) Thomas Etzold and John Lewis Gaddis(eds.), Containment: Documents on American Policy and Strategy(New York: Columbia University Press, 1978), p.228; Bruce Cummings, "The Origins and Development of Northeast Asian Political Economy: Industrial sector, product cycles, and political consequences," International Organizations, Vol. 38, No. 1(Winter 1984), pp. 2-40; Takafusa Nakamura, The Postwar Japanese Economy: Its Development and Structure(University of Tokyo Press, 1980), pp.41-42.
41) Brian Bridges, Japan and Korea in the 1990s: From Antagonism to Adjustment (Edward Elgar publishing Company, 1993), pp. 10-11; Chong-Sik Lee, Japan and Korea: The Political Demension(Standford University, 1985), pp.49-55.
42) 鄭ヨンショク『米国の対韓政策：1945-1980』（ソウル：一潮閣、1982年)、183-191頁。
43) 坂本義和『地球時代の国際政治』岩波書店、1990年、84頁；金龍端『日韓関係の再構築とアジア』九州大学出版会、1995年、39頁。
44) 田中明彦「米・中・ソのあいだで」渡辺利夫編『戦後日本の体外政策』有斐閣、1985年、240頁。
45) 古田元夫、前掲論文、113頁。
46) 武者小路公秀・蝋山道雄編『国際政治』有信堂、1976年、82、84頁；中嶋嶺雄『中ソ対立と現代：戦後アジアの再考察』中央公論社、1978年；中嶋嶺雄『国際関係論』、前

掲書、201頁。
47) Bruce Cummings, "Power and Plenty in Northeast Asia," World Policy Journal 5-1(1987・88 Winter), pp.79-106；滝田賢治「冷戦概念と現代国際政治史」細谷千博・丸山直起編、前掲書、20頁。
48) 佐藤信一「ベトナム戦争後のアメリカ」福田茂夫・佐藤信一・堀一郎編著『世紀転換後の国際政治史』ミネルヴァ書房、2003年、30-31、35-36頁。
49) ヴィクター・D・チャ、前掲書、143頁。
50) 加藤弘之「内側から見た中華経済世界」『〈南〉から見た世界　01東アジア・北東アジア』大月書店、1999年、50-52頁。
51) 姫田光義「〈南〉としての東・北東アジア世界を考える」、同上書、24-25頁。
52) ギー・ソルマン著、大村喬一訳『悩める第3世界』TBSブリタニカ、1989年、23頁。
53) 末廣昭「開発主義とは何か」東京大学社会科学研究所編『20世紀システム 4開発主義』東京大学出版会、1998年、2-3頁。
54) 同上論文、13-46頁。
55) 岩崎育夫「開発体制の起源・展開・変容」、同上書、123頁。
56) 同上論文、132-133頁。
57) 渡辺利夫『新世紀アジアの構想』筑摩書房、1995年、39-40頁；ちなみに、アジアNIESの経験に関しては、エズラ・F・ヴォーゲル著、渡辺利夫訳『アジア四小龍』中央公論社、1993年参照。
58) 恒川恵市「経済発展の政治的起源」東京大学社会科学研究所編、前掲書、149-156頁。
59) OECDレポート（大和田徳郎訳）『新興工業国の挑戦』東洋経済新報社、1980年（The Inpact of the Newly Industrialising Countries on Production and Trade in Manufactures, 1979）参照。
60) 平川均「NICsはアジアの未来か」板垣雄三・荒木重雄編『新アジア学』亜紀書房、1987年、121-122頁。
61) 岩崎育夫、前掲論文、134-137頁。
62) 一般に「ナショナル」という形容詞が「アイデンティティ」につけられるとき、この言葉が政治社会の無題で威力を発揮する。元々、この用語は、複雑で新しい状況を迎えた国際社会と国内社会が生み出す様々な問題を整理・分析（「思考の実験」）するための概念として案出されたものである。
　　この「ナショナル・アイデンティティ」論の具体的な考え方やその事例などについては、中谷猛・川上勉・高橋秀寿編著『ナショナル・アイデンティティ論の現在―現代世界を読み解くために―』晃洋書房、2003年を参照。

第5章
新冷戦の展開・終結と東アジア

第1節　新冷戦の形成と東アジア的拡大

1．米ソ対立の急進と欧州・日本・中国

　1970年代半ば以降の米ソ関係は緊張を高めていたが、1979年ソ連軍のアフガニスタン侵攻は両国関係を決定的に悪化させた。同年12月27日、アフガニスタンでクーデターが起こり、親ソ派のB・カルマル政権が発足した。ソ連はカルマル政権の要請に応える形で10万人規模のソ連軍をアフガニスタンに進出させ、首都や主要都市・拠点を制圧し反カルマル勢力と戦闘を行った。米国のG・カーター政権は、ソ連の行動に対して1980年1月、SALT（第二次戦略兵器制限条約）批准延期、対ソ穀物輸出大幅削減、輸出制限などの制裁措置とモスクワ・オリンピックのボイコットを西側諸国に呼びかけた。しかもペルシャ湾岸の石油を中心とした米国の死活的利益を守るために国防費の増額を発表した[1]。

　1980年の米国は、イラン米大使館人質救出作戦失敗とソ連のアフガニスタン侵攻を招いたカーター政権への幻滅や国内での強硬派の台頭が強まり、同年11月の大統領選挙では共和党のR.W.レーガンが当選した。レーガンは「強い米国の復活」を訴えて「レーガノミックス[2]」を推進し、またソ連を「悪の帝国」と呼びながら軍拡路線をとって応えた。こうした新たな米国の反ソ・反共主義の

強調によって、米ソ関係は、「新冷戦（cool war）」と呼ばれる、最も冷え切った状況を迎えた。それは、米国のSDI（戦略防衛構想）とともに、ソ連圏以外の地域で共産主義と戦う親米的な政府を積極的に支援するという「レーガン・ドクトリン」によって最も象徴的で体現された。

米国のレーガン政権は、ソ連のSS20に対抗してユーロミサイルの配備を進めたほか、SDI開発を始め国防費の増額と米軍の増強に取り込み、力の立場からソ連の譲歩を迫った。しかしソ連は、米国の軍事力の増強に対抗する経済力を持たず、SDIには強く反対するが、その一方で戦術核ミサイル（SS20）を東ヨーロッパに配備し、これに対応して西側はパーシングII型ミサイルを配備するなど、米ソ間の軍事的対決が深刻性を帯びていた[3]。こうして1980年代前半、東西冷戦は復活し、再び米ソ間の対立は激化したのである。しかしソ連は、極度の農業不振に苦しむなど、ソ連の経済力にはさらなる軍備増強や同盟諸国への経済援助を続けるだけの余力はもはやなかった。

1980年代初期は、米ソ緊張以外にも国際的危機が非常に高まっていた。ソ連のアフガニスタン侵攻は、社会主義システムの頂点では革命戦争のイデオロギーがなお失われていないことを示した。ソ連軍はアフガニスタン革命の理想と社会主義的国際主義の課業のために派遣され、親ソ政権を擁立したのである。しかし、反ソ的なイスラム反乱軍との泥沼の戦争の中に沈み、ソ連は重大な打撃を受けていた[4]。また米国のグレナダ侵攻とイラン・イラク戦争の勃発、レバノンでの武力衝突が続いた。1982年には、フォークランド戦争が勃発した。英国とアルゼンチンの間にフォークランドの主権をめぐる紛争が、アルゼンチンの一方的な武力占拠によって戦争に発展したのである[5]。

そして、東欧圏の国内紛争（ソ連ブロックの動揺）は、新冷戦の文脈で捉えられた。1980年、ポーランドでワレサが率いる、社会主義圏として初の共産党の枠外で成立した労働組合の「連帯」が組織され、急進的な労働条件改善要求を掲げて大々的なストライキを決行したため、1981年12月、ヤルゼルスキ首相・共産党第一書記は非常事態（戒厳令）を宣言し軍政を敷き、6千人もの「連帯」活動家を逮捕した[6]。レーガン政権はこの動きに対し、戒厳令の背後にはソ連が存在しているとの判断からソ連機の米国乗り入れ禁止などの対ソ制裁措置を

発表し、翌1982年には西側諸国がこれに追随して対ポーランド制裁措置を施行した。このポーランド危機は、ヤルゼルスキ政権が「連帯」を根絶しないまま1982年12月に戒厳令を一部解除したため鎮静に向かった。

こうした国際危機という状況下で1983年9月、大韓航空機が迷走しサハリン上空でソ連戦闘機によって撃墜される事件が起こり、米国は日本の自衛隊が傍受したソ連戦闘機の交信記録を公表してソ連の責任を追及し、民間機撃墜行為の非人道性においてソ連を国際的批判の矢面に立たせた。また同年10月には、ラングーンのアウンサン墓地爆発事件が起こって韓国閣僚が爆死し、朝鮮半島の緊張は頂点に達した。このような東西間の緊張が高まる中で、米ソ外相会談の中止、INF削減交渉の中断、翌1984年のロサンゼルス・オリンピック大会の東側諸国ボイコットなどが行われて米ソ両陣営の関係は最悪となり、大国関係が最も緊張する段階となった。

ところが、ソ連では1982年2月にブレジネフが亡くなり、後を継いだ実務派のアンドロポフ書記長も翌1984年2月に急死し、保守的なチェルネンコ書記長も翌1985年3月に死去するなど、短命政権が続いた。しかし不安定下のソ連は米国とは対照的に、長く続いた冷戦期の軍備拡張に伴う負担を認識し、軍縮、対西側関係改善のために努力し続けた。またレーガンの新冷戦路線の副産物として中ソ関係にも好転の兆しが現れた。すなわち、ソ連は欧州でのINF（中距離核戦略）配備に対応するため中ソ国境への地上軍配備の見直しを迫られ、1982年10月からアフガニスタン侵攻以来に中断していた中ソ次官級会談の再開と中ソ両外相の相互訪問が実現したのである。

こうした新冷戦の複雑な状況は、1950年代冷戦と比べて、大きな違う条件を内包していた。第1に、数次にわたるデタントのプロセスは、かつての米ソ・ブロックを弛緩させ国際政治構造を相対的に多極化させた。その結果、新冷戦期においては米ソ両国のリーダーシップ、統制力は大幅に低下していた。第2に、冷戦の戦場はヨーロッパと東アジアであったが、新冷戦のそれには第3世界が加わった。第3に、様々な「局地戦争」と「局地紛争」に巻き込まれる「偶発核戦争」「限定核戦争」の可能性が高まっていた。第4に、数次にわたるデタントのプロセスの経験は、その遺産としてコミュニケーション機能を制度化させて

いたのである[7]。

　東西デタント期から新冷戦に至る移行期のヨーロッパは、新冷戦の潮流と密接に関わりながらも、ヨーロッパの内部で静かな、しかし大きな新しい変化への潮流が生まれてきた。その新しい変化のきっかけは、ユーロミサイル問題の波紋であった。NATOは1960年代後半以降デタントを推進してきたが、1977年ソ連のSS20配備はNATO参加の欧州諸国の懸念を決定的に高めたのである。ことに、欧州の安全保障上の均衡が崩れることは、東西冷戦の最前線たる西ドイツにとって大きな脅威と見なされ、ついに1979年の「NATO二重決定」を主導した。この決定が、ソ連のアフガニスタン侵攻とともに本格的な新冷戦開始への契機となっていた[8]。

　しかし、その一方で両ドイツ社会には、国際情勢の変動を動かす新しい変化の潮流が顕在化していた。その第1の潮流は、米ソ間の緊張が緊迫化する中でも、東西両ドイツの間では双方の交流（東方政策）が継続されたことである。また第2の潮流は、デタントと新冷戦への移行が平和運動や人権擁護組織などの市民運動を両ドイツ国内で活性化させたことである。そして第3の潮流は、米ソ関係に左右されない「欧州」という独自の地位が浮上したことである。この時期に醸成された新しい潮流は、1980年代初頭の米ソ新冷戦への移行にもかかわらず底流として成長を続け、1985年ソ連にゴルバチョフが登場して再び国際情勢が変動への契機をつかんだとき、一気に顕在化することになった[9]。

　ところが、米ソ両国にとって新冷戦政策は、対ヨーロッパが基軸であり、東アジアは副軸の地位を占めていた。従って、米ソ両国の対東アジア政策とは、この地域問題自体を解決するための「自生」的なものではなく、ヨーロッパ問題に対処する過程で「派生」されたものが多かった。加えて、東アジア政策の決定過程では中東政策とも深く絡み合っていた。そのため、米ソ両国の対東アジア政策は、ヨーロッパ政策と比べて無計画的・被動的であり、政策的一貫性が欠如していた。米ソ両国の政策担当者らは、そのシステム・思想・原理的な戦略環境が著しく異なるヨーロッパの経験から学び身につけた方式で東アジア問題を処理しようとし、政策的混乱と試行錯誤を繰り返すことになったのである[10]。

　日本は、新冷戦という国際情勢を背景に対米安保関係を強化し、米国のグロ

ーバルな関与政策と絡み合う形で日本外交をグローバルに拡大し、経済大国から「国際国家」に脱皮しようとした。しかし、それは同時に、米国との深刻な経済摩擦を引き起こし、安全保障分野への経済的摩擦の波及、日本型経済システムの問題化、米国の対日修正主義の台頭が顕在化していた。また、日本と東アジア諸国との歴史認識の再燃、ヨーロッパ諸国との対立の火種も伴った。新冷戦の形成は、日米関係の緊密化と同盟化、そして日本外交のよりグローバルで積極的な展開の契機となったが、その反面、日本の国内政局は、各種汚職事件の発覚と頻繁な政権交替などのような混迷を続けていた[11]。

中国は、文化大革命を裁く裁判が行われ、鄧小平・胡耀邦・趙紫陽体制が維持され対外に国際政治・経済システム参入の政策をとっていった。そのため、中国は新冷戦状況の急進に対して比較的に冷静で超然的な中立性を保持し続けた。1980年代初期から経済開放政策のもとで資本主義的要素を取り入れ始め、次第に「経済開放内」に「経済活性化」政策を一層進めるようになった。1986年には外資導入合併も発展し、貿易額も上昇した。また、農業に生産請負制・都市に市場メカニズム・企業の独立採算制がとられた。そして、1987年の第13回党大会以来、上からの政治改革が進められた。このように、日米中ソ4大国間の対立と緊張緩和を繰り返す中でも、冷戦構造変容への兆しが現れていた。

2．北東アジア諸国の新冷戦への対応

(1) 日米安保の同盟化と経済のライバル化

レーガン政権の「力による平和」のメッセージは、直ちに新冷戦に繋がったが、東アジアの親米諸国では米国の同盟諸国への安全保障コミットメントの再確認として受け止められた。そして、レーガンの対ソ強硬方針は、日韓両国にも大きな影響を及ぼし、ついに日米・日韓同盟の強化と、日韓疑似同盟を再確認することになった。日韓疑似同盟とは、共通の第三国を同盟国として持ちながら、相互には同盟関係にない2国間関係を指す。ソ連の脅威に対抗するため、米国の日本に対する安全保障コミットメントは強固であり、日本は米国からあらゆる問題について協議を受ける待遇を享受していた。日本は米国との緊密な

パートナーシップを手に入れたのである。韓国にも同様の影響が与えられた[12]。

1980年代前半の国際情勢が緊張の度合いを高めつつある中で、日本は「日米同盟」や「日米運命共同体」のように、米国と軌を一にして、アジア・太平洋におけるソ連の脅威の高まりを認識し、米国との安保関係の緊密化を図ることになった。そして、防衛力の整備を加速化させるとともに、「日米防衛協力のための指針（ガイドライン）」を軸に、日米共同作戦を視野に入れた「有事研究」と対米防衛協力に踏み出していた。米国は、カーター政権の時には、日本に防衛予算の増額を強く求めていたが、レーガン政権の場合は、日本に対して防空・対潜能力の向上を強く求めた。なお、こうした日本の防衛政策の見直し動きは、東アジア諸国からの軍事大国化への懸念を引き起こした。

日米関係は、1982年11月、強固な日米同盟基軸論者の中曽根政権が誕生すると一層強まった。1983年1月、中曽根首相は、ワシントンでレーガン大統領と首脳会談を行い、日米関係の運命共同体性と「同盟関係」をはっきりと再確認し、また『ワシントン・ポスト』紙との会見の中で、有事において全日本列島の「不沈空母」論と「四つの海峡の完全支配」論を打ち出した。中曽根政権は、国内で財政再建・行政改革に取り組んでおり、「小さな政府」や規制緩和を目指す新保守主義という点でも、米国のレーガン政権や英国のサッチャー政権と思想的基盤や政策志向を共有していた。こうして1980年代は、国際政治の中でイデオロギー対立が政策の明確な座標軸となりえた最後の時代となった[13]。

日本の中曽根政権は、新冷戦時代の国際潮流に合致して、より大胆な政治外交手腕を発揮しようとした。しかし、米国での中曽根の一連の言動は、日本国内で野党と世論の強い反発を生み、内閣支持率が急落した。対米配慮と国内の支持調達は、日米安保関係をめぐる日本政府の宿命的なジレンマであった。それでも、安全保障問題での中曽根内閣の積極的な姿勢は変わらなかった。1983年5月の第9回先進国サミットが米国のウィリアムズバーグで開催されたが、このサミットでは、「インフレなき持続的成長」や「通貨安定の多角的監視体制」など、経済政策でのさらなる協調が謳われたほか、安全保障面でも西側の結束が明確になった。

1983年11月にはレーガンが訪日し、日米首脳会談を行い、日米両国の友好関

係を強くアピールした。その後、中曽根は防衛費の対GNP比1％枠の突破と「中期防衛力整備計画」を断行した[14]。その背景には、1986年7月の衆参両院同日選挙での自民党の圧勝と、円高による在日米軍駐留経費高騰への配慮などがあったが、中曽根は選挙圧勝で自民党総裁任期を1年延長させた。この間、1985年4月には米国空軍の戦闘爆撃機F-16（核兵器搭載可能）の三沢基地への配備（48機）と1986年9月には米国のSDIの研究に日本の参加も閣議で決定させた。それは、「戦後政治の総決算」を標榜する中曽根内閣の政治的意思であり、こうして「ロン＝ヤス時代」の日米関係が着実に実質化していった。

しかしその一方で、日米の経済的ライバル化、つまり経済摩擦は頻発した。そこには米国国内の膨大な貿易赤字と財政赤字という背景があり、さらにその根底には日米貿易赤字の一方的な増加問題が潜んでいた。この時期の日米経済関係は、日本の対米輸出のほとんどが工業製品であるのに対して、米国の対日輸出は食料品や第1次産品の割合が高く、先進国と発展途上国の間の貿易パターンに近かった。そして、1980年代前半の日米経済問題は、個別品目をめぐる自主規制が中心となり、貿易摩擦の争点も日本の集中豪雨的輸出問題を中心に行われた[15]。1980年代の後半には、為替レートや経済構造をめぐるマクロ経済政策が中心となり、貿易摩擦の争点も、日本市場の閉鎖性に力点が移っていた。

日米両国間には、自主規制と称する貿易協定を次々に結び、米国への直接投資を行って米国内の雇用と内需を支え、日本国内の市場開放と輸入拡大に努めた。それでも日本の対米輸出は増え続けた。米国には「日本異質論」が流行し、「ジャパン・バッシング」と称される対日批判が噴出していた。これに対応して日本はアクション・プログラムを実施し、日本製自動車や鉄鋼、そして半導体などの対米輸出自主規制の実施と、米国の農産物（牛肉・かんきつ類）輸入の対日輸入割当などを実行した。日本でも中曽根首相が前川春雄（元日本銀行総裁）を座長に「国際協調のための経済構造調整研究会」を発足させ、1986年4月には、「前川レポート」が発表された[16]。

とにかく、1980年代の日本は、全方位外交から日米基軸（同盟）へと転換したが、その一方では日米の経済摩擦（ライバル）が顕在化していた時代となった。日本経済の構造的問題については、日本政府も自国経済の躍進と国際経済

の歪みとの間の関連を認めた上で、内需主導型の経済運営と市場アクセスの改善、規制緩和などの経済政策の見直しによって、国際経済秩序の維持に貢献しようとした。そして、日本国内では、1980年代の末に「国際化」という言葉が盛んになった。日本の国際化とは、日本を国際社会（ことに、対米関係）から孤立させず、その中にできるだけ組み入れることを示していた。

(2) 日米韓3国の反共体制の強化と中国

　1981年鈴木政権の下で日米間の防衛摩擦が深化する中で、日本は韓国からの圧力にも直面していた。レーガン政権はカーター政権の時に傷ついた米韓関係を修復すべく、韓国全斗煥大統領を政権初の国賓として選んでいた。米国との関係改善に自信をつけた韓国は、日韓関係を「特別な関係」と強調しながら、北東アジア地域の安全保障上の考慮から日本に巨額の安保絡みの対韓借款を求め始めたのである。韓国が朝鮮半島の38度線で北朝鮮と対峙していることによって、日本の防衛の肩代わりも果たしているのだから、日本は韓国を援助する義務があるという論理である。そして、1981年8月の日韓外相会談で、韓国側は具体的に60億ドルに上回る対韓借款要求を打ち出した[17]。

　この安保絡みの借款問題が解決を見ぬうちに、今度は教科書問題が日中関係・日韓関係を襲った。1982年6月に、文部省が歴史教科書の検定過程で、日本のアジア「侵略」という表現を「進出」に改めさせたと、日本国内で報道されたのがきっかけになった。韓中両政府はともに日本政府に抗議した。ところが、これに松野国土庁長官が「内政干渉」と発言したため、この問題はさらに紛糾した。結局、日本政府の責任で検定内容を是正することになり、この問題は一応決着したが、この事件は隣国の「歴史カード」に対する日本政府の弱腰と、過去を反省しない不遜な日本の大国主義と映り、日本の東アジア外交が抱える歴史的な負の遺産と脆弱性を、改めて見せつけるものであった[18]。

　その後の中曽根政権は、外交分野では安全保障を重視して明確な独自性を展開した。中曽根は日米同盟関係を、大きく前進させたのである。1983年1月、中曽根首相は初の外遊先として韓国を訪れた。日本首相の韓国公式訪問は、戦後初めてのことであった。そして、懸案の経済協力問題では、韓国側が安全保

障との絡みを取り下げ、借款を7年間で総額40億ドルとすることで決着を見た。中曽根＝全の両国首脳は「日韓新時代」に入ったと表明した。戦後日本の外交は、日米関係の文脈で朝鮮半島の安全保障問題に関与してきたが、この時の中曽根訪韓にも、米国で高まる対日防衛力増強要求に対韓協力で間接的に応え、その直後の訪米への手土産にする意図があったのである[19]。

さて、1980年初期の米ソ両国の新冷戦下で東アジア冷戦の溶解を推進した主役の1つは、中国であった。1980年代前後の鄧小平が実権を握るに至って毛沢東時代の革命外交路線は変化した。すなわち、改革開放路線・近代化建設への重点移行に伴う、経済を中心とする西側との交流が活発化したことである。外交論的に見れば、従来の「敵」と想定した国際統一戦線といった準軍事的外交から、特定の「敵」を想定しない「全方位」「是々非々外交」と呼ばれる平和共存路線の優先的な推進であった[20]。それは、中国国内の近代化建設を最重視する上で、当然の帰結であった。この間、東アジアでは日米中が、ソ連の影響力拡大政策と対決するという構図ができ上がっていった。

中国は、1970年代後半の鄧小平による改革・開放路線が模索され、1980年代初期以来には本格的な改革・開放路線に踏み切った。こうして中国は、西側諸国との関係が経済・技術交流を軸に急速に深まり、なお周辺アジア諸国との経済交流も拡大していった[21]。冷戦という状況の下では、中国が東アジア諸国との貿易関係を重視しても、それは非常に制限的なものであった。しかし、1970年代以降の東アジアの非社会主圏諸国が急激な経済発展を成し遂げ、それが中国側に経済発展モデルへの認識を変化させた。東アジア諸国の経済発展のダイナミズムが中国の対外経済政策に大きな影響を与えたのである[22]。こうして中国は、「自力更新」という第3世界に大きな影響力を持った「中国モデル」の核心を放棄して「改革・開放」という現実路線へと転換させた[23]。

中国と東アジア近隣諸国との関係は、政治面で様々な課題を積み残しつつも、経済面を中心に急速に変化していった。1980年代に入って中国対外政策の転換とともに、両者間の貿易額は急増し、さらに同時期の対中外国直接投資においてもアジアNIESのシェアが圧倒的となった。中国が資金面でNIESへの依存を深め、また直接投資は生産・経営技術の移転をもたらしたのである。こうした

過程が中国の経済発展に新しいダイナミズムをもたらし、外資系企業の活動を通じて中国を国際分業のネットワークに組み込ませた[24]。中国の改革・開放路線は、1980年代の世界冷戦と東アジア冷戦の分化を顕在化させる一要因となったのである。なお、中ソ関係は1980年に解消されており、北朝鮮と中国、ソ連の同盟関係は多分に実質を伴わないものになっていた。

3．冷戦論理の矛盾と相剋

そもそも東西対立は、権力政治とイデオロギー対立という二重の対立であった[25]。まず、東西のイデオロギーの対立には2つの特徴があった。その1つは、どちらの体制（資本主義・共産主義）もが人民の「多数者」の利益が保障することを正当化の論理としていた。たとえ少数者の実質的な支配や優位の支配であっても、体制正当化の論理は共通していたのである。もう1つは、2つのイデオロギー対立は両立不能の背反関係に立つものとして双方が認識しているが、相手に勝つことを通じて自らが生き残り、それによって「よい社会」が実現すると考える点では共通していた。

次に、東西の権力政治的対立は、2つの特徴があった。その1つは、核兵器体系が常に少数者の決定者によって多数者を抹殺するという構造を極限的に示していた。国民の多数者のための全面戦争という理性と正気を欠いた倒錯の論理である。もう1つは、核戦略が相手に勝って生き残り、「よい社会」を実現するという論理ではなかった。当初は、米国がソ連市民を、そしてやがて米ソが相互に人質となる関係が生まれた。その意味で、米ソの核抑止戦略とは、大量の相手国市民だけではなく、大量の自国国民さえ人質にするものであった。しかも、終わりなき軍備競争の結果、米ソ両国が自国を含む人類全体を人質にするという「非人道的」「非文明的」な論理構造を内包していた。

実際に、1980年代における新冷戦下の米ソ両国の対立は、政治権力の世界的組織化とイデオロギーの全面的組織化が行き詰まり、1950年代の冷戦状況とは著しく異なる様々な問題を顕在化させていた。まず、新冷戦下の「権力政治的側面」から見た場合、米ソ両国の権力政治的な対立は、権力のグローバルな構

造や、それに内在するディレンマがあり、具体的には以下の3つの次元で現れた[26]。

第1に、核兵器とミサイルとを典型とする「究極の兵器」の高度化によって、東西の権力的対立は、世界全体の生存を賭するリスクを高め、ここで権力抗争的な権力政治の根本的ディレンマに直面していた。第2に、国際権力組織の両極化とそのブロック化との矛盾的な問題がある。すなわち、冷戦が進行するにつれ、国際的権力の両極化は、動かしがたいほどに固定化されていたのである。そして、各国の政治権力は、軍事同盟や海外基地の網が規模と密度で地球を覆うことなど、2つの極を中心に高度に組織された。

しかしその一方では、権力の国際的ブロック化の下で、各同盟内で米ソという大国の利害が圧倒的な比重を占め、他の国はその利益を犠牲にすることになり、その結果保護者はしばしば支配者に転じていた。しかも米ソの保護が必ずしも防衛の機能を営みえないという条件の下では、組織化が濃密であればあるほど、米ソに共通の「大国主義」に対する他の国々の反発が累積してゆくことになった。こうした高まる同盟内の緊張は、米仏間や中ソ間のような同盟体制の弱体化の形をとって現れ、他方では韓国、フィリピンなどの米国に対する関係のように、各同盟諸国が同盟の維持強化の名の下に大国の負担を強要し、大国はいったんつくられた組織網に逆に拘束されることもあった。

第3に、権力政治のグローバルな対立という構造は、単に各国家権力の国際的組織化に止まらず、必然的に権力の国内的組織化の強化促進へと繋がる。現代戦争が国民全体を人的、物的、精神的に総動員する総力戦であるように、冷戦も総力戦的準備を必要とするため、平時においても「兵営国家[27]」の体制が持続する。そこで軍隊の組織原理は国家の組織原理へと拡大適応され、兵営国家が現出する。つまり、①軍部の権力中枢における比重と政策決定への影響力の増大（政治体系の中の軍事体系の肥大化）、②政治体系そのものの軍事化（文民政治家の軍事的思考と行動）、③兵営国家体制下の思想統制と組織化、④外部の敵と内部の敵との争い（国際・国内冷戦）などの病理現象が現れる。

次に、「イデオロギーの側面」から見た場合、冷戦論理の特有性は、イデオロギーの対立がトータル的な対立であった点にある[28]。トータルなイデオロギー対

立とは、原理的に民衆全体の解放を理念とする点で東西が共通するからこそ、かえってそこでの対立が全面的なものになることを指す。こうしたトータルなイデオロギー的闘争を行うためには、トータルなイデオロギー的組織化が必要である。しかし、そうしたトータルな組織化は、トータルな解放という原理と様々な自己矛盾と相剋を発生させる。こうしたトータルなイデオロギーの対立は、2つの形で現れていた。それは、「全面的民族解放のイデオロギー」と東西両陣営それぞれの「民主主義」論である。

前者の「全面的民族解放のイデオロギー」の場合、戦後の米国側は、被支配民族解放の原理に決定的にコミットすることになった。その根底には、植民支配に抵抗し、ナショナリズムと独立運動を擁護する米国の建国と独立の精神が原理的に普遍性を持ちうるイデオロギーであった。その反面、ソ連側は民族問題が反帝国主義の観点から理論づけられて以来、普遍的な民族解放が主要なイデオロギーの1つとなってきた。東西双方ともが、被支配民族の全面的解放という形での、民衆の世界的・全体的解放のイデオロギーにコミットすることにおいて対決し続けたのである。しかし、他民族の全体的解放を組織的に支持する政策は、容易に他民族の組織的支配の政策に転化しがちである。

かつてはナチ・ドイツに抗して東欧諸民族の解放闘争を支援したソ連が、それらの国々を衛星国と化し、米国が反共「巻き返し政策」を東欧の「解放」という名分で正当化したのはその好例である。つまり、トータルな民族解放のためのトータルなイデオロギー的組織化は、明白な自己矛盾を内包する。したがって1970年代には、敵とのイデオロギー闘争で勝ち抜き、民族解放の擁護者として立ち現れるためにこそ、一元的なイデオロギー的組織化を放棄し、その多元化を承認する必要があった。そして、東側の共産圏内部では「社会主義への多様な道」の公認という形でナショナリズムが再確認され、米国側でも、米国的反共主義に同調しない国は敵と見なすというイデオロギーの一元的組織化を修正し、非共産主義イデオロギーの多元的存在を制限的に認めるようになった。

後者の場合は、被支配層の全面的解放、ひいては人間の平等と解放とを意味する「民主主義」を双方ともが主張するという形をとって現れた。そしてこれは、大衆運動の擁護とその国際的組織化の試みとなって具体化された。東西の

国内体制のイデオロギー的対立については、東側はこれを「社会主義対資本主義（帝国主義）」と定式化し、西側は「民主主義（または自由主義）対共産主義」と表象していた。こうした双方の定式化が、東西対立の本質を自分に有利に定義しようとしたため、東西対立の解釈上の対立が見られた。そして、「民主主義」のそれぞれの意味や実態がどう異なっても、2つの体制は「民主主義」という共通のシンボルとそのイデオロギー的正統性を争う対立が行われたのである。

　1980年代米ソ間の新冷戦の展開は、世界各国にイデオロギー的選択と軍事ブロックへの参加を再確認し、かつ強要させた。こうして各陣営のそれぞれの国および国民が態度を決定していく上で、国際的状況と各国内政的な諸条件が重要な要因となった。冷戦は、国家間の権力政治的対立と国内体制のイデオロギー的対決との二重映しを特質とし、したがって国際的状況と国内的状況との間に密着不可分の連動作用が成立した。各国における国際冷戦と国内冷戦の問題であり、いわば冷戦と内政との構造連関の問題として現出された[29]。しかし、新冷戦への対応の仕方と、さらにそこにおける国際状況と内政との結びつき方は、国々によって多様で多元的であり、決して一様ではなかった。

　1980年代半ば以降、世界的な民主化の「第3の大波」の中で現出した東アジア諸国の民主化と1989年のいわゆる東欧革命（東欧6カ国の共産体制の崩壊）は、まさに米ソ冷戦論理の自己矛盾の噴出とその相剋を顕在化した好例である。この時期の東アジア諸国の場合は、「世界冷戦」と「アジア冷戦」との分化が顕在化する中で、新冷戦の構図が変容し始めた。そして、フィリピン、韓国、台湾、タイ、中国などの国々には、内発的な自由化と民主化への動きが噴出し、その影響がソ連や東欧圏にも波及していった。それぞれ歴史的・地政学的な背景を異にしながらも、多くの国で自由と人権を求める民衆運動が高まり、各国の政治指導者の一部は、これに同調していったのである。

第2節　新冷戦の終結と東アジアの地域協力・安全保障

1．新冷戦の終結

(1) 新冷戦の終結過程

　一般的に普通の戦争は、いつ、なぜ終わり、誰が勝ったのかなどについて疑う人は少ない。歴史家たちも、その戦争がなぜ、どのように始まり、そして如何に終わったのかに対しても、あまり問わない。なぜならば、武力制圧によって戦争が終わる限り、議論の余地がないからである。しかし、冷戦は、大規模な戦争の可能性をはらみ、さらに多くの地域での戦争を招いたとはいえ、それ自体は大国間の熱戦ではなかったために、普通の戦争とは違い、冷戦がいつ、どのように終わったのか、また勝者はいたのか、はっきりしなかったのが事実である[30]。それでは、東西冷戦の変化要因や契機、さらには変化過程の実態が如何なるものであり、そこで何が変わり、また何が変わらなかったのか。

　1980年代半ば以降の米ソ両国の関係は、改善の兆しが見え始めた。レーガン政権の対ソ強硬態度は、1984年秋の大統領選挙戦を迎え、そしてレーガンの再選を見て変化しつつあった。その根底には、貿易赤字・財政赤字、そして債権国から債務国への転落などの経済事情という背景があった。1985年3月には、ソ連のゴルバチョフ政権が誕生し、米ソ緊張関係は急速に解けていった。当時ソ連の政治経済は、内側から腐食していた。こうした米ソ両国の経済困難な状況の下で1985年11月、ジュネーブで6年ぶりに米ソ首脳会談が開かれ、核兵器50％削減が確認約定され、また文化協定締結をも見た。米ソ両国とも財政困難で軍縮を望んでいたのである[31]。

　ソ連のゴルバチョフ改革は、冷戦枠組みの大きな転換（地殻変動）をもたらした。彼は、対外的には清新な新しい指導者の印象を与えたが、内政面では経済危機という難しい問題を抱えていた。ソ連の経済状態は1970年代以降に悪化しつつ、成長率も急激に落ち込んでいた。1980年代初期の経済危機は一層深刻になった。問題は、労働者の生産力低下、ハイテク研究・開発の遅れ、官僚制の硬直性・非能率、軍拡による軍事コストの増大などであった。こうした国内

情勢を背景にゴルバチョフが最初に示した政策は、国内政策においては積極的な投資による経済発展の加速化戦略、科学技術革命の推進、そして禁酒令などに代表される労働規律の強化、および人事刷新や行政改革などであった[32]。

しかし、ソ連の体制内改革だけでは経済が悪化する一方であり、そこでゴルバチョフは1987年に本格的な経済建て直し（ペレストロイカ）と、政治行政的な改革のための情報公開（グラスノスチ）を打ち出した。そして、党内の政治行政改革と民主化路線という政治改革とともに、外交からイデオロギー色を薄める「新思考外交」を展開した。ソ連の民主化路線という大胆な改革は、脱社会主義化プロセスの第一歩であり、新思考外交は、現実主義的な対外姿勢への転換と「ブレジネフ・ドクトリン」の事実上の否定を意味した。こうしたゴルバチョフ改革は、米ソ和解と東欧諸国の自由化・民主化、そしてソ連内の民族問題をも噴出させ、ソ連・東欧ブロックとソ連自体の解体をもたらした[33]。

軍事・安全保障面でも、1987年ゴルバチョフの大胆な対米譲歩によって米ソ間のINF（中距離核戦力）の削減交渉が最終的に合意に達した。INF全廃条約は、史上初の核軍縮であり、その意味で「冷戦の終わりの始まり」となった。この条約を契機にヨーロッパからのSS20とパーシングⅡの撤退、米ソ指導者の相互訪問、全欧安全保障協力会議（CSCE）の進展と戦略核兵器削減交渉（START）も顕在化した。1989年にはソ連軍がアフガニスタンからの撤退を始め、中ソ関係も大幅に改善していた[34]。こうした中で1989年5月のブッシュ（G.Bush）は、対ソ「封じ込め政策」の終結を宣言した。戦後米国がとってきた対ソ封じ込め政策という名の対ソ強硬政策は、米国自らによって終結が宣せられた。

この間、東ヨーロッパの変動は一層劇的なものであった。ポーランド、ハンガリー、チェコスロヴァキア、ルーマニアなどが相次いで政治改革を断行し、従来の反西欧、反米姿勢を変えて経済的・思想的に西側に接近していた。ヨーロッパ冷戦の象徴であったベルリンの壁も崩れ去り、やがて東西ドイツが統一国家へと向かった。そのようなドイツを米国もソ連も受け入れたということは東西冷戦のみならず第2次世界大戦も完全に清算された根拠でもあった[35]。こうした冷戦終結の過程の中で、1989年12月、米ソ首脳会談はマルタで「冷戦の終結」

を確認し、その後に他の諸国がそれを追認していたが、冷戦終結という現実は長い冷戦の過程で根深く浸透してきた冷戦的思考を超えて劇的に展開した。

そして、東欧変革とドイツ統一などにおける東西冷戦終結への急進は、ソ連国家体制そのものを解体させ、ゴルバチョフ大統領も政治の表舞台から去ることを強いられた。まず、1991年6月にはスターリンによって強制的にソ連に併合されたバルト3国の独立が認められた。また同年8月、ソ連内「保守派」によるクーデターが勃発したが、ロシア共和国大統領エリツィンを中心とした「改革派」と「ペレストロイカ」の民主化に目覚めた市民との抵抗にあってクーデターは失敗に終わった。復権したゴルバチョフは、共産党の解散を宣言し、KGBを解体した。そして同年12月には、ソ連内の11共和国がそれぞれ独立を宣言した上で独立国家共同体（CIS）を組織した。この結果ソ連は、69年の寿命を終えた[36]。こうして「冷戦劇」は終幕し、国際関係の舞台では既に新たなドラマが始まった。

冷戦の始まりがそうであったように、冷戦の終わりも、突然やってきたわけではなかった。戦後に冷戦の始まりが認識される契機になったのは、ソ連による東欧支配の過程であった。東欧支配に際してイデオロギーは強力な武器であった。その意味では、東欧の共産党政権が軒並み倒れた1989年から1990年半ばまでは、冷戦終結の最初の局面であった。米ソ協調の最後の試みであったヤルタ会談で拘束された自由選挙が44年ぶりに実施されたのである。また、米国の対ソ「封じ込め」戦略は終わり、しかも1990年欧州分断の凝縮であったドイツ問題も解決された。1991年12月にはソ連解体とロシア連邦が誕生した。冷戦が1945年から1947年にかけて徐々に姿を表したように、1989年から1991年にかけて東西対立は徐々に、しかし確実に解消され、冷戦は終結に至ったのである[37]。

近年では、従来の冷戦起源論の論争と同様に、冷戦の終結をめぐる論争が活発になっている。また、冷戦の終焉を契機として「冷戦史」研究はその豊かさを増してきている[38]。それではなぜ、冷戦は終わったのか。まず米国の封じ込め外交政策の勝利・ソ連共産主義固有の本来的弱さにあったという見方がある。イデオロギー面を強調すれば、冷戦は2つの異なる生産様式の競争だったのであり、そこで資本主義の生産力が共産主義を上回ったと考える見方である。ま

た、個人の役割に注目し、レーガンとゴルバチョフの役割を重視する考え方や「帝国」の「過剰拡張」に原因を求める見方、そして米ソ以外のアクターとしてヨーロッパのCSCEプロセスに注目する見方などがある。最近では東側における「上からの革命」に原因を求める見方も出てきている[39]。

(2) 東アジア諸国の脱冷戦化

　1990年9月、韓ソ両国は電撃的に国交を樹立したが、それは、東アジア冷戦枠組の大きな転換をもたらした[40]。また、同年9月、日本と北朝鮮との間で相互接近のための非公式会談が開かれたが、国交開始には至らなかった。さらに、中ソ間の接近も明らかとなり、1990年4月には中国首相が26年ぶりにソ連を訪問した。続いて、1991年4月には、ゴルバチョフが日本を訪問して両国関係につき協議し、いわゆる「北方領土問題」の存在を認めた。また、長く紛争が続いたカンボディアで1991年10月和平を迎え、国連カンボディア暫定行政機構が同国の再建を助けることになった。明らかに東と西との対立・緊張関係が大いに解消に向かう中で、東アジアの国際関係は明るさを増していた[41]。

　1992年中国政府は「天安門事件」以降にも、一党独裁を前提としながら「社会主義市場経済」を唱えるに至った。中国の改革路線は、大幅な政治改革には踏み込まないという点でソ連との違いを際立たせた。同年4月には韓中国交が樹立され、東アジア冷戦構造の変化に多大な影響を与えた。北朝鮮は、1980年代を通じて計画経済を進め、1991年に中国の経済特区に習って「自由経済貿易地帯」設定・豆満江経済圏の発展に努めた。1985年には、核拡散防止条約（NPT）加盟と1992年の査察協定にも加入した。しかし、孤立感を深めた北朝鮮による核開発疑惑の問題は、東アジア国際社会に大きな問題を投げかけている。なお1991年9月、韓国と北朝鮮は国連に同時加盟した[42]。

　そもそも東アジア冷戦は、東西冷戦の2つの柱となる権力とイデオロギー闘争に加えて脱植民地化と絡んだ近代国家建設とも重なり、しかも東西冷戦が熱戦化していた。それでも、冷戦の展開過程では、国際冷戦の悪化が国内冷戦への読み替えを経て増幅されて悪化するパターンを見せてきた。しかし時には、国内冷戦の激化は、国際潮流とは異なった特徴を見せたことがある。1970年代デ

タント期の朝鮮半島や台湾海峡などのように、冷戦緩和にもかかわらず、国内冷戦はかえって増幅したのである。いわば、国際冷戦と国内冷戦との「ズレ問題」である。そのため、東アジアの脱冷戦化過程においては、冷戦の東アジア的特性と国際冷戦の遺産を如何に清算できるか、という大きな問題が残っている。

　東アジアの社会主義圏には、早くから中ソ対立など多元化の萌芽が胚胎された。こうした多様で多元的な要素が、熱戦をもたらしたというその厳しい外観とは裏腹に、東アジア冷戦の崩壊を準備する1つの要因にもなった。ことに、中ソ関係が変化する契機となったのは、両国の対外政策が冷戦的思考から脱したことである。ソ連における「新思考」に基づく対外政策と、中国の「独自自主の対外政策」がそれである。1989年の中ソ和解は、この地域の冷戦の特徴であった米ソ中三極構造を根本的に変化させ、さらには中ソ両国が韓国や台湾を含むNIES諸国への経済的接近を図った。東アジアの脱冷戦過程は、米ソ中三極関係の変化と地域諸国の経済関係の変化から見え始めたのである。

　その意味で東アジア地域は、いち早く経済関係を中心とした脱冷戦過程が開始された。1980年代以降の国際冷戦枠組を超えた地域内の経済交流や、日本・欧米の資本進出による地域経済の国際化・国際分業体制の進展などが、東アジア諸国の国家体制の開放化と民主化を促進する基盤になったのである。しかし、こうした経済主導による脱冷戦過程には限界も現れた。南北朝鮮、中国と台湾の統一問題においては、確かに経済交流が問題解決の促進要因となってきたが、これを一歩進めるためには、当事者に加えて米ソ中日4大国の参加した多国間の協議が必要になったのである。今後、東アジアの地域協力と安全保障のためにも、4大国を加えた多国間の協議は不可欠になっている。

　確かに、1990年前後の東西冷戦の終結は、東アジアの各国にとっても大きな意味を持つものであった。第1に、ソ連という日米中3国にとっての「共通の敵」の存在がなくなり、第2に、東南アジアにおける「ソ連脅威」が消滅したことである。それは中ソ対立がもたらした様々な政治混乱（例えば、中越紛争、カンボディア紛争など）の根本的な要因がなくなったことを意味し、しかも関係諸国は徐々に関係の改善を図ろうとしている。そして第3に、計画経済を柱と

する社会主義的モデルと、市場経済を主とする資本主義的モデルの勝負が基本的に決着し、中国・ベトナム・北朝鮮などの共産圏を巻き込み、グローバルな規模で市場化が進展しつつある[43]。

2．東アジアの地域経済と安全保障

(1) 東アジアの地域経済

　国際冷戦と国内冷戦の状況を背景にした東アジア諸国の開発体制は、冷戦体制への対応（共産主義への対抗）と新しい国民統合の目標の設定（社会の近代を含む経済開発）の2つを柱としていた。ところが、冷戦終結は、異なる階級・階層を「国民」概念に包摂し、そのエネルギーを国家開発に動員するような体制の存続を困難にした。他方、工業化の進展と生活水準の向上は、開発政策の目標を、社会政策的なものや生活環境の改善から、より工業主義・生産力拡大主義へと傾斜させた。その結果、従来の開発体制も、これを推進してきた政治体制も、それぞれ変容を迫られることになった。また、開発体制下の工業化は大きな社会変動を招き、新しい政治・社会勢力を生み出していた[44]。

　冷戦終焉後の世界は、国際地域統合への傾向を広げていた。こうした動きは、国単位の国際関係の勢いが衰え始めたことと無関係ではなかった。最も顕著であったのは、ヨーロッパ統合への動きであり、既に経済的に統合されたヨーロッパが政治的、文化的な影響力を強めていた。ヨーロッパは、1つの統一の取れた地域社会を作り上げようとしている。また、ヨーロッパ以外の地域でも、地域的統合への傾向が顕著となっていた。「北米自由貿易協定（NAFTA）」と「アジア・太平洋経済協力会議（APEC）」がその好例である。ポスト冷戦期においては、国境を越える共同課題に対応し、利益を極大化するために、国家や社会は様々な形で連携を進めているのである。

　1980年代の東アジア諸国は、高度経済成長を成し遂げ続けた。冷戦体制への対応（国内の政治安定）と植民地的経済構造からの脱却（国民経済の自立）を目指して、経済開発政策を採用した東アジア諸国の政権は、いずれも政府主導型、あるいは政府介入型の工業化政策をとってきた。これらの国々は、工業化

に不可欠な工業化資金の動員、投資リスクの社会化、適切な産業選択を行うことになり、その結果工業化は、経済現象であると同時に政治現象化してきたのである[45]。これらの国々は、冷戦型国民イデオロギーの創出と伝統的な統治原理に基づく家族主義的イデオロギーの利用、そして立法機関に対する行政機関の優位とその肥大化の中で、権威主義体制を維持してきた。

東アジア地域の場合、経済面では、既に冷戦終焉の以前より、東アジア各国は労働力の安さを売り物に、日本企業などの輸出産業を誘致し、積極的に工業化を進めてきた。その主役は1980年代には韓国、台湾、シンガポール、香港の新興工業経済地域（NIES）であったが、1990年代以降は東南アジアに移り、さらに中国がこれに続いている。外国資本の導入を背景に工業化に成功した国々の国民所得は、急速に伸び消費市場も拡大した。東南アジアでは日本企業などのさらなる進出を加速化させ、また中国の北東アジア経済圏接近の動きが顕在化した[46]。1980年代の日本は、東アジア地域に対する積極的な関心が広まり、国益極大化への「機会」として捉えながら経済関係を深めていた。

こうして東アジア諸国は「重層的経済空間」となり、世界の「成長地域」となっていた。ことに、1980年代半ば以降の中国と周辺諸国が取り結ぶ「局地経済圏」は、東アジアのダイナミズムを一層促進させた。日本企業は、円高にもなって海外生産化や現地生産化などの東アジア進出を急速に促進させることになり、その結果、東アジア各国の産業構造を連結させながら東アジアに対する日本の需要吸収者機能を高めるのに貢献した。そして、日本経済の構造転換がNIESやASEAN諸国にとっての新しい与件となり、しかも中国の参入によって「局地経済圏」を形成させた。このような地域主義化の下で、東アジア諸国は、権威主義的開発体制と東アジアの冷戦体制をも溶解させていたのである[47]。

その後、NIES諸国は、円高の「受益者」として対日・対米輸出を拡大し経済的高揚を見せたが、その成功の帰結として生まれた通貨調整（通貨切上げ）と賃金上昇、さらには米国の保護主義への対応（「バッシング」）に直面して、厳しい構造転換を迫られた。そしてNIES諸国は、日本と同じく内需主導型の成長パターンに移動したが、その過程で輸入の拡大をもたらし、NIES諸国が日本とともに東アジアにおける後発開発途上国（当時のASEAN諸国・中国）の需要

吸収者としての地位を強め、この地域の相互依存関係を強化する要の位置を確保したのである。つまり、NIES諸国における内需主導型成長パターンの定着とそれに伴う輸入の大幅拡大の受益者は、東アジアの後発国であった[48]。

このように日本と並んでNIES諸国は、東アジアの後発諸国の成長を誘発していた。東アジアにおける冷戦構造の「溶解」を契機に、アジア社会主義諸国と、それを取り巻く東アジア諸国との間に潜在してきた補完関係がにわかに顕在化した。つまり、NIES諸国は東アジアにおける構造変動のダイナミズムを中国に伝播して、後者をこの地域の連鎖的発展の最後の「アクター」とする役割をした。しかしその一方で、東アジア諸国の政治体制のあり方には多くの問題があった。それは「強権政治」の存在である。東アジア諸国の中では国内において政治的抑圧や反民主化の動きがあり、政権維持のためにはしばしば強権発動が行われたのである。

そしてこの間に、東アジア地域の経済は、資本主義の様式とこれを正当化させるイデオロギーをめぐる2つの相衝する立場、すなわち自由市場と自由貿易を選好する「欧米的資本主義」と、国家の市場介入を選好する「アジア的資本主義」との葛藤が浮上した。アジア的資本主義は、関税および低廉な融資、政府の購買政策、産業政策などの側面で自由市場の不確定性を緩和しながら、経済目標を達成させるため、国家の市場介入が必要であると主張する。その反面、欧米的資本主義（自由貿易地帯化）は、経済ゲームで部分的に勝利した東アジア諸国からその経済的成功の体制的基盤を奪うことで競争での勝利を狙うものである。これらの問題をめぐっては、日米両国の間に激しい争いが行われた[49]。

1980年代半ば以降の日本は、大資本を東アジア地域に投資し、企業を中心とする多国間の「分散生産する相互補完的で依存的な域内分業体制（水平的・垂直的統合）[50]」を完成させた。その結果、日本の経済が地域化する現象が現れた。日本は東アジア諸国を日本の「金融・産業系列体制」に編入させ、独占的な日本市場を構築したのである。ことに、日本と東南アジア諸国の場合は、日本企業が投資した会社らで生産した商品を輸入し、この会社らに必要な機械と原資材を輸出するという「保障された輸出入」関係を形成したので、日本経営側は利潤追求のための自由貿易を要せず、ここで日米間の葛藤が深化すること

になった[51]。

(2) 東アジア地域の安全保障

　冷戦終結期の国際社会は、世界の各地域で冷戦時代の対抗的な同盟とは異なった共通の安全保障のルールを確立できずにいる。その結果、個々人のレベルでは普遍的に正しいと思われる人権の尊重と法治主義、民主主義や社会平和といった正義は、容易に力とはなっていないのが実情である。むしろ、アナーキズムの見方に基づく「力が正義」といったリアリズム思想が、国際社会ではなお根強く機能している。こうした流れは、特に宗教や人権、文化の違いを徹底的に際立たせるエスノナショナリズムの対立および衝突に見られるし、またネーション・ステート間の権威や利益をめぐるナショナリズムの対立および衝突が見られるようになった[52]。

　ポスト冷戦期の世界的な地域主義の動向に比べると、東アジアは立ち遅れている。地域を包括する何らかの多国間枠組が存在しない唯一の地域である。NATOやASEANなどはもちろん、紛争の絶えない中東や南アジアにおいても、たとえ名目的なものであれ、地域協力機構が存在する中で、東アジアにはまだ公式の地域的枠組の形成に至っていない状況の異常さは際立つのである。近年日本の場合は、東アジア地域に対して、政府の政策と世論の両面で、1980年代とは違って消極的な見方が一般的になっている。日本では、いま東アジアという地域は「機会」ではなく、「脅威」という認識が広がりを見せているのである[53]。

　東アジアの地域協力枠組の立ち遅れには、様々な制約要因がある。何よりもまず、文化的多様性や著しい経済的格差により、地域としての同質性と一体感に欠けるという現状が障害になる。より根本的な構造的および歴史的な障害要因も地域協力への道に立ちはだかっている。地政学的な観点から見れば、東アジアは、その域内の単位（国家）間の大きさの著しい格差と不均衡のために、水平的な地域協力の発想と制度が最も生まれにくい構造である。また、「歴史」による対立の遺産がある。長年の帝国的な秩序（中華秩序、西欧列強の植民地支配、日本の大東亜共栄圏）に加えて、近代以降の植民地支配と戦争の歴史を背

景に、域内各国に相互不信と対立が根強く存在しているのである[54]。

　こうした域内状況を背景とした東アジアは、東西冷戦の終結が必ずしも安全保障上の緊張緩和をもたらすものではなかった。域内諸国の防衛政策は、それほど大きく変わっていないのが実情である。安全保障政策とは、各国による国際関係の軍事面への対応であり、その意味で東アジア諸国を取り巻く国際情勢が依然として不安定であるという認識も強めていた。しかし、それは偏狭なリアリストの考え方であり、国際情勢をめぐる認識と現実感覚とのギャップを反映するものでもあった。一部のリアリストによる「戦略的思考」の勧めは、軍事的リアリズムの思想に片寄り過ぎていた。戦略の最も重要な「思考の枠組」は、戦争を勝つことではなく、平和を達成することであるのである[55]。

　戦後の東西冷戦は、ヨーロッパを起源とした。そのため、冷戦終焉は、ヨーロッパにおいては顕著な安全保障上の変革を見せたが、東アジアは、地域的紛争と緊張が続いている。これは、ヨーロッパと東アジアの地域的環境の相違に由来するものである。第1に、東アジアの場合は、ヨーロッパのように地域全体を東西に二分するような地域的環境を持たず、多極的な紛争軸が複雑に入り組んでいる。第2に、ヨーロッパではソ連が崩壊し、また東欧諸国の体制変革も一挙に進んだが、東アジアでは中国や北朝鮮、ベトナムなどの共産主義国が依然として現存している。これは、東アジア諸国の共産主義化がナショナリズム・独立運動、そして近代国家建設の問題と深く絡んでいたからである。

　東アジア冷戦の形成とその展開は、米ソ冷戦やヨーロッパ冷戦とは、時差を伴ったものであった。と同時に、東アジアの「冷戦の構造」は、決して「長い平和」ではなかった。東アジアの現代史は、絶えず超大国の干渉や介入を招きやすい、脆弱な主権国家の体系を形成し、実際には、冷戦終結後のカンボディア紛争に至るまで内戦や内紛の歴史であった。ベトナムやカンボディアなどの問題は、ネーションをつくるため、ナショナリズムの正当性をめぐって闘争をしていたのであり、いわば自国人による自国問題の解決過程であった。東アジアでは、「冷戦の構造」が米ソによる「敵味方の体系」による否定的な影響を受けたことにより、「長い紛争」の歴史であったのである[56]。

　それでも冷戦の終焉は、東アジア地域の政治・安全保障環境に大きな変化を

与えた[57]。ソ連のインドシナ離れや中ソ和解に起因したカンボディア和平の実現、中越、米越の関係改善などがその果実である。東南アジアと中ソ両国やベトナムなどの関係改善が進めば、ASEANの安全保障環境は大幅に改善される。しかしその一方で、東西対立の終焉後も東アジア域内では軍備増強の動きが活発化している。中国では4つの近代化の一環として軍事力の近代化が進んでおり、特にその海軍力の増強は顕著である。また、こうした中国の軍備強化政策や南沙群島に代表される領土問題の存在、それに米国の軍事的影響力の後退を背景に、成長目覚ましいその経済力を梃子として時代に逆行するかのようにASEAN各国も国防費を増額し、新型戦闘機や艦艇の購入などに取り組んでいる[58]。

　国家の経済成長と攻勢的な外交政策の展開には相関関係がある、とされている。しかし、国家相互に高い均質性が存在するがゆえに勢力均衡メカニズムを基本とする国際体系を機能させてきたヨーロッパ地域とは異なり、文化的にも民族・宗教的にも極めて多様性・異質性に富む東アジアの場合は、これまで集団安全保障機構が有効に機能せず、地域的なパワーバランスの維持・均衡を図るためのメカニズムや域内紛争を収束させられる多国間協議政治システムが未だ未成熟である。しかも、「力の均衡」は、国際社会の安定と平和を必ずしも作り出さずに、むしろ逆に、不安定と戦争を招来し、その結果、覇権戦争をも巻き起こすことがあった[59]。

　そもそも「力の均衡」の安定性を保つためには、国際政治のシステムにおいて、いくつかの共通の属性を備えていく必要がある。その共通の属性とは、①主要国同士のパワーが相対的に平衡であること、②国際政治の周辺領域で仮に対立や紛争が起こっても、システムの中枢部ではシステムが壊れる危険度が低いこと、③国々の国内の政治システムやレジームで、ある程度の類似性が存在すること、④パワーの源泉としての重要な軍事力に関連して、その技術の発展における安定性がほぼ確保されていること、⑤「力の均衡」が国際政治のシステムとして「国際的正当性」を広く認められていることである。こうした共通の条件を満たさない限り、「力の均衡」は、国々の安定や平和を創造する自動制御措置とはならないのである[60]。

現代の国際関係は、貿易不均衡の是正などのマクロ経済政策の協調、為替市場への介入、資本移動の自由化、政府や民間投資の増大、途上国や旧社会主義国への援助の拡大など、国境を越えて市民の生活に直接間接に係わる経済実務の領域を中心に「相互依存ゲーム」の側面を大きく抱えるようになっている。そのような時に、「力の均衡」は現実的な「政策の規範」と言えるのであろうか。また「力の均衡」は、核時代に対応する感受性に乏しい。同時に、「力の均衡」の概念や政策は、世界政治の主要な国々の力関係のありように神経を集中し過ぎている。しかも、周辺領域の紛争をあらかじめ予防する構想や南北問題の解決には、それほど関心を払っていないのが事実である。

　従来の「冷戦政治学」が最も懸念しているのは戦争であり、戦後大国間の大戦争は起こらなかったものの（想像上の第3次世界大戦）、それでも平和ではない状況をどう捉えたらいいのかという問題に直面した。東西冷戦終結の一連の過程（ドイツ統一、東欧革命、ソ連崩壊など）は、冷戦国際政治学に根本的な見方の変革を迫るものとして、特に国際安全保障問題の大幅な見直しを余儀なきさせた。東アジア地域においても、日本では1989年1月に昭和天皇が亡くなり、世の中が変わったという意識が強くなった。その一方で、同年、中国の天安門事件が発生し、米国の「日本脅威論」とともに、日米両国による「中国脅威論」が強まることになった。

3．東アジア民族・民衆の位相と行方

　東アジア諸国への東西冷戦の波及は、土着的・内在的な冷戦や革命と重なり合ったため、二重の軍事化と破壊をもたらした。その1つは、親米と親ソの国家・政権の間の厳しい軍事的対立であった。もう1つは、一国の中で政権側と反政府勢力側との武力闘争であった。この結果、東アジア諸国は国際と国内との双方に、深い亀裂と膨大な人的・物的荒廃とが遺されることになった。ある意味では戦後の東アジアの国際秩序は、戦前の旧秩序崩壊の最中に、米ソ超大国による「分割・支配」の場となり、新たな冷戦構造・支配秩序に組み込まれたものであった。その結果、東アジア諸国は東西冷戦のために、東アジア地域

内あるいは同一の国内で、多く民族・民衆の犠牲と破壊を強いられてきたのである。

冷戦期の米ソ両国は、両体制のうち、どちらが「真の民主主義」かをめぐる正統性の争奪が、激しいイデオロギー対決を生み出してきた。同時に、そのイデオロギー的対決が「戦争不可避論」と結合し、さらに米ソ両国の原・水爆保有のために東西共滅の可能性を示唆していた。また、冷戦は米ソを主役に、ヨーロッパを中心舞台として、世界全体、特に第3世界を、イデオロギー対立と権力政治的対立とに組み込んでいた。その結果、冷戦時代の第3世界における地域紛争の多くが、東西の干渉戦争や代理戦争の性格を持たされることになったのである。しかし、米ソとヨーロッパ、そして東アジア冷戦の展開とその状況はそれぞれ異なっていた[61]。

東アジア地域は、多様な宗教と文化および言語、人種から構成される様々な集団を包摂し、各個人は、そのような集団に重複して帰属している。こうした複合社会では、各個人および各集団が、互いの異質性を前提として共存する原則が必要である。そのため、多数、少数を問わず、各集団が権力を分有し、信頼関係に立脚した合意によって治める「多極共存型の民主政」が、東アジア社会における民主政の移行タイプとなりがちである。現実の東アジア社会においては、植民地時代、東西対立の時代から現在に至って、なお残存する内的矛盾を抱えている。そのため、民主化の問題は、社会側の自己改革への不断の努力と、国家の民主政への努力の双方が、重要な課題となっている。

また、東アジアの開発体制は、大衆側から見れば、生活インフラの整備（道路、電力、灌漑など）や教育機会の拡充、工業や農業の開発が目に見える形での国民の生活向上を実現していく限り受容された。しかし開発体制は、「国民」に等しくその利益と恩典を与えることは現実上不可能である。時間の経過に伴って、地域間、都市と農村間、職種間、学力間のレベルで「開発受容層の格差」や「所得分配の不平等」が生まれ、それが国民の一部の間でも自覚された[62]。東アジア各国にとっての経済開発は、各民族・国民の悲願となったが、しかし民衆側から見れば、平等で人間的な社会の建設という理念とは別の方向となり、近代化の歪みや矛盾に対する疑問を強める過程になった。

冷戦期の東アジア諸国の近代化政策は、民衆の現実を無視する形で行われた。「先成長後分配」論理下の近代化は、社会内の貧富格差の拡大と大多数民衆の生活不安定化をもたらし、国内の新たな対立と抑圧を生み、物質主義と伝統的価値観の崩壊を招いた。そこで、民衆の暮らしの現実の中から民衆論を引き出し、その社会的・歴史的枠組を見定めた抵抗思想と近代化の歪みを見直そうとする社会勢力が現出した。この勢力は、冷戦・開発体制下の搾取や抑圧、差別や支配構造などに対する疑問を強めながら、民衆自らが変革と自立に向けて立ち上がる勇気とエネルギーを供給し、しかも民衆の社会変革主体化ととともに、体制対抗エリートとの連合の中で民衆・民権運動を展開した。

　1980年代半ば以降、東アジア地域の民族・民衆運動が盛り上がる中で米国は、権威主義的政権に対する態度を変更し始めた。経済開発の目に見える進展に自らの正当性を求める東アジアの権威主義体制にとって、外資導入は、経済開発の手段ではあっても、そのものが目的ではなかった。彼らは急速な開発の国内的担い手として財閥を育成し、閉ざされた体制の下で、財閥は政権と容易に癒着した。両者は外資を招いたが、その入り口は狭く、手続きは煩複で不透明になっていった。それでも冷戦が戦われる限り、権威主義体制は西側の重要な戦略拠点として支持されていた。しかし、1980年代後半に冷戦が終結過程に入ると、権威主義体制の戦略的価値は急速に低下した。こうした中で、東アジア各国の民主化運動が起こり、権威主義体制を退場させたのである[63]。

　以来東アジア諸国の民族・民衆は、開発体制下の国家従属型「社会」に対する疑問を強めていた。ある国家体制の下に民衆が生活しそこに社会が形成されるという、社会を国家の枠組の中に包摂した静態的な「国家と社会」ではなく、社会が一方でその安寧のために国家権力と関係をとり結びながら、他方で経済・宗教・文化の面で他の社会との間に相互に内発的な交流を持ち、それを通して国家の存在様態に変化を与えていくといった動態的な「社会と国家」の関係が顕著になった。つまり、まず人があり、その結果、社会や民族が形成され、そして国家が形づくられるという時間継起的な歴史の流れを、そのまま原理上の断層と捉え返し、人・社会・民族というそれぞれの座標層に立って国家を見直す動きが顕在化していた[64]。

ある国家の質は、その国の社会の歴史的な質によって決定づけられる。東アジア諸国は、権力そのものと、それを支える政治倫理や法観念には大きな差異があり、その差異はそれぞれの社会の歴史的な質の差異に由来する。国家の多様性は、社会構造の歴史的な多様性として認識されるものである。諸民族の習俗・言語や宗教の差異、そこからもたらされる偏見や対立が、「国民国家」という擬態を暴くのだが、この事態は、国民の名の下に統一され、教育・メディア・徴兵制などによって画一化され平均化されているかに見えた。しかし、ポスト冷戦・開発体制以降の従来型の国家と社会は決して安穏な関係ではなかった。「国民」は亀裂しつつ、時には国家の枠を解消させようとしたのである[65]。

　複雑で複合的な実体を持つ冷戦は、核時代に伴う人類の「核末の共有」と「人類は一つ」というイメージを形成させたが、現実的には南北間の経済格差と国家による差別・国内の人権侵害などがあり、その意味で決して「人類は一つ」ではないことをも意識させられた。また、貧困からの解放とや差別抑止のための政治的・経済的な「近代化」と「成長」論は、地球環境の破壊という大きな問題を引き起こしている。既に歴史となった冷戦からの教訓は、「権力側の責任と民衆側のコントロールの構造化があってこそ、積極的な国家間の平和的共存体制が定着する」ことであった。そこでの民衆側は、権力側と並んで、運動としての民主主義の、平和への役割と責任とがある。

　ポスト冷戦期の世界は、ナショナル・リージョナル・グローバル化という重層的関係の深化とともに、物理的な地域・機能的な地域の分化現象が際立つ。民主化や国家の国際化、脱国家のトランスナショナリズム化が進む一方、ナショナルなものの細分化、エスノナショナリズム化が顕在化している。そして、「民族」が政治的「イデオロギー」に代わる道具として頻繁に持ち出されている。その結果、人々の民族意識は急に浮上しつつ、国際・国内社会を「分化」させようとする動きが顕著になっている。しかし、民族問題の解決マニュアルは、未だ見えてこないのが実情である[66]。

【注】
1) 松岡完ほか編著『冷戦史―その起源・展開・終焉と日本―』同文館出版、2003年、214-215頁。

2）「レーガノミックス」については、石井修「米国の内政と外交」原正行編『新国際事情』北樹出版、1993年、40-43頁参照。
3）松岡完ほか編著、前掲書、221-222頁。
4）和田春樹「ソ連システムの挑戦とコスト」東京大学社会科学研究所編『20世紀システム 1構想と形成』東京大学出版会、1998年、117頁。
5）フォークランド戦争についての実例は、鈴木基史『社会科学の理論とモデル 2国際関係』東京大学出版会、2000年、64-65頁参照。
6）松岡完ほか編著、前掲書、238頁。
7）滝田賢治「冷戦概念と現代国際政治史」細谷千博・丸山直起編『ポスト冷戦期の国際政治』有信堂高文社、1993年、21頁。
8）松岡完ほか編著、前掲書、221-223頁。
9）同上書、223-226頁。
10）鴨武彦『世界政治をどう見るか』岩波書店、1993年、95-98頁。
11）五十嵐武士『日米関係と東アジア』東京大学出版会、1999年、174-176頁。
12）ヴィクター・D・チャ著、船橋洋一監訳・倉田秀也訳『米日韓 反目を超えた提携』有斐閣、2003年、1-5、178-182頁。
13）同上書、179-180頁。
14）松岡完ほか編著、前掲書、287-288頁。
15）同上書、291-292頁。
16）元中曽根康弘首相の諮問機関『国際協調のための経済構造調整研究会』報告書（1986年4月7日付）『前川リポート』を参照。
17）李庭植著、小此木正夫・古田博史訳『戦後日韓関係史』中央公論社、1989年、169-178頁。
18）ヴィクター・D・チャ著、同上書、188-190、195-198頁。
19）同上書、190-191頁。
20）岡部達味『中国近代化の政治経済学』PHP研究所、1989年を参照。
21）大西康雄「北東アジアにおける冷戦と脱冷戦」大西康雄編『冷戦後の北東アジア：新たな相互関係の模索』アジア経済出版会、1993年、10-11頁。
22）中国の「独自自主の対外政策」のエッセンスが、経済建設を第1とし、そのために平和な国際環境を確保することになるとすれば、近隣諸国との善隣友好が追求される。中国は、対ソ関係に先立って近隣アジア諸国との関係改善を精力的に推進した。しかし、中国が対外政策を転換したからといってこれら諸国との関係改善がすぐに進展したわけではない。建国以来、何度も共産革命勢力への支援を公言してきた中国に対するアジア諸国政府の不信感には抜き難いものがあったからである。特に東アジアには、かつての中国と戦火を交わせた台湾、韓国が存在し、両者との関係改善は困難と見なされた。
23）古田元夫「社会主義とナショナル・アイデンティティ：ベトナムと中国」萩原宜之編

『講座現代アジア 3民主化と経済発展』東京大学出版会、1994年、113頁。
24）中国指導部は、次々と一層の大胆な方針を提起し、1988年は「沿海地区経済発展戦略」の中で中国が遅まきながらアジアNIES、ASEANと同じ輸出指向型経済発展戦略を採用し、国際分業に参入することを明確にした。ついに中国は、アジア近隣諸国を国際競争場裡における対等な競争相手と見なすに至ったのである。こうした背景には、アジアNIES、ASEANが同じく植民地状態から出発しながら、経済発展のダイナミズムにおいて中国を凌駕したことに対する中国指導部の焦慮の念があるように思われる。そして、台湾と韓国などとの関係においても経済分野を中心とした交流の蓄積が関係改善をもたらすことになった。
25）以下の議論は、坂本義和『地球時代の国際政治』岩波書店、1990年に大きく依存している。
26）同上書、94-97頁。
27）H. D. Lasswell, National Security and Individual Freedom(McGraw-Hill, New York, 1950), pp.23 ff; Ditto, "The Garrison State Hypothesis Today," in S. Huntington, Changing Patterns of Military Politics(Free Press, 1962), pp. 51 ff.
28）坂本義和、前掲書、99-105頁。
29）同上書、110-114頁。
30）藤原帰一「冷戦の終わり方：合意による平和から力による平和へ」東京大学社会科学研究所編『20世紀システム 6機能と変容』東京大学出版会、1998年、273頁。
31）本橋正『近現代国際政治史』日本図書センター、2003年、255-256頁。
32）松岡完ほか編著、前掲書、230-231頁。
33）同上書、230-233頁。
34）入江昭『新・日本の外交』中央公論社、1991年、179頁。
35）ドイツの統一問題と欧州再編などの国際問題（冷戦枠組の転換）、ドイツ統一過程については、松岡完ほか編著、前掲書、242-254頁を参照。
36）本橋正『近現代国際政治史』日本図書センター、2003年、275-276頁。
37）松岡完ほか編著、前掲書、256-257頁。
38）近年の「冷戦史」再検討をめぐる主な英文の文献は、John Lewis Gaddis, We Now Know: Rethinking Cold War History, (Oxford, Clarendon Press, 1997); Odd Arne Westad(ed.), Reviewing the Cold War: Approaches, Interpretations, Theory, (London, Frank Cass, 2000); Allen Hunter(ed.), REthinking the Cold War, (Philadelphia, Temple University Press, 1998); Michael Cox, Ken Booth and Tim Dunne(eds.), The Interregnum: Controversies in World Politics 1989-1999, (Cambridge, Cambridge University Press, 1999); Jussi Hahnimaki and Odd Arne Westad(eds.), The Cold War: A History in Documents and Eyewitness Accounts, (Oxford University Press, 2003); Chen Jian and Shu Guan Zhang,(eds.), Chinese Communist Foreign Policy and the Cold

War in Asia: New Documentary Evidence, 1944-1950,(Chicago, Imprint, 1996); Odd Arne Westad(ed.), Brothers in Arms: The Rise and Fall of the Sino-Soviet Alliance, 1945-1963,(Washington, D.C., Woodrow Wilson Center Press, 1998); John Kent, British Imperial Strategy and the Origins of the Cold War, 1944-1949,(Leicester, Leicester University Press, 1993); Stephen J. Whitfield, The Culture of the Cold War,(London, the Johns Hopkins University Press, 1991); Elaine Tyler May, Homeward Bound: American Families in the Cold War Era,(New York, Basic Books, 1988); Ron Robin, The Making of the Cold War Enemy: Culture and Politics in the Military-Intellectual Complex,(Princeton, Princeton University Press, 2001); Peter J. Kuznick and James Gilbert(eds.), Rethinking Cold War Culture,(Washington, Smithsonian Institution Press, 2003); Lawrence S. Wittner, Resisting the Bomb: A History of the Nuclear Disarmament Movement, 1954-1970,(Standford, Standford University Press, 1997); Richard Saull, Rethinking Theory and History in the Cold War: The State, Military Power and Social Revolution,(Portland, Frank Cass, 2001); Geir Lundestad, 'Empire by Invitation ?: The United States and Western Europe 1945-52', Journal of Peace Research, 1986, 23(3): 263-277; David Reynolds, One World Divisible: A Global History since 1945,(London, Penguin, 2000); Eric Hobsbawm, The Age of Extremes: A History of the World, 1914-1991,(New York, Vintage Books, 1996)、などが挙げられる。

39) 松岡完ほか編著、前掲書、258-262頁。
40) 金成浩「韓ソ国交締結と北朝鮮」日本国際政治学会編『国際政治』第135号「東アジアの地域協力と安全保障」(2004年3月)、96頁。
41) 本橋正、前掲書、274頁。
42) 同上書、277-278頁。
43) 天児慧「アジアの政治変容」天児慧編『アジアの21世紀:歴史的転換の位相』紀伊国屋書店、1998年、27頁。
44) 末廣昭「アジア開発独裁論」中兼和津次編『講座現代アジア 2近代化と構造変動』東京大学出版会、1994年、228頁。
45) 末廣昭、同上論文、218-220、223頁;恒川恵市「経済発展の政治的起源:韓国・メキシコの比較から」東京大学社会科学研究所編『20世紀システム 4開発主義』東京大学出版会、1998年、151頁。
46) 嶋倉民生編著『東北アジア経済圏の胎動』アジア経済研究所、1992年を参照。
47) 渡辺利夫『新世紀アジアの構想』筑摩書房、1995年、114、156-158頁。
48) 同上書、162-169頁。
49) Seymour M. Lipset, Pacific Divide: American Exceptionalism‐Japanese Uniqueness, Mannari・Nishio・Watanuki・Azumi(eds.), Power Shifts and Value Changes in the Post Cold War World(Chu-Shikoku Printing Center, Ltd. Kurashiki,

Japan, 1992), pp.41-84.
50) 例えば、豊田社はインドネシアではエンジンと鋳物付属品を、マレーシアでは電気部品を、フィリピンではトランスミッションを、タイではディーゼルエンジンを生産している。ある大手企業の系列会社が付属品の特化を通じてこの地域で「水平的統合」を築くことになれば、こうした統合は「垂直的統合」を随伴している。垂直統合とは、大規模な電子・自動車企業の東南アジア移転とともに、これらの大手企業に付属品を納品している中小企業が一緒に東南アジアに移転することを指す。つまり、東南アジア諸国内で日本のような形態の大手企業・中小企業の間の垂直的統合が再現される。
51) 事実上、APEC内部で相違な展望と戦略をめぐる衝突の根底には、米国と日本の間にこの地域をめぐる深刻な経済競争が存在している。日本は、APECを自由貿易地帯化への反対によって、過去に実質的に作り上げた日本中心の地域経済ブロックを保護しようと努力している。それに対して、米国は自由貿易地帯創設の主導によって日本中心の東アジア経済統合過程を引き返し、一方では日本を初め東アジア地域の国家支援を受けている東アジアの大手企業に対抗して米国企業の競争力を保護し、他方では21世紀の世界経済の主導性が期待される東アジア経済に米国が深く結合される保障を狙っている。
52) 鴨武彦、前掲書、150頁。
53) 李鍾元「序論　東アジア地域論の現状と課題」日本国際政治学会編『国際政治』第135号「東アジアの地域協力と安全保障」（2004年3月）、2-3頁。
54) 同上、3頁。
55) 永井陽之助『現代と戦略』文芸春秋、1985年参照。
56) 鴨武彦、前掲書、53頁。
57) 冷戦後のアジア太平洋地域の安全保障構造の概観としては、Denny Roy, "Assessing the Asia-Pacific 'Power Vacuum' ", Survival, Vol.37, No.3, Autumn 1995, pp.45-60; Chung-min Lee, "What Security Regime in North-East Asia?", Adelphi Papers, no.276, April 1993, pp.5-20; Barry Buzan and Gerald Segal, "Rethinking East Asian Security", Survial, vol.36, no.2, Summer 1994, pp.3-21.
58) アジアにおける軍備増強の動きについては、Ro-myung Going, "The Consequences of Arms Proliferation in Asia: 1", Gerald Segal, "The Consequences of Arms Proliferation in Asia: 2", Adelphi Papers, no.276, April 1993, pp.42-61.
59) Samuel P. Huntington, "America's Changing Strategic Interests", Survival, vol.33, no.1, January-February 1991, p.12; Paul Dibb, "Towards a New Balance of Power in Asia", Adelphi Papers, no.295, May 1995, pp.10-16.
60) 坂本義和、前掲書、305-307頁。
61) 第1に、冷戦はヨーロッパという中心部で発生・激化し、それが数年の時差をもって東アジアという周辺部に波及するという構造を持っていた。第2に、冷戦のコストの面では、ヨーロッパが厳しい緊張の下でも、結局「冷たい戦争」で終始したが、東アジア

は、朝鮮戦争やベトナム戦争のように「熱い戦争」が戦われた。第3に、冷戦に関する意思決定において、西欧諸国の声が大きな比重を持ったのに比べて、東アジア諸国の声は現実的に多大の犠牲を払いながら、その意思や利害を米ソの政策に反映させる度合は著しく低かった。そして、冷戦の終結もまた、まずヨーロッパで、ヨーロッパを中心に開始し、数年の時差をもって、東アジア地域などの他の諸地域に波及した。

62) 末廣昭、前掲論文、223頁；渡辺利夫『西太平洋の時代：アジア新産業国家の政治経済学』文芸秋春、1989年、第2章。

63) 吉田修「グローバリゼーションの受容と抵抗―世紀転換期アジアの再生戦略とダイナミズム」福田茂夫・佐藤信一・堀一郎編著『世紀転換期の国際政治』ミネルヴァ書房、2003年、184-185頁。

64) 溝口雄三「アジアにおける社会と国家形成」溝口雄三編『アジアから考える［4］社会と国家』東京大学出版会、1994年、5頁。

65) 同上、5-6頁。

66) 21世紀研究会編『民族の世界地図』文芸春秋、2000年、14頁。

第6章
ポスト冷戦期の東アジア構図

◆◆◆

第1節　冷戦崩壊期の東アジア変容

1．冷戦崩壊と東アジア・システムの変容

　21世紀の世界は激動しつつ、国際関係のパラダイム（認識の枠組）は変化している。そして、パックス・アメリカーナが復活し、東アジアは台頭した。20世紀末期の米国は、大きな双子の赤字を抱え、新世紀パックス・アメリカーナへの疑問を強めた。米国覇権のコストと負担能力の問題が生じたからである。しかし、1930年代のパックス・ブリタニカと比べれば、米国を継承する国は見当たらなかった。その後の推移は、米国の双子の赤字は拡大しつつ、通商政策は保護主義色を強め、ドル体制は動揺し、日米摩擦が激化した。冷戦の終結は世界にさらなる大変動を与えた。東西対立を軸とした国際関係は大変革を迫られたのである。この最中に、米国は再び復活し、東アジアが台頭した[1]。

　冷戦崩壊期の世界は、まさに混迷現象が顕著化した。一方では、通貨や政治統合まで進めているEUのように「主権の共有」や「ナショナリズムの調整」といった国際協調主義を目指す変革の外交構想や政策が模索していた。同時に他方では、貧困と暴力にさらされている様々な紛争地域のようにアナーキズム（無政府性）の見方に基づき「力が正義」といったリアリズム思想が根強く機能し

ていた。ことに、後者の場合は、宗教や人権、文化の違いを徹底的に際立たせるエスノナショナリズムの対立および衝突と、主権国家間の威信や利益をめぐるナショナリズムの対立および衝突が顕在化していた。また、旧超大国による覇権的支配は国々から支持されなくなっていた[2]。

　国際関係理論の中には、各国の経済発展と相互依存の深化が平和をもたらし、また自由主義的民主制の拡大や国際組織の増大が平和に貢献するという考え方が存在する[3]。しかし、冷戦期の東アジアは、相互に経済的結びつきが弱い開発途上諸国がほとんどであり、また全体主義や権威主義体制、一部の民主主義といった多様な政治体制があり、しかも「多国間主義[4]」に基づく安全保障体制はほとんど存在していなかった。ところが、1980年代以降、東南アジアを中心に、広義の東アジア地域では、多元的な国家間ネットワークと相互主義によって、経済と安全保障の双方に関わる問題群を管理する枠（「地域主義[5]」）が増えてきた。しかし、依然東アジアは、以下の特徴を有していた。

　第1は、この地域が米国、中国、さらにロシアという世界的覇権国家が集中するという地政的環境にある。戦後の世界は、一般に東西のイデオロギー対立を軸とする冷戦構造が支配したが、そもそも冷戦とはヨーロッパに根ざす対立の概念であった。しかし、東アジアの場合は、ヨーロッパのように東西を二分する単純な両極のパワーバランスだけではなく、常に米中ソ（ロ）三極構造からの把握が必要であり、冷戦崩壊期にも連動性を持っていた。大国間の相互利害が絡みやすい地政的要素の存在である。また、韓国と北朝鮮、中国と台湾という2つの分断国家が存在し、しかも近隣諸国間には領土問題や民族対立に根ざした緊張・対立の要素が残っていた。

　第2に、東アジア地域の冷戦構造は、ヨーロッパから持ち込まれたイデオロギー対決に地域固有の文化、歴史が混合する形で展開していた。イデオロギーの対峙、あるいは等しく共産主義国家と呼べども、東アジアの場合は、ヨーロッパ国際政治を分析する際に妥当するのと同様の概念とはなりえなかった。そのため、ヨーロッパでは冷戦が終結し、ソ連が一挙に崩壊、東欧の共産国家も相次いで体制変革と民主化、市場経済への移行を進めていたが、東アジアでは中国・北朝鮮・ベトナムといった共産国家が健在であったのである。それは、こ

れらの国々が戦前の列強による植民地経験もあって、共産主義思想の基盤には強力なナショナリズムが裏打ちされていたからである。

第3に、東アジアを構成する国々の政治体制、経済水準、文化風土などがヨーロッパ地域と比べれば、はるかに多様性に富むことである。西洋には、アルファベットの使用を始め、美術、芸術、宗教などの文明的共通性がそこに存在する。しかし東アジアは、言葉、宗教、文化などの面において「東アジア文明」と呼べるだけの統一・主体性は存在していない。特に東南アジアの場合は、諸民族の生活圏と国境線が一致しないケースが多い。それは、前近代の東アジアには西欧国際体系に由来する国境線の観念が存在しなかったところ、そこに植民地化が進められ、列強間の勢力分布や軍事的要因などから人工的・便宜的な境界線が外部勢力によって一方的に画定された所産でもあった[6]。

そして、冷戦時代の東アジアにおける米国の覇権は、戦中期までの日本の帝国主義的秩序を再編させていた。米国の中国封じ込め政策は、日本の工業力と東南アジアの原材料資源や市場と結びつけ、韓国、台湾、沖縄を共産圏に対する軍事要塞と位置づけた。こうした米国の戦略の中で、この地域の脱植民地化運動は、最終的には冷戦システムと米国の覇権構造の中に回収された。北東アジアの場合は、その地域安全保障が米国、日本、韓国で形づくられる三角形の安全保障ネットワークの上に成り立ってきた。しかし、日米安全保障条約と米韓相互防衛条約がこの地域の2辺を強固に支えてきたが、第3の辺は繋がっているとしても、極めて脆弱なものであった[7]。

要するに、東アジアの国際関係は、近代期と冷戦期を通して西欧国際システムに包摂したものである。そして、冷戦崩壊後には、西欧型の主権国家・国際システムの変容を余儀なくされた。しかし、その変容は、米ソ両国関係やヨーロッパ国家間関係のように劇的・画期的に生じたものではなかった。東アジアにおいては、米国の対ソ連、NATO対WTO、自由主義対共産主義といった単純な二分法的対立が支配的でなかった以上、冷戦構造も、またその崩壊も、東アジアでは異なる意味を持っていたのである。しかも共産中国は、1960年代末から1970年代初期に、中ソ対立の激化と米中和解に象徴されるように二分法的対立構造からいち早く脱し、東アジア冷戦構造そのものを変質させていった[8]。

冷戦崩壊期の世界各地では、東西イデオロギーの弱体化に伴って、従来抑圧されてきた民族意識や少数民族自決の運動が表面化し、主権・国民国家の揺らぎが顕著になった[9]。こうした国内問題と国際問題の相互浸透現象および国内分裂という大波の中で、東アジアにおいても、民族、宗教上の対立に根ざした紛争とその拡大の可能性が浮上した。構成諸国の不均質性や諸利害の複雑な交錯は、東アジア冷戦構造を複雑化させる要因として作用しただけでなく、脱冷戦プロセスの進展をも遅延させたのである。その一方で東アジアは、欧州・北米の地域主義（統合）に影響されながら地域主義が高まり、また地域安保問題をめぐる多角的な模索も台頭することになった。

　第2次大戦後の東アジア諸国は、国家的独立を目指し、主権国家を単位とする西欧国家システムの中に入り込んでいた。域内の国々は、多大な犠牲とエネルギーを払って独立を達成し、そのために国家中心主義的な考え方が優勢となった。多くの政府は、国家建設を急ぎ、国民統合に苦心し、国内秩序を維持し、また国外からの浸透に抵抗力を持つような有効な領土国家を形成するという課題に取り組んでいたのである。国家主権と内政不干渉の相互尊重に立脚した平和共存の原則の遵守が叫ばれたのはこのためであった。したがって、主権国家の分裂と統合的傾向が顕著になった時にも、東アジア諸国は、国家中心的な国際システムが依然としてその強靭さを示すことになった。

　なお、東アジア諸国の間では、近代歴史に根ざした対立要因と深い不信があった。日本と東アジア諸国間の「歴史問題」がそれである。近代日本の歴史と絡んだ中国＝台湾関係と朝鮮半島における冷戦と内戦の遺制は、依然として存在する[10]。その意味で、東アジア諸国は、まだ脱植民地化（国民国家建設）が進行中であり、逆に古典的な国家主権論は冷戦崩壊期の域内多国家間の協力を阻害する要因にもなった。また、国内の統治能力は「脆弱な国家」があり、その内部の動揺と混乱によっては地域全体の不安定をもたらす可能性があった。さらに、東アジア諸国の経済発展と通商の拡大は、従来のパワー関係を根本的に変容させ、それが権力政治の激化と地域不安定を招く可能性もあった。

ロギー色を顕著に薄め、現実主義的路線を強めていた。

　1990年前後、世界的規模での脱冷戦化の進展は、東アジア地域にも大きな影響を及ぼした。東アジア諸国は、冷戦期には考えられなかった中ロ関係改善、韓ロ修交、韓中修交、日朝修交交渉の動きや米朝協商、そして南北朝鮮の国連同時加盟など、域内国家間の関係が著しく改善された。世界的な脱冷戦化が、東アジアの脱冷戦化をも促進したのである。また、脱冷戦化に伴って東アジア地域のモノ・ヒト・カネ・情報などの国際化は顕在化しつつ、人々の生活空間も東アジア全域に広がっていた。そこでは、国家の枠組みと冷戦イデオロギーが残存したものの、明らかに経済・社会文化、そして政治的交流が広まり、民族的伝統文化の復興も顕在化していた。

　しかしその一方で、東アジア地域は依然として冷戦の後遺症が残存し、NATOのような多国間安保体制づくりの動きは具体化されなかった。そのため、東アジアはヨーロッパとは違って、域内諸国間の多国間協力メカニズムが定着しないまま、地域の不確実性と不安定を増幅させていたのである。冷戦期の遺産ともなる南北朝鮮の分断状態と対立の存続、および中国と台湾の分断状況や地域内の領土問題をめぐる葛藤、そして中国の地域的覇権欲の拡大と日本再武装の動き、さらにはロシア民族主義の復興と軍事的冒険主義などが現出したのである。こうした地域内の対立と葛藤の存続は、グローバルな脱冷戦化過程が、必ずしも地域冷戦の解消には繋がらないことを示唆した。

　要するに冷戦崩壊後、東アジア地域での米ロ間の戦争は考えられなくなったが、冷戦期の米ソ対決構図が根源的になくなったわけではなく、また米ロ軍縮過程は、その範囲と速度の面においてヨーロッパよりも著しく遅れている状態であった。しかも、ロシア極東と近隣諸国との経済的依存や統合度は僅少であった。依然ロシア極東の外国や外国投資への依存度は低く、さらに辛うじて拡大した依存関係は、摩擦や敵意を生じさせることもあれば、外界との高まる相互作用を支持することがあるなど、地域住民の態度や理解に多様な影響を与えた。この際に、日本は、冷戦期と同様に冷戦崩壊期においても、安全保障問題について自ら主体的に取り組むのを差し控えていた。

　しかし、東アジア地域全体の脱冷戦化の進展は、ことに安保面で肯定的な影

2．東アジア国際関係の変容と持続

　冷戦の終焉は、1つの時代の終わりを意味した。1989年、ポーランド、ハンガリー、東ドイツ、チェスロヴァキア、ブルガリア、そしてルーマニアへと連続的に広がった社会主義圏における自由化、民主化の動きが導火線となって、ソ連が崩壊し、ワルシャワ条約機構が解体し、冷戦構造が終結した。こうした一連の過程は、東アジア諸国にも大きな影響を与え、冷戦期の敵対国との亀裂の多くが様々な形で埋められていた[11]。この間に、地域的冷戦の構造変容と持続が複雑に絡み合いながら交差し、一時的な大混乱の局面をもたらした。急変する世界情勢の中で、東アジア地域では何が変容し、その変容の背後に何が変わらぬものとして存続し続けたのか。

　冷戦中の東アジア諸国は、西側先進国の支持・援助下で、開発独裁政策を推進した。しかし冷戦が終了し、グローバル化（市場原理の貫徹）の世界の中で、新しい道を探し求めている。この過程では地域内葛藤の深化、国内政治の不安、2国間の安保協力の流動性の増大、域内国家間の経済的葛藤の深化などの不安定的な要因が噴出した。しかし同時に、ダイナミックな経済成長と「多国間の安保対話・協調的安全保障[12]」の進展などの安定的な要因が併存している。こうして東アジア諸国は、域内の様々な緊張要因を抱えながらも、域内外諸問題の処理とその枠組を求めて米国、中国、日本、ロシアにその他の東アジア諸国が入り交じり、実々の外交ゲームを展開することになった。

(1) 脱冷戦化と冷戦の後遺症

　東アジア地域は、冷戦時代のイデオロギー的対立が最も先鋭な地域の1つとして位置づけられてきた。そのために、冷戦崩壊期においても、冷戦イデオロギーの後遺症を完全に払拭されなかった。東アジア諸国は、冷戦時代に朝鮮半島を境にして日本・米国などの資本主義国家群と、中国・旧ソ連などの社会主義国家群とが対立する対決の場であった。そして、朝鮮半島と中国・台湾の関係が緊張を高め、日ソ間の北方領土問題をめぐる葛藤も続けられた。しかし、冷戦崩壊期の中ロ両国の対外政策は、その理念や個別の問題への対応策がイデオ

響を与えた。第1に、東アジアの国際情勢は、必ずしも仮想敵国として想定しなければならないような、顕著な軍事的脅威が存在していなくなったことである。そのため、日本など東アジア諸国の中では、旧ソ連・旧東欧諸国と一緒に世界各地での平和維持活動を展開した。第2に、東アジア地域は、そもそもヨーロッパ型の協調的安全保障の枠組を兼ね備える集団安全保障機構（NATO）や欧州安保協力機構（OSCE）などの多国間協力枠組が存在していなかった。しかし、冷戦崩壊以降には、多様な地域紛争の防止策と、それを踏まえた包括的な多角的安保協力体制を模索し始めたのである[13]。

(2) 域内経済関係の密接化と中国の台頭

　冷戦の終わりが始まった1980年代半ば以降の東アジアは、ダイナミックな経済発展によって世界経済の機軸になった。中ロ両国の脱イデオロギー化と市場経済化が進んで隣国との貿易、輸送、コミュニケーションの輪を拡大し、域内国家間の交流も活性化した。そして、域内相互接触の拡大や利益の共有により国家次元を超える新しい動きが生まれた。東アジア諸国間の国際関係は、国家間関係だけでなく、超国家的組織体、多国籍企業、地方自治体、NGO、さらには市民までも含む、国家外の多様な行為主体（アクター）間の関係へと急速に変容したのである。こうした国家間関係の密接化と域内交流の活性化は、様々な新しい葛藤を伴いながらも、相互理解を深める機会を提供することになった。

　1980年代までの東アジア経済発展の連鎖構造は、「雁行型発展」の性格が強かったが、1990年代以降には日本への依存から、中国を包括する地域自体の内発的発展へと急変した。そうした中で、1997年7月以降、通貨・金融危機が東アジア全体に波及し、東アジア成長の奇跡はメルトダウンしていた。通貨・金融危機は、「構造連鎖」は成長だけではなく、危機にも適応されることを学んだ教訓となった。しかし、そこから東アジア各国は、経済発展という国家の最重要課題を実現するためには、平和な国際環境が必要であることを認識し始めた。しかも平和的な国際環境の中で、多くの国々との関係改善と発展を模索するという、多国間協力の重要性が再認識されたのである。

　1990年代半ば以降には、資本主義国家群と社会主義国家群に両分された冷戦

体制とは違って、社会主義国家の資本主義体制への編入によって、先進国日本、中進国韓国・台湾、途上国中国・ロシア・北朝鮮に定立される形態を見せていた。市場経済の波及の中で、中国の行方は最も重要な地域の変数となった。中国は、その国土や人口だけではなく、核保有および国連常任理事国としての地位、兵器生産・輸出、環境への影響などの面から見て、域内大国であった。しかし、中国の急速な経済発展と、南沙諸島への進出や核実験の実施などの動きを受け、近隣諸国からは「中国脅威論」がささやかれた[14]。

こうして中国は、「ASEAN地域フォーラム（ARF）」を初めとする多国間の対話に積極的に参加することになった。しかし、南沙諸島や台湾海峡における行動や軍事力増強を目の前にして、周辺国の不安は収まらなかった。しかし同時に、「中国の台頭」を事実として受け止め、ポスト冷戦期の新しい地域秩序を東アジアに構築させようとする動きも顕著化していた。米国は中国の動向に不安を抱きながらも、東アジアの安全保障における中国の役割を無視できず、「中国が近隣諸国と友好関係を構築し続けていくことが、アジア太平洋地域における平和、安全、経済成長に不可欠」と見ており、封じ込めではなく、中国を国際社会に「関与」させる方針をとっていた[15]。

そして、東アジア諸国の持続的な成長と相互依存の増大は、域内国家の経済重視の態度を一層強めることになった。こうした域内のダイナミックな経済発展は、国家間協力を増大させて地域安定に寄与したが、その一方では、域内国家間の無限経済競争の促進と経済摩擦を深化させた。米国は、東アジア地域の巨大市場と経済的活力に注目し、中国を中心とする域内諸国に経済開放を一方的に要求し続け、東アジア諸国との経済摩擦を増幅させた。1980年代に「日本脅威論」を打ち出した米国は、再び「中国脅威論」を引き出し中国を牽制しようとした。以来の米中関係は、中国の内政不干渉の原則と、米国の「内政干渉義務論」の準則をめぐって争うことになった[16]。

(3) 不安定な安全保障

1980年代半ば以降には、抑止論と核戦略・軍備管理論などの安全保障の考え方に対する批判が次々と起こった。そして、従来の安全保障論を批判（または

補完）する数多くの政策概念が登場した。例えば、「相互安全保障」「総合安全保障」「多角的安全保障」「協力（調）的安全保障」「人間の安全保障」「代替的安全保障」などがそれである。冷戦終結とソ連の崩壊はこの動きに一層の拍車をかけた。そして、民主化の波が拡大すればするほど、（民主主義国家同士の）戦争は減る傾向にあるという、「デモクラティック・ピース」の見方が浮上した。その一方では、冷戦の終結が、経済や技術をも含むすべてのライバル意識や権力をめぐる競争を終わらせるわけではなく、新たな対立の構図（「文明の衝突論」など）を生み出すという、見方も登場した[17]。

　この間に、東アジア地域の安全保障構造は、ソ連解体によって「力の空白」が生じて、根本的な安保見直しを余儀なくされた。米国は、「（想像上の）第3次世界大戦」としての冷戦の終結以降、朝鮮半島とペルシャ湾などの個別的な地域紛争に対処していた。中国は、軍事力の現代化を通じて自国の防衛力を向上させており、日本も、国連平和維持活動の一環とはいえ、自衛隊を海外に派遣させるなど、将来に直面しうる「地域」における軍事安保的な役割の増大を図っていた。1996年の日米安保宣言は、冷戦後の世界における日米関係のあり方を方向づけるものであり、日米安保体制の対象範囲・目的の拡大と、日米両国の防衛力強化の方針を打ち出したものである[18]。

　東アジアでは、明らかに主要関係国間の関係が変化した。中国は、対ロ関係を改善したので、中ロ国境に軍事力を配備する必要性が顕著に減少した。中国側は、米国の覇権を反対しながらロシアとの戦略的提携を模索し、ロシア側は、中国に武器の販売を初め、国内民族主義勢力による親西方外交政策の修正・調整を行うなど、両国は相互共通の利害を持つようになった。米国は、冷戦期のソ連牽制と域内勢力均衡を有利に維持させるために中国を活用したが、冷戦後にはその必要性が減少した。そして、新たなアジア太平洋戦略の下で日米同盟関係の拡大を図っているが、中国や韓国などは日本の過去の侵略行為を記憶して、日本の軍事力強化と役割拡大には警戒を強めていた。ロシアは、米国と世界的次元での協力を模索しており、中国とも友好協力関係を維持していた。また日ロ関係は、冷戦時代の「政経不可分」政策から「拡大均衡」政策という重層的アプローチへと転換し始めた。

冷戦期の域内安全保障には、一貫して米国の地政学的・戦略的な考え方が大きく関与してきた。米国は、東アジアに約10万人の兵力を展開していた。日本に4万7,000人、韓国に3万700人である。日韓両国が米国の東アジアの軍事プレゼンスの要であったのである。冷戦期とその後の日韓両国は、米国を共通の同盟国とする「疑似同盟（提携）」関係にあった。日韓関係には歴史的反目と心理的な障壁が存在してきたからである。そのため、冷戦終結後、北朝鮮の秘密核開発に対する日米韓3国の受け止め方とアプローチの違いが浮上した。日韓、日米間の間で、北朝鮮に対する脅威感にもズレが生じた[19]。いずれにしても東アジア諸国間のパワー関係の変化とパワー構造は、域外諸国の対外政策の行方が域内安保秩序の形成に大きな影響を及ぼしていた。

3．東アジアのグローバル化と多角的協力の模索

冷戦後のグローバルな競争社会の中で、先進国間における「場」と「アクター」の多様化は、世界的な規模で生起した。「場」の多様化は、より多くの人が国際関係的現象に出会う機会を飛躍的に増加させることになった。経済ボーダレス化はさらに進展し、普通の人々の経済生活が国際関係の直接間接の作用を受け、情報の国際化も急速に拡散した。こうして市民の生活環境は世界化しつつ、一国の経済政策は単独ではほとんど市民の生活環境を左右しえない状況になった。また、国際関係の主体の多様化も顕在化した。こうした中でも、「地域」は最も重要な生活「場」の1つであり、アクターとなった。国際関係において地域は、全体と部分との有機的な連関性を解く鍵となっていた[20]。

東アジアの場合も、同じ状況となった。グローバル化の中で国家の主権と個人の人権の関係が焦点となっていた。「個人」は、家族に囲まれ、近隣のコミュニティや職場、そしてエスニック・グループ（または同郷）と国民に属し、しかもリージョン（東アジア）と世界社会に属し、地球環境の中で生きるという多重の集団に帰属していた。そして、多重的なアイデンティティを意識する人々は増え、その人々は、唯一の集団への帰属と一元的なアイデンティティを強制される人々に比べて、自由であった。しかし、自由な個人とは、近代西欧の孤

立的な個人ではなく、集団に包まれた自由な個人であった[21]。こうした変容の中で、東アジアでは、重層的地域構造が形成されていた。

　もはや国家が世界政治における絶対的な枠組ではなくなってきており、国家以外の様々な政治単位が、グローバル・システムを構成する新たな主体として登場した。国際政治において、国家は依然最も重要な主体であるものの、国家以外の主体の顕著によって、世界政治のレベル、国際レベル、国家レベル、地域レベルへと分解し始めた。この変容を世界的規模で起動させたのは、「地方（地方政府）」や「地域」の動きが連動した「地域経済圏の形成」であった。「地域」とは、国境を越えて複数の政治実体にまたがる物理的な領域のことである。また「地域経済圏の形成」とは、複数の政治実体が国境を越えて労働・商品・資本を交流させ、比較的強い経済的相互依存関係を形成し、国際分業を成立させる動きを意味する[22]。

　東アジアの場合、1980年代半ば以降に域内グローバル・システムの変容を最も示したのは、中華人民共和国・台湾・香港の「三つの中国」からなる中華経済圏の形成であった。これは、EUやNAFTAのような地域経済統合の動きとは違い、異なる政治経済体制を享有する関係地域・地方が、制度化や条約などの文書化を伴うことなく、グローバル・システムに参入していく「手段」や「経路」として、国境を越えた地域経済圏の形成を連動させたものである。3つの中国による中華経済圏の形成と中華人民共和国内の地方分権化は、異なる政治経済制度を享有する三つの中国が1つの経済システムに参入する手段として発現したものである[23]。

　1990年代以降の東アジア全体は、体制の相違や主権問題を超えて「地域」の深化が広まり、かつ高まった。そこには、冷戦後の新秩序の探求や地域内の経済依存の高まり、そして経済ブロック化への懸念と開かれた地域主義への必要性の認識という要因があった。冷戦崩壊後のグローバル化が一層進む中で、地域主義も広く深まったのである。その基本的な要因は、何よりも地域内での貿易と投資が増大したことであった。しかし、欧州や北米と比べると、東アジアの地域主義は遅れをとっていた。その理由は、資本主義と社会主義という異なる社会体制の存在、分断国家の対立の継続、諸国間の経済発展水準の大きな相

異、そして歴史的要因による相互不信の存続などが背景にあった[24]。

しかし、1990年代の後半以来、第2次世界大戦や冷戦の負の遺産を変容させるダイナミックな展開が東アジアで起きていた。例えば、中国における市場経済の目覚ましい発展、日本人と韓国人の間の「和解」の深まり、北朝鮮の対外政策と国内政策の変化の兆し（もっとも、対外関係の改善は核開発問題で暗礁に乗り上げた）、そして台湾海峡両岸の経済的相互依存の深化などである。中国は、1992年初めの鄧小平の南方談話以来、抜群の経済成長率で発展を遂げてきた。1997年のアジア金融危機を重要な契機として、地域の多国間枠組を活用した協力政策に乗り出した。東アジアにおける地域主義の活性化は、地域大国日本の動向と並んで、中国のイニシアティヴによるところが大きかった[25]。

こうした状況の下で、東アジアでは新たな多角的な協力枠の模索が始まった。第1に「経済面」で見た場合、金融危機が発生するまでの10年間、日本、韓国、台湾、香港は世界で最大の経済的機会を提供する地域であった。当時のこの地域の強みには、資本、ノウハウ、競争力、補完的経済、原料や市場に対する優れたアクセスなどが指摘された。東アジア諸国の懸念は主要市場である欧米諸国の保護主義と貿易ブロックの出現であった。東アジア域内の経済的な相互依存の急速な拡大と国際経済構造の変容は、この地域の経済関係を規則化させるための新たな多角的な枠組の形成を促した。同時に、経済領域での多角的協力の前進は、政治・安全保障領域での多国間の対話と協調を促す基盤を提供した。

そして、第2の「安全保障面」では、皮肉な状況と結果を招いた。一方では、安全保障環境の相対的な安定を域内諸国が享受することができた。つまり、①ソ連の解体により、東西対決と中ソ対立が米ロ・中ロ協調に取って代わったこと。②フィリピンから米軍の戦略的撤退が東アジアにほとんど混乱をもたらすことなく円滑に行われたこと。③北朝鮮を除き、東アジアでは政治的正当性が経済発展上の成果と国家建設に大きく依存しており、軍事力や膨張に頼ってはいないことである。また、米中日ロの4大国は、首脳会談の頻繁な開催を通して2国間関係を基盤に新しい関係を模索し、東アジア地域諸国にも地域レジームや対話の進展、そして多国間協議の枠組づくりが試された。

しかし他方では、この地域の将来に対する不確実性・不透明性が増大し、特

に大国間関係の変化の及ぼす長期的な影響が不透明になってきた。米ロ関係改善の一方で、中国の急速な経済成長や軍事力の近代化、ナショナリズムの台頭は、中国の将来への懸念を近隣諸国の間に生んだのである。そして、中国と米国や日本との間には、貿易や人権、大量破壊兵器やミサイルの移転をめぐって対立した。そのために東アジアでは、「協調的安全保障」という概念に基づく地域秩序の形成を各国ともに模索し始めたのである。これは、敵と味方に二分された世界観から相互依存論的な国際情勢観への転換であったが、専門家の間には東アジアこそが「最も危険な地域」であると指摘する人々もいた[26]。

　また、第3に「政治的側面」では、東アジアでの政治的正当性は、経済発展と国家建設にかなり依存してきた。したがって東アジアの発展のためには、欧米諸国を含む外の世界に一層開放することが求められるようになった。東アジア諸国には、様々な政治体制が共存している。共産党一党支配体制、軍人独裁、軍人・官僚支配の権威主義、政党・官僚支配の権威主義という形で多岐にわたっている。ところが、いずれの政治体制も固定したものではなく、経済発展や社会変動に伴って、より多くの国民の政治参加が拡大しつつ、その意味で民主化の過程にあったといえる[27]。

　この最中に、欧米先進国が東アジア諸国に対して、一方的に西欧型民主主義と人権ということで圧力をかけていたことには問題であった。その理由は、第1に、先進国の民主主義が進展した際には、東アジア諸国は植民地となり、非人権・非民主主義の被抑圧状態にあったことや、今日の先進国にも多くの問題を抱えているからである。第2に、当時進められている民主主義への道は、「地球的資本化の力学」と連動した先進国の民主主義を価値基準としてそれへの序列化を求める「上からの地球化」であったが、逆に東アジア各国内の民主化の深化と地球市民の協力を通じて民主化を進めようとする「下からの地球化」的考え方があったからである[28]。

　冷戦後の世界は、冷戦構造の地殻変動を経験しながら大転換期を迎えた。ここでの転換期とは、国際関係が制度化されていない未熟な状況を指す。そもそも国際関係という領域（分野）は、国際社会の「無政府性」と「制度化」とが並存してきた。冷戦期という状況の下で国際政治理論の正統的な立場を占めて

きたリアリズムは、国際社会を支配している基本的な要素は制度や規範ではなく、無政府性であり国力であると論じてきた。制度はむしろ力の現実によって決定づけられる従属変数であり、制度そのものに対する関心はユートピア的な試みとして長く軽視される傾向にあった。しかし、従来のリアリズムに対しては、理想主義だけではなく様々な立場からの挑戦がこれまでもなされてきた[29]。

冷戦崩壊という歴史的大転換期の中で、東アジア諸国は、多国間対話のチャンネルを増やしてきた。1996年1月にはASEAN諸国だけでなく、米国、中国、ロシア、欧州連合（EU）の外務当局者や主要国の防衛・軍当局の関係者が参加して「信頼醸成措置の検討会議」が開かれ、国防白書の公表や国防関係者の交流を推進するなど軍事的な疑念を取り払う方法について議論が行われた。同年3月には、アジア欧州首脳会議（ASEM）が開かれ、世界規模での安全保障体制へと拡充する試みも進んでいた。しかし、新たな日米安保体制に対する中国の疑念、台湾・南沙問題への対応、北朝鮮問題、カンボジア情勢など、東アジアの不安定要因は多く残されていた。

第2節　ポスト冷戦期の東アジア構図

1. 東アジア安全保障とネットワーク

1990年10月3日の東西両ドイツの統一に象徴される冷戦の終結は、冷戦とは何であったのかをめぐる関心と議論を呼び起こした。そして、冷戦は「長い平和」の時代であったと考える人たちも現れた。彼らは、冷戦の時期に米ソ間に戦争が起きなかった原因を、核兵器の存在によって核抑止機能が働いたことと、国際政治が米ソを中心とする二極構造に分極化したことによって東西両ブロック間にある種の安全が保たれたことに求めた。そのような見方に立つ人たちは、冷戦の終結は戦争を起こりにくくしていた冷戦構造の崩壊を意味していたため、ポスト冷戦の世界は不安定となり、紛争が起こりやすい状況になったと見なすことになる[30]。

その一方で、「長い平和」論に納得できない人の中には、米ソ冷戦の時代を主として、自由主義対共産主義のイデオロギー対立の時代であったと見なし、自由主義が共産主義に勝利したのであるから、ポスト冷戦の時代は自由主義的市場経済が支配的なリベラル・デモクラシーの時代である、と主張する。この見方の人々はポスト冷戦の時代を経済の時代と認識し、少なくとも先進諸国間には戦争は起こりえないと考えている。彼らはまた、戦争が起こりえない理由として、民主化と自由貿易による経済的相互依存の進展を重視するので、民主主義体制を発展途上諸国の間に拡大していけば、紛争や戦争は封じ込められると見ている[31]。しかし、いずれにしても世界各地では、様々な紛争が多発した。

　東アジア地域の場合、国家間の紛争可能性が非常に高い地域は、朝鮮半島、中台関係、日ロ関係の３つの地域である。まず、朝鮮半島は、北緯38度の休戦線の間に韓国と北朝鮮が対峙状態で相互譲歩なしに体制競争と軍備競争を繰り広げている。また、朝鮮半島は休戦状態をまだ維持しており、この地域の平和構築への転換はまだ初期段階に止まっている。さらに、北朝鮮の沿岸警備船が休戦線で韓国漁民に対する拿捕を行い、また潜水艦の韓国侵入事件で緊迫した事態が続くなど、朝鮮半島の南北間の緊張は高まっている。朝鮮半島の場合は、朝鮮戦争という内戦を戦った点が東西ドイツの場合と決定的に異なっており、現在北朝鮮の体制変化の問題が存在する。

　次に、中国と台湾の間の紛争の可能性がある。台湾は、北東アジアと東南アジアの間に位置しているが、中国と台湾間の軍事的葛藤・対立は、東アジアの不安定として直ちに連動される可能性が高くなっている。しかも、脱冷戦化の進展に伴って中国の台湾に対する圧力は強化されており、台湾問題をめぐって中米両国には葛藤が形成されている。中台関係は、台湾側の「両湾関係の国際化」による実質的な分離主義政策の推進と、中国側の民族主義志向の強化という相互矛盾する状況の中で緊張がさらに高まっている。中台関係は、内戦を戦っており、中国の体制変化の問題が存在する。中台、南北朝鮮地域では、欧州でそうだったような、グローバルな冷戦終結がドイツの統一と東欧諸国の体制移行をも移行したようなプロセスが起きることは考えられない。

　最後に、日本とロシアとの間での北方領土をめぐる紛争である。この紛争に

よって、戦後50余年が過ぎても両国が平和条約問題に結論をつけていないことが東アジア全体の安定に悪い影響を及ぼす要因として作用している。日ロ両国を取り巻く外因的な背景は改善されつつあるが、ロシアと日本は重要な2国間問題を何ら解決していない。ちなみに、日中両国の間には、尖閣諸島をめぐる領土紛争が存在している。いずれにしても東アジア地域の領土紛争、軍備管理、経済協力などの問題は、これらの問題を包括的に協議しうる場の創出や多国間ネットワークが必要とされる。

これまで東アジア地域の政治構図は、次の3つの特徴が取り出される。

第1に、持続的な経済成長を要因として「地域」としての自立化が進んできたことである。東アジアは冷戦時代の米ソ従属的な立場から次第に各国・地域の自立化を進めている。日本の経済大国化に続き、1980年代以降のNIESと香港と結びついた中国の対外開放政策などによって、他地域に見られない経済発展を実現し、自信と実力を身につけるようになった。ここでの自立化とは、自らが国際社会との関わりにおいて主導的に何らかの路線・政策選択をし、またそのことが可能となるような意思とメカニズムが形作られてきたことを指している。したがって、地域の自立化と相互依存関係は相対立するものではない。

第2には、かつての「敵対・分断」関係が溶解し、基本的には「非敵対・共存」関係が進行していることである。東アジアはポスト冷戦に先立って、「非敵対・共存」関係を譲成した。中台問題および朝鮮半島問題は、東アジア冷戦の進行の結果として生まれた「敵対・分断」が、ポスト冷戦によって徐々に「非敵対・共存」に転化している[32]。前者は特に1980年代後半以降の非政治分野（経済）での急増する交流が、中台関係を不可分の共存的関係に変えた。後者も1980年代後半における韓国の「北方外交」の展開が新たな突破口となり、1990年代初頭以来の南北首相会談、南北国連同時加盟、韓中国交正常化、そして南北首脳会談などによって軍事的な緊張が大きく緩和された。

そして第3には、政治的争点として非合理的な要因を背景とした地域紛争、非政治的摩擦の政治化、心理的要因による脅威論など、複雑化、多様化の様相を呈している。すなわち、人権・環境保護と経済発展をめぐっての中国と欧米の対立、チベットやウイグル族などのエスニック運動の高まり、中国・台湾・

韓国・米国などの間で貿易インバランスの深刻化による政治問題化、東アジア域内での兵器輸出の増大、軍拡の趨勢および領土、領海をめぐっての地域的摩擦などによる脅威論の台頭が見られる。そしてこれらいずれの問題にも、中国が直接の当事者として、またある場合には強い影響を及ぼすファクターとして深く関わっている。

東アジアでは、以上の実情を踏まえつつ、新たな地域秩序模索の一環として地域主義を深めている。ここでの地域主義とは、域内多国間の関係の安定化を図る秩序のことである。この地域主義において必要なのは、如何に域内関係国すべてが共有する利益を実現させるかにある。また、どの国がソフトパワーを発揮し地域主義形成の主体になれるかという問題は極めて重要である。従来、この地域諸国の情勢順応的な対外政策は、自国の国益を基本とする限定的な目標の達成が目的であった。しかし、地域主義秩序の創出を目指す対外政策の場合には、関係各国を取り込み協力を確保するために、関係国すべての共有する利益の実現が目標として設定する必要がある。

要するに、地域主義構想の過程では、関係国すべてが共有できる利益を見いだし、その達成を目標として設定することが不可欠である。そのために各国の国益がしのぎを削る国際政治の中でも、国際秩序の維持自体に利害関心を抱く国や主体が、狭い意味での国益を超えて秩序を維持するコスト、すなわち国際的公共性を担う必要がある。東アジア地域は、すべての国が経済発展に強い関心を抱えており、経済発展を持続させる条件を確保することが地域秩序を創出する基盤にもなっている。その意味で、日中関係は最も重要である。地域主義の発展によって偏狭なナショナリズムを超克し、多国間主義と2国間関係の良性循環的発展を実現させることが日中双方にとっての重要な課題である[33]。

何よりも東アジア地域の安全保障問題は、緊急課題である。冷戦時代には米国の軍事力を傘とした親米各国の安全保障体制と、中国・北朝鮮など社会主義諸国が対峙していた。そして、その背後には米ソ超大国による軍事的なパワー・バランスが存在し、さらに中ソの緊張関係がこれに絡み、東アジア各国の軍事行為を相互牽制・抑制するメカニズムが大枠において機能していた。しかし、冷戦後にはソ連の崩壊とそれに伴う米国の「対ソ封じ込め」政策の変更などの要

因によって、米国の軍事的戦略目標や役割は大きく変化した。こうした急激な転換は、域内の「相互抑止バランスの喪失」や「力の空白」を生み出し、その結果、東アジア各国の間には軍拡競争の動きが顕著になった。

日本は、米国のアジア離れの傾向に伴って、米国離れの抑止と軍事的プレゼンスの確保のために積極的な姿勢を示した。1991年春のASEAN拡大外相会談で、中山外相はアジア諸国による多国間の安全保障対話を提唱し、1994年7月にはASEAN6カ国に日本、米国、中国、韓国、ベトナム、ロシア、EUなどを加えた18カ国・機構による「ASEAN地域フォーラム（ARF）」が開かれた。こうしてアジア太平洋地域の安全保障問題を本格的に討議する初めての「場」となったのである[34]。この場では、国家安全保障から地域安全保障、攻撃・防衛型安全保障から紛争予防・極小化型安全保障、軍事的安全保障から総合安全保障への変化と、国益を超えた国際公共性を提供させようとする。

このARFでは、東アジア地域の安全保障における「信頼醸成装置」の意義が強調された。信頼醸成とは、以下の2つの段階に分けられる。第1段階は、国家間もしくは国家群間における不信・敵対的関係を信頼・友好的関係に転化させることである。第2段階は、一定の信頼・友好的関係を基礎にして、2国家間もしくは地域、地域間の関係を平和的共存、相互発展の関係に高めていくこと、などのプロセスを実現するルールやメカニズムのことを指す。現段階の安全保障論では、相互理解・相互依存関係のネットワークの下で、集団安全保障枠組の設定、冷戦型軍事同盟の集団安全保障体制でなく、地域の平和・安定と地域紛争の予防・除去・極小化型の集団安全保障体制の構築である。

一般に安全保障の確立とは、軍事的な脅威の減少を意味し、そこには防衛力の強化や軍縮などが必要である。前者は軍拡に繋がり、後者は信頼醸成と友好関係を要する。冷戦後のNATOの存続や拡大においては、協調的安全保障の枠組を拡充して次第に地域的安全保障体制へと再編してきた。東アジアでも緊張緩和や懸案の協議の面では、ARFがかなり実績を挙げつつあり、多国間の安全保障協力にも活用できる可能性が高い。米国はARF枠組での主導権の発揮が十分可能である。多国間の安保対話は、各国保有の軍事力の透明性とともに国際情勢認識の共有をもたらす。APECも、国家間の誤解・緊張や紛争の激化を抑

え、ARFとともに、地域的な安全保障レジームや安保対話の一環となりつつある。

21世紀の世界は、冷戦期と比べても相互の利害が絡み合い、イデオロギーに左右されないからこそ、逆に先が見えない複雑な状況にある。こうした中で、米国外交の一方主義は強まっている。今後、米国・ロシアを含めた域内関連の国々は、中国を含む新たな安全保障体制においてパートナーシップを深める努力が求められる。そのためには、中国を含む各国の透明度を一層高め、互いの疑念を解消し、一層安定した安保環境の形成と共存共栄に向け努力する必要がある。中国は、対外貿易で、4分の3をアジア太平洋、外資は9割を同地域に依頼し、2020年には、世界最大の経済力を持つと言われており、東アジアと世界の繁栄にとって、中国が果たす役割は一層重要になっていく。

2．地域レジームと信頼醸成措置

(1) 地域レジームの形成

20世紀末東西冷戦の終焉により、東アジアの緊張は大幅に緩和された。しかし一方では、かつての背後に押しやられていた問題が、冷戦の制約から解放されたことにより、様々な形態で表面化した。そのため、東アジア地域は、新しい国際秩序が確定せず、域内情勢が極めて流動的な状態になっている。この地域は、持続的な域内経済発展や東アジアの不安定要因の浮上、そして中国の台頭と東アジアの安全保障問題など、多様で多元的な争点が顕著になっている。中でも朝鮮半島情勢の不安定化を初め、南沙諸島の領有権をめぐる確執と台湾海峡の緊張がある。いずれの場合も、状況によっては地域紛争にまで発展しかねない火種である。

東アジア諸国は、まだ米国の軍事力が中国や日本の勢力拡大を抑制すると考えている。そこには、日本が過去の植民地支配や戦争における過ちをきちんと清算しなかったことに対する不信感が根ざしている。日本が経済大国になり、ODAや貿易、それに海外への直接投資を通じて、東アジア地域の経済発展に大きく貢献したことから、経済的には日本の役割を高く評価している。そのこと

が政治的にも主導権を発揮することへの期待に繋がることもあるが、東アジア諸国の間では全般的に日本よりも米国に対する期待感の方が強い。日本政府もそうした事情を考慮して、あまり目立つ形で主導権をとるのを遠慮し、日本のそうした姿勢が主導権を発揮できない悪循環を生じさせる面がある。

　これまで東アジア地域（特に北東アジア）は、「国際レジーム[35]」が欠落している地域であった。しかし、近年こうした状況に変化が生じている。この地域では、以下の4つのレベルでの安全保障をめぐる対話や協力、関係の再定義、レジームの形成が行われつつある。これらの中には恒常的な制度を構築する場合もあれば、特定の状況に対処するための一時的な国家間協力・提携が形成される場合もある。また、それぞれのレベルでの動きが相互に独立している場合もあれば、他のレベルの動きと連動される場合もあり、その実態は、多様で多元的である。そして、安全保障と深く関わりながら、経済的な協力・提携の動きも様々なレベルで行われ、これらを支える国内政治の変化もある[36]。

　まず第1レベルの地域変化は、国際レジームの地域への拡大という形のものである。1991年9月に南北朝鮮の国連同時加盟の実現によって、東アジアは（台湾を除いて）国連レジームに包摂される。核の不拡散を目的としたNPT（核不拡散条約）、CTBT（包括的核実験禁止条約）にもこの地域のほとんどの諸国が参加している。IAEA（国際原子力エネルギー機関）との保障協定は、各国の核開発プログラムの透明性と信頼性を高める上で大きな貢献をしている。なぜなら、NPTに加盟した国は、IAEAと個別に保障協定を結び、自国の核政策の透明性を確保することが義務づけられるからである。こうして原子力を軍事用に利用していないことを内外に明らかにするのである。

　また、第2レベルの変化は、アジア太平洋の広域的な地域を対象としたレジーム形成である。ARFやAPECなどの地域フォーラムは、制度化された対話を促すフォーラムとして意義がある。これらは、最初から地域主義の原理や原則があるものではない。関係諸国は、対話や協議の積み上げ過程で地域共通の理解や知識・概念を獲得した上で、地域協調や協力を引き出そうとするものである。ここに参加する大国の行動は、大国間関係と同時に、地域共通のルールや行動規範の制約を受ける。その意味で、ARFやAPECなどの地域フォーラムは、

地域規範やルールの社会化や新しいアイデンティティ（「協調的安全保障」「総合安全保障」など）の相互学習の機会を提供している。

　第3レベルの変化は、サブ・リージョンでのレジーム形成である（ASEAN・ASEM・KEDO・6者会談）。北東アジアにおける地域レジーム形成の動きは、KEDO、6者会談などがある。かつてのKEDOレジーム、グローバルなNPT／IAEAレジームと地域の核拡散問題を結びつけて地域レジームの形成がなされた事例であった[37]。しかし、このレジームは崩れたものの、その上で新たなレジーム形成をめぐる6者会談が進行中である。そこでは、米朝2国間関係とともに、日米韓間の提携や米中、米ロ関係、そして中朝関係など、朝鮮半島での核拡散を懸念する関係諸国間の一時的な提携が形成されている。その意味でこの会談は、東アジアの安定と平和に向けた地域レジームへの試みである。

　なお、東アジア地域では「局地経済圏」の動きが顕在化している。これは、制度化されてはいないものの、国民経済（もしくはその一部）相互との結びつきを強めている。「局地経済圏」は、市場メカニズムを通じての「事実上の」経済統合が、東南アジア（「成長の三角地帯」「メコン河流域経済開発構想」など）や北東アジア（「華南経済圏」「豆満江開発プログラム」など）で生まれている。「環日本海経済圏構想」などの構想も、国際機関や地方自治体、経済界によって検討されている。「局地経済圏」は当該地域の経済開発に寄与するだけでなく、政治的な関係を安定させる機能をも有している。

　第4レベルの変化は、日米中ロの大国間関係である。歴史的に見た場合、国際秩序の形成に大きな役割を果たしてきたのは大国であり、したがって大国間の行方が地域秩序のあり方に決定的な影響を及ぼしてきた。東アジアにおいては、大国同士の2国間首脳外交の活発化のように相互の関係を新たに定義する試みがようやく始まった。これは、東アジア国際関係史上初めてのことである。近年は、日米中ロ4大国の間に「戦略的パートナーシップ」を求める新たな2国間関係が展開しつつある。大国間に相互の対立点は残っているが、冷戦期の米ソ関係のような敵対的な関係にはならないことを相互に確認しつつあり、相手を国際・地域秩序構築に際して重要なパートナーシップであると見なしている。

　中国は、自国を「大国」と見なし、大国重視の外交を展開している。1996年

にはロシアと「戦略的な協力パートナーシップ」の確立に合意した。1997年には米国と「建設的な戦略的パートナーシップ」構築にともに努力することで合意した。そのほかにも、フランスとは「全面的なパートナーシップ」、EUとは「長期的で、安定的で建設的なパートナーシップ」、ASEANとは「善隣友好のパートナーシップ」、インドとは「建設的なパートナーシップ」の確立に合意してきた。ポスト冷戦期の中国は、「パートナーシップ」を「新型国家関係」と見なしているが、これは軍事的な「同盟関係ではない」「対立ではなく協調」「第3国に向けられたものではない」ことを意味するものである。

ところが、東アジア地域において中米ロとともに大国と見なしている日本との「パートナーシップ」はまだ確立されていない。日本側は、「平和と繁栄のためのパートナーシップ」を模索しているが、しかし中国側は、「善隣友好の協力パートナーシップ」を考えており、いまだ「新型関係」の確立に合意せず、事実上新たな日中関係の基本枠組を持っていない。つまり、「善隣友好」とは、1972年の日中国交正常化以来の枠組であり、隣国だから仲良くすることである。中国は、歴史問題など特殊な日中関係が、域内諸国に影響を及ぼさない関係でなければならず、また日本が日中協力を地域秩序に対する影響力の拡大に利用することに歯止めをかける根拠としたいとの狙いがある[38]。

冷戦期の戦略的パートナーシップは、第3国を対象とした結束の強化という側面が強かったのに対して、ポスト冷戦期のそれは、第3国とのバランスの強化（日米を対象とした中ロ「戦略的パートナーシップ」など）や第3国への牽制といった側面を有するものの、第3国を公然と敵視した結束の誇示（敵対的な戦略パートナーシップ）という性格は弱いのである。こうした2国間次元での大国間関係の進展は、4カ国間のいわゆる「大国協調」の枠組に発展しようとしている。一般に、協調システムが成立するには、大国間にシステムの安定のための公式的、非公式的な行動のルール・規範が形成される必要がある。大国間関係は依然対立があるものの、単独行動は難しく自己抑制が働いている。

そのほか、東アジア各国の国内政治過程の変化がある。かつて「輸出代替」という保護主義的な開発戦略をとってきた東アジア諸国は、1980年代以降、外資を積極的に導入し、輸出を振興する開発戦略を広く採用することになった。こ

うした開発戦略の変化は、国際経済に対する先進国と途上国の対外経済認識を著しく接近させ（自由貿易原理の支持など）、APECのような地域経済協力の仕組み形成を促してきた。同時にそれは、それぞれの国家の国内政治過程にも大きな影響を与えている。開発戦略の変化や経済の自由化に伴って国際経済との関係が強まった結果、国家が守るべき核心的価値（国家安全保障、経済的繁栄、政治的自律）の優先順位やその対処の仕方にも変化が生じている。

　特に、中国の域内諸国との関わりは深まっている。中国は1980年代以降、アジアAPEC地域との貿易関係を密にして、開放改革路線を進めてきた。1978年の対外方針転換以来、積極的に外資導入政策をとってきた。1979年の合併事業法の策定および経済特区の建設、1984年の沿岸湾港開放など、制度的・物理的な開放も進められた。また、1992年には商業、不動産取引、金融などの点で大幅な規制緩和が行われ、1993年には内陸部への外国企業の積極的誘致の方針なども表明した。こうして中国の貿易依存度は上昇し、外国系企業の活動も拡大しているが、その主体はアジアAPEC諸国である。1990年代では貿易の約70％、直接投資の約90％、対外借款の約50％がこの地域に依存している[39]。

　近年の東アジア諸国の国内政治権力の正統性は、ますます経済的富の創出に依存し、また富の創出は、国際経済との深い結びつきにますます依存するようになっている。この結果、国際貿易や外国企業との提携に従事している人々（政治家、役人、企業人、学者などの「国際派勢力」）の国内政治的影響力が強まりつつある。この国際派勢力は、地域環境をより平和的にするような対外政策を唱導するようになった。自国周辺の政治軍事的緊張は、生産に振り向けられる自国の資源を縮小させ、海外からの投資や資金・技術の導入を阻害し、対外経済環境を悪化させるからである。各国の国際派勢力は、保護主義的な勢力に比べ、緊張を緩和するような対外政策を唱導して政府に影響力を行使している。

　そもそも「協調的安全保障」と「集団防衛」は、原理的に異なる安全保障へのアプローチである。ポスト冷戦期のNATOがそうであるように、アジア太平洋の同盟体制も、特定の顕在的かつ明白な脅威に対抗するというよりは、地域全体の安全保障環境の維持という公共財的機能（集団安全保障機能）をより強く持つようになっている。そして、この点に関して東アジアには共通の理解が醸

成されてきた。しかし同時に、「協調的安全保障」と「集団防衛」の両者間の原理的な対立・矛盾が顕在化する可能性が常に存在している。日米安保をめぐる中国と日米間での論争がこれを象徴している。

中国と日米間との関係は、両者間の全般的な政治・経済・社会関係によって影響を受ける。安全保障関係だけが独立した領域として存在することではない。また、中国と日米との関係は、それぞれの第3国や国際関係・地域レジームとの関係によっても影響を受ける。この点では、同盟（集団防衛）と協調的安全保障の原理的な対立を顕在化させないための多元・多角的なアプローチが重要になる。東アジアには、国家間関係を制御するために様々な公式、非公式のレジームや対話の枠組が形成されつつある。それらを重層的に組み合わせることによって地域の統治（「ガヴァナンス40)」）の仕組みをつくろうとする動きの1つが協調的安全保障論である。

(2) 信頼醸成措置

国家の安全保障戦略策定にとって重要なのは、抑止力の安定と軍備管理能力と並んで、近隣諸国との信頼醸成措置の推進である。「信頼醸成措置」とは、「偶発的事故や誤算あるいはコミュニケーションミスによる紛争生起の可能性を減じ、かつ、奇襲や政治的恐喝を禁じ、よって危機時並びに平時における安定性を増すことを狙いとしての、相互理解やコミュニケーション、公開性を高めるための国家間の協力措置41)」である。これは、広い意味での軍備管理政策の一類型である。しかし、軍備管理全般が兵力の数や質といった軍事能力に着目するのに対し、信頼醸成措置は、軍事能力それ自体よりも、むしろそれがもたらす不安や恐れという側面に焦点を当てて、その解消を狙う概念である。

例えば、挑発的な軍事戦略の不採用や防衛白書などの軍事情報の公開が一例である。信頼醸成措置の主な類型は、情報交換と査察・立会、そして行動の抑制がある。第1に、情報交換は、軍事費・部隊の組織編成、配備・ドクトリン・戦力レベルの公表、偶発的・非意図的核事故発生の際の告知・事故防止協定の締結、演習およびミサイルテストの告知、ホットラインの整備、核リスク減少センター、軍事交流がある。第2に、査察・立会は、主要演習へのオブザー

バーの派遣、現地査察、ICBMサイロへのセンサー設置、NTMの検証への非干渉、非隠匿の確約、連絡将校等の受け入れ条件の改善などがある。第3に、行動の抑止は、偽装攻撃の禁止、軍隊の進出・退去地点の事前指定、攻撃兵器およびその支援機材の前線配備の禁止、多弾頭ミサイルの禁止、兵力展開の上限設定、第2撃力の柱となるSSBMに対する一定のエリア内でのASWの抑制がある[42]。

ポスト冷戦期の米ロあるいは欧州での信頼醸成措置をめぐる動きは、活発化しつつある。ロシアの場合は、1994年には欧州通常戦力条約による兵力削減を前倒して実施し、また平和のためのパートナーシップ協定に調印している。また、米国との関係でも両国間の軍事協力覚書に調印（1993年9月）、それに基づいて平和維持活動を想定した合同軍事演習を実施している。さらに、1994年5月には双方とも戦略核の照準を完全に解除している。元々、信頼醸成措置の起源は、1975年7月の「全欧州安全保障協力会議（CSCE）」である。冷戦期に対立していたNATO、WTO加盟国の合計35カ国首脳ら900人が参加し、120頁にわたる最終文書に署名された[43]。

このCSCEの最終文書では、国境不可侵原則や紛争の平和的解決および信頼醸成措置に関する第1章「欧州の安全保障に関する諸問題」、経済協力の推進などを謳った第2章「経済、科学技術、環境の分野における協力」、人的交流と情報の自由および人権に関する第4章「人道的およびその他の領域における協力」という、大きく分けて3つの分野での協力が謳われていた。CSCEは合議体であるので、軍事力の行使については既存の機構に頼ることとしている。しかし、ポスト冷戦期の1994年12月に開催されたブダペストでの首脳会議において、CSCEの機構としての強化が図られることとなり、翌1995年1月1日から「全欧州安全保障協力機構（OSCE）」として発足している[44]。

東アジアの場合は、かつてのブレジネフ書記長がアジア集団安全保障の構想を打ち出して以来、1991年4月、訪日中のゴルバチョフ大統領がアジア太平洋の安全保障、軍縮に関し、日米ソ3国による協議の開始や、さらに中国、インドを加え、経済、社会分野をも含む広範囲な問題を取り扱う5カ国会議の開催を提唱していた。しかし、ヨーロッパ地域とは異なり、東アジア諸国は多様性に富む、欧州のような多国間の集団安全保障体制は東アジアには定着しなかった。

そのため、米国を中心とする2国間の同盟、友好関係とそれに基づく米軍の存在がこの地域の平和と安定に重要な役割を果たしてきたのである。

また、東アジア地域には、海洋国家、大陸国家が入り交じって所在するために兵力構成の非対称性が非常に高くなっている。しかも、ポスト冷戦期においても、中国・北朝鮮・ベトナムなどの共産体制の現存と、朝鮮半島の分断や中国・台湾の対立関係、そして竹島（孤島）・北方領土・尖閣諸島などの領土問題をめぐる対立も顕在化している。そのため、域内諸国間の緊張緩和の度合いがヨーロッパに比べて著しく遅れているのである[45]。こうした複雑な事情によって、東アジアでの信頼醸成措置はポスト冷戦期においても、ヨーロッパと比べて大きく遅れているのが実情である。しかし、東西対立の終了という国際環境の変化の中で、東アジアの状況が緩和しつつ、対話と協調も進められている[46]。

これまで東アジア地域では、多国間で地域の政治、軍事・安全保障について話し合う場がなかった。しかし、ポスト冷戦期には、域内の安全保障問題に対する関心が高まり、1992年1月のASEAN首脳会議で、政治、安全保障に関する域外との対話を強化すべきであるとの合意がなされた。そして、同年7月のASEAN拡大外相会議において、地域の安全保障について話し合いが行われた。こうして1993年7月シンガポールで開催されたASEAN拡大外相会議では、ASEAN拡大外相会議のメンバーに中国、ロシアなどを加えた合計19カ国・機関により、アジア太平洋地域の政治安全保障対話を行う地域フォーラムの創設が決定された。

そして1994年7月、「ASEAN地域フォーラム（ARF）」の第1回会合がバンコックで開催された。1995年8月の第2回ARFでは、中国・フランスの核実験問題、ボスニア・ヘルツェゴビナ情勢、南沙群島問題などについて実質的な討議が行われた。また、中国とASEANの間には信頼醸成を目的に、安全保障に関する高級事務次元協議の定期開催に合意（1995年4月）した。そしてARFは、米国の軍事的プレゼンスを背景に、「予防外交[47]」や平和的協議による紛争の平和的解決のための主要な機関となった。これらの動きは、未だ域内の信頼醸成措置へと至らない状況であるが、域内各国が近隣諸国との交流の積み上げや信頼醸成措置の必要性をともに必要としている。

3．イラク戦争と北朝鮮問題

　新たな国際平和の構築と多国間安保協調を模索する最中の2003年3月20日、米国が一方的にイラク戦争を開始した。ジョージ・W・ブッシュ政権は、この戦争の勝利によって膨大な国益の追求とイスラム圏全体への米国的民主主義の拡散、そして米国の超越的な地位を世界に示そうとした。これらの米国戦略は、国際社会の平和と民主化にも逆行するものであった。現在ブッシュ政権の戦略は失敗しつつあり、国際社会からも孤立を深めている。この戦争は明白な帝国主義戦争であり、そのため、フランス・ドイツ・ロシアはともに米国政策に強く反対（反米同盟？）し、また中国などの国は消極的な姿勢をとっている。米国的民主主義と軍事的パワーだけが、世界の「正義」ではないからである。

　2001年に発足したブッシュ政権の一方主義的行動は、冷戦終結という歴史の転換期の中で、米国が世界秩序構想の一環として、戦略的に構想してきた「多国間主義（Multilateralism）」さえ否定する出来事であった。そもそも多国間主義は、米国が主導する協調主義が内在化したものであった[48]。いずれにしても、今回ブッシュ政権が行った一方的な対イラク先制攻撃（戦争）とその後の米国占領統治の実態は、到底に正当化できないものである[49]。もし、米国の「予防先制攻撃論」と「単独主義」によるイラク戦争が「帝国主義戦争」ではなければ、どんな戦争が帝国主義戦争なのか。

　ブッシュは、一方的にCTBT・京都議定書調印の拒否やミサイル防衛計画の推進およびABM制限条約から離脱した。そして、クリントンが任期終了の間際に精力的に取り込んだ中東和平の調停についても、ブッシュは調停作業を継続する意思のないことを明らかにし、結果的にパレスチナとイスラエルの武力衝突を事実上放置した。こうしたブッシュ政権の自国中心主義的単独行動に対して、国際社会からの危惧と批判が強まっていた。この最中の2001年9月11日米国では、乗っ取った民間旅客機でニューヨーク貿易センタービルと国防省を狙った、同時多発テロが起こった。この事件は、過去日本の「真珠湾攻撃」になぞらえて大きく報道され、米国の世論を大きく変えていった。

　「9・11同時多発」直後のブッシュは、直ちに「テロとの戦い」を宣言し、犯

行を指揮していたとされるイスラム原理主義組織アル・カイダ（拠点）を率いるオサマ・ビン・ラーディンの引き渡しをアフガニスタンのタリバーン（イスラム神学校の学生たち）政権に要求し、それが拒否されるとアフガニスタンへの軍事攻撃を行った。米国は自衛権を根拠にアフガン攻撃に踏み切ったのである。この際にブッシュ政権は国内の90％高支持率の獲得とともに、国際世論も同情的であった。NATOは、冷戦時代には一度も発動しなかった集団自衛権の行使を決定し、日本も、テロ対策特別措置法を成立させて、自衛隊をインド洋の戦場周辺に派遣した。

　この間、米国はABM制限条約脱退表明や国際裁判所設立条約への署名撤回などの動きが続いていた。そして、オサマ・ビン・ラーディンの捕獲には失敗したものの、アフガン軍事作戦が圧倒的勝利に終わると、次はイラクのフセイン政権の打倒のために戦争を仕掛けた。その理由は、イラクが開発した大量破壊兵器（？）がアル・カイーダなどのイスラム過激派の手に渡れば、米国の安全が重大な脅威にさらされるということであった。ブッシュは、イラク・イラン・北朝鮮を「悪の枢軸」と批判し、米国の安全を脅かす大量破壊兵器を開発・支持する国に対しては先制攻撃を辞さないとする「ブッシュ・ドクトリン」を打ち出した。しかし米国内でも、ブッシュ政権をめぐって分裂している[50]。

　現在米国社会では、同時多発テロが起きた根本的な理由について、2つの見方に大きく分かれている。その1つは、貧困と絶望がテロリストを生み出すものであり、世界の貧富の差が是正され、富の再配分が行われない限り、テロは根絶されない、という見解である。もう1つは、テロの本当の原因は貧困にあるのではなく、宗教上の原理主義などに根ざした、自由や民主主義という米国的価値への反発・憎悪にある、という見方である。ブッシュ政権の立場は後者である。問題は、前者のような認識が決定的に不足しているということである。しかも、「テロリストにつくのか我々につくのか」と他国に軍事協力を迫るやり方で問題がすべて解決できるはずがないのである[51]。

　現実上、軍事力による先制攻撃でテロの根源や将来の戦争の危険性を根絶することは不可能であり、しかもこのような一方主義的な対応は米国と世界に恒久的な安全をもたらすという保障もない[52]。米国政府はイラク戦争を、テロま

たは独裁に対するものと位置づけているが、ムスリムらは、対イスラム戦争として受け止めている。米国は、イラクに（米国的）民主主義を移植し、さらに周辺国家へと拡散（拡大中東構想）させようとする。しかし、中東諸国やイスラム団体らの動きを見ると、米国の発想が如何に幻想であるかを示している。世界が一晩で米国的民主主義に切り替えることは事実上不可能である。民主主義は、平和と並んで、望むものでなく、自らが作り出すものであるからである。

なお、日朝関係は、「域外問題（イラク）」と「域内問題（北朝鮮の核疑惑）」が相互浸透する過程で、異常な状態になった。小泉政権の対北強硬策は、国内改革への評価とは別に、日朝交渉を停滞させたのである。しかし、域内あるいは世界の平和と共存のためには、日朝交渉は停滞させてはならない問題である。日本の対朝鮮政策が米国の強硬策だけに追隨していては、地域安定と平和への道は遠くなる。北朝鮮内部事情、日本の植民地責任、在日コリア社会の行方を含めて課題は山積している。この地域を不戦共同体にすることを目指すならば、日朝の不正常な関係にピリオドを打ったなければならない。日本は平和憲法と市民の力を土台に、朝鮮半島政策の「百年の計」を立てる時でもある[53]。

それではなぜ、日朝国交正常化交渉が必要なのか。2002年9月、日朝首脳会談が開かれ、国交正常化交渉がスタートした。しかし、会談の席上で金正日国防委員長が「拉致」の事実を認め、謝罪したことで、事態は急変した。この最中に、2003年3月の米英軍による対イラク攻撃の問題と重なって、ブッシュ大統領に「悪の枢軸」と名指しされた北朝鮮問題がさらに悪化された。日朝交渉の継続と正常化の実現は、拉致などの当面の問題と本質的な地域危機の解決のためにも必要である。もはやこれらの問題は、日朝両国間だけの問題でなく、岐路に立つ北東アジア全域の平和と共存の模索（例、「不戦共同体論」「共通の家論」）のためにも、必要不可欠な課題である[54]。

イラク・北朝鮮のいずれの場合も、ポスト冷戦期の「パワー」の政治と「安全保障」に対する疑問を強めた[55]。また、民主主義の多様性を初め、人々の価値観・観念と宗教文化などの相異も浮上した。イラク問題をめぐる米国と欧州（英国除外）との軋轢も顕在化したが、その根底には、国益衝突があるものの、民主化へのプロセス、米国的民主主義対西欧的民主主義の対立が背景になって

いる。中長期的に見れば、イラク問題は世界経済にも好影響を与えるとは限らない。この際に、東アジアは国際紛争の調停者として、米国中心の多国間単独主義の考え方だけでなく、複数の国々と多層的な問題を多段階レベルの交渉を通して問題の解決を図る「地域の発想」と「有効な手段」を引き出すことができないのか。

いずれにしても、地球に住んでいる我々（約63億人）は、「運命共同体」化しつつある。小惑星・地球が人の利用に供しうる資源にはエネルギー・水不足問題などの限界があり、さらには地球温暖化現象（と189番目の国連加盟国・「ツバル」問題）が示すように、ヒトがその生存のために行う活動が生態系を破壊しつつある。こうした事態に応じて、近年、「人類益」といった用語も使われるようになった。この言葉には、個別的で勝手な「国益」の追求に対抗する理想主義的な意味合いが含まれている。人類社会を織りなす諸関係の発達は、その伝達手段の高度化を伴って、地球を急速に「小さくしている」のであって、日々、我々は地球の大きさを実感する機会が増えてきている[56]。

振り返って見れば、人類の歴史は、様々な要素によって作り上げられている。そして、人類の歴史である限り、それを動かす主体は「ヒト」である。国際関係を織りなす構成は、程度の差こそあれ、国際関係に影響を与え得る宇宙、とりわけ地球上に存在するすべての物質である。例えば、地球温暖化に伴う生態系の問題は、宇宙をも巻き込んだ複雑な争点として、国際関係の極めて重要な課題である。しかし、こうした状況を生み出しているのは、大気圏内外の様々な物質ではなく、地球上に生殖する「ヒト」の群れである。このように国際関係の動向を左右する担い手は、あくまでも「ヒト」である。

【注】
1）坂本正弘『新しい国際関係論 - アジアの台頭とパックス・アメリカーナ　第Ⅱ期』有斐閣、1997年、1-2頁参照。
　　21世紀世界の1つの軸は東アジアの台頭である。東アジアの台頭の走りは日本であったが、1980年代に入り、NIES（中進国）やASEANが発展を明確にし、1990年代以降には、たとえ金融危機（1997年）に襲われたものの、「東アジアの奇跡」が確認され、中国の高度経済成長が続いている。

2）冷戦後の国際社会では、力関係においても、複数の国々による多極化に止まらず、多くの中小国や国際組織、またNGOも国際社会の集団的な意思決定に入ってくる多中心化といった構造的変化を、様々な国際地域で顕在させている。さらに、自由主義（資本主義）対共産主義（社会主義）という二大イデオロギーの対決は、世界政治の軸となるものではなくなった。その一方で国際社会は、ネーション・ステートの意味や役割が一層多様化する趨勢にある。民族と国家との分断現象が深刻化すると同時に、民族および国民国家を超える連合化の動きや統合化の動きも、相互浸透が深まる先進国国際関係の領域で起こっている。

3）ブルース・ラセット『パクス・デモクラティア』東京大学出版会、1993年参照。

4）近年の多国間（協力）主義論については、以下を参照。James A. Caporaso, "International Relations Theory and Multilateralism: The Search for Foundations," ibid., pp.51-90 ; Lisa L. Martin, "The Rational State Choice of Multilateralism," ibid., pp.91-121; John Gerard Ruggie, "International Regimes, Transactions, and Change: Embedded Liberalism in the Postwar Economic Order," Stephen D. Krasner(ed.), International Regimes, (Ithaca: Cornell University Press, 1983), pp.195-231; John Gerard Ruggie, Constructing the World Polity: Essays on International Institutionalization, (New York: Routledge, 1998)；日本国際政治学会編『国際政治』（第132号）、特殊「国際関係の制度化」の所収論文；日本国際政治学会編『国際政治』（第133号）、特殊「多国間主義の検証」の所収論文、などを参照。

5）ここで「地域主義」とは、世界と国との間に地域というレベルを想定し、それに経済、政治、安全保障、ないし文化などの領域で特定の役割を与えようとする考え方であり運動だと定義する。山本吉宣「地域主義」猪口孝ほか編『政治学辞典』弘文堂、2000年、721頁。

　ちなみに、地域主義と多国間主義についての主な文献は、Amitav Acharya, Regionalism and Multilateralism: Essays on Cooperative Security in the Asia-Pacific, (Singapore: Times Academic Press, 2002) を参照。また、地域主義とグローバリズムについては、Christopher Brook, "Regionalism ans Globalism," in Anthony McGrew and Christopher Brook(eds.), Asia-Pacific in the New World Order,(New York: Routledge, 1998), pp. 230-246. 地域主義とアジアについては、Peter J. Katzenstein, Regionalism and Asia, in Shaun Breslin, Christopher W. Hughes, Nicola Phillips and Ben Rosamond (eds.), New Regionalism in the Global Political Economy: Theoryand Cases, (New York: Routledge, 2002), pp.104-118 を参照。また、経済学者による地域主義論としては、Paul Krugman, "Regionalism Versus Multilaterism: Analytical Notes," in Ross Garnaut and Peter Drysdale(eds.), Asia Pacific Regionalism: Readings in International Economic Relations, (Sydney: Harper Educational, 1994), pp.167-178. なお、日本外交の地域主義的な視点については、船橋洋一『アジア太平洋フュージョン―APECと日本―』中央公論

社、1995年；佐々木芳隆『新秩序への道—多国間安保と日米同盟』中央公論社、1995年などを参照。

6) 近代以前の東アジアは、伝統的国家体制と地域独自の国際秩序観に基づく国際関係があった。しかし、帝国主義時代と東西冷戦期を通して域内諸国は、近代西欧国家システムと国際秩序の導入を余儀なくされた。西欧で生起した近代国家・国際システムは、領土的主権国家をその政治的基本単位としており、個々の領土的主権国家においては、各々の国家の主権の及ぶところ、その国家の国法が、属地主義の原則に基づき、一定の例外を除き、すべての者に適用される。そして、近代西欧国家システムが域内伝統体制を包摂しつつ、国際政治そのものも主権国家体系の上で成り立つようになった。こうして冷戦期の東アジアは、欧米周辺のサブ・システムないし「一地域」となったのである。

7) ヴィクター・D・チャ著、船橋洋一監訳・倉田秀也訳『米日韓　反目を超えた提携』有斐閣、2003年、203頁。

8) 山影進「アジア太平洋国際秩序形成とASEAN：ASEANのサブシステム化」平野健一郎編『講座現代アジア　4地域システムと国際関係』東京大学出版会、1994年、361頁。

9) 1990年の東ドイツの消滅と西ドイツへの吸収・統一、1991年のソ連崩壊およびロシア連邦などの各共和国の誕生・再編（CIS）、1992年のユーゴスラビアの解体・再編とクロアチア共和国などの分離独立、さらに1993年のチェコスロバキアのチェコとスロバキアへに分離などがその典型例である。こうした主権・国民国家の分裂・解体・崩壊・再編は、歴史的に、とりわけ冷戦構造の下で強制的に組み込まれ、維持されてきた国家のアイデンティティーが危機的状況に落ちたことを示唆した。その一方でEU誕生のように国家の相対化が西ヨーロッパにおいて起こった。

10) 森本茂徳『日韓併合』吉川弘文館、1992年、3-4頁参照。

　　例えば、韓国の「戦後（解放）」は、新たな悲劇の始まりとなった。朝鮮の解放は、即時独立でもなく、統一朝鮮国家の誕生でもなかった。朝鮮は南北を挟んで米ソ両国によって占領され、分断国家になったのである。この悲劇の根底には、もし、朝鮮が日本の植民地化されなければ、分断国家の事態は起こらなかったという歴史的背景がある。確かに南北分割占領は、米ソの戦後世界戦略の産物である。しかし、戦後世界戦略は、第2次世界大戦がなければ存在しないものである。この戦争の当事者が日本である以上、解放後朝鮮分断という悲劇の原点は日本であり、多くの韓国人は、朝鮮分断は日本の身代わりであった、と考えている。戦争の当事者である日本は、南北に分割されていなかったのである。

11) 田中孝彦「序論　冷戦史の再検討」、日本国際政治学会編『国際政治』（第134号）、特集「冷戦史の再検討」（2003年11月）、2頁。

12) 菊池努「アジア・太平洋地域と日本」天児慧ほか編著『アクセス国際関係論』日本経済評論社、2000年、148-150頁。

13) 李種元「アメリカのアジア政策」国分良成編著『日本・アメリカ・中国—協調のシナ

リオ』TBSブリタニカ、1997年、68頁。
14) 原正行「中国の内政と外交」原正行編『新国際事情』北樹出版、1993年、108頁。
15) 『朝日新聞』1995年10月4日付け。
16) 石井明「冷戦波及下の東アジア」平野健一郎編、前掲書、189頁。
17) 土山實男「序章　安全保障の終焉？」、日本国際政治学会編『国際政治』(第117号)、特集「安全保障の理論と政策」(1998年3月)、1-2頁。
18) 五十嵐武士『日米関係と東アジア』東京大学出版会、1999年、269-270頁。
19) 船橋洋一「監訳者　はしがき」、ヴィクター・D・チャ、前掲書。
20) 高田和夫「まえがき」高田和夫編著『国際関係論とはなにか』法律文化社、1998年。
21) 平野健一郎「序：アジアにおける地域システムと国際関係」平野健一郎編、前掲書、21頁。
22) 石川恵美「中華経済圏の形成とPRCの地方分権化―東アジア地域におけるグローバル・システムの変容―」、日本国際政治学会編『国際政治』(第111号)、特集「グローバル・システムの変容」(1996年2月)、20頁。
23) 同上論文、20-21頁。
24) 高原明生「東アジアの多国間主義―日本と中国の地域主義政策―」、日本国際政治学会編『国際政治』(第133号)、前掲、58、72頁。
25) 同上論文、59頁。
26) 菊池努、前掲論文、147-148頁。
27) 萩原宜之「アジアの民主化と経済発展」萩原宜之編『講座現代アジア　3民主化と経済発展』東京大学出版会、1994年、144頁；篠原帰一「『民主化』の政治経済学：東アジアにおける体制変動」東京大学社会科学研究所編『現代日本社会　3国際比較(2)』東京大学出版会、1992年、325-356頁。
28) 萩原宜之、同上論文、144-145頁；坂本義和・大串和雄編『地球民主主義の条件：下からの民主化をめざして』同文館、1991年参照。
29) 田所昌幸「序章　国際関係の制度化」、日本国際政治学会編『国際政治』(第132号)、前掲、1頁。
30) 菅英輝「ポスト冷戦の安全保障：国家中心から人間中心の安全保障へ」高田和夫編著、前掲書、46頁。
31) Francis Fukuyama, "The End of History？", The National Interest, (Summer, 1989), pp.3-18; Francis Fukuyama, The End of History and the Last Man, (New York: Free Press, 1992)；菅英輝、同上論文、46-47頁。
32) 金栄鎬「冷戦後の北朝鮮の対韓国政策」日本国際政治学会編『国際政治』(第132号)、前掲、153-175頁。
33) 高原明生、前掲論文、73頁。
34) 1989年から作動した「アジア太平洋経済協力(APEC)」に加えて、1994年には中ロ

両国がオブザーバーとして参加する「ASEAN地域フォーラム（ARF）」が発足した。このARFは、安全保障問題の対話の場になった。さらに、アジア金融危機を経て、1997年末にはASANに日中韓を加えたASANプラス3の首脳会議が初めて開かれた。つまり、アジア金融危機が一大契機となって共通利益についての意識と運命共同体的なアイデンティティーが芽生え、ASANプラス3が誕生した。また、1999年からは、日中韓の首脳会合が開催されるようになっている。すなわち、第1にアジア太平洋を跨ぐAPECとASAN、第2に北東アジアに東南アジアを加えた東アジアを範囲とするASANプラス3、そして第3に北東アジア3国からなる日中韓という具合に、三層に及ぶ地域協力の環境が形成され、発展しつつある。

35) 詳しい「国際レジーム」については、宮脇昇「レジームと消極的アクター」、日本国際政治学会編『国際政治』（第132号）、前掲、36-57頁を参照。
36) 菊池努、前掲論文、152-162頁。
37) 福田茂夫「世紀転換期の国際政治史：国際政治の枠組の転換」福田茂夫・佐藤信一・堀一郎編著『世紀転換期の国際政治』ミネルヴァ書房、2003年、18-19頁。

1985年北朝鮮は、ソ連の説得で核拡散防止条約（NPT）・国際原子力機関（IAEA）に加盟した。しかし、IAEAの査察には合意しなかった。そして、1987年に寧辺の黒鉛減速炉（プルトニウムの蓄積可能）を完成させた。その後、1991年末にソ連が解体し、旧ソ連の原子力科学者が北朝鮮に流入しないかと懸念された。1992年にニューヨークで査察について米朝高官会議が行われ、その後両国政府間で交渉を積み重ねたが実らなかった。クリントン大統領は、1994年にカーター元大統領を訪朝させ、それを契機に米朝間で、①北朝鮮は黒鉛減速炉を凍結し、その凍結、また再処理禁止の使用済核燃料棒の保管状態を、IAEAが監視する、②米国は原子力発電用の（プルトニウムの蓄積が少ない）軽水炉を2003年をめどに提供し、それが完成するまで毎年50万トンの石油を供給する、ことが合意された。そして翌1995年、日米韓が中心になって、軽水炉の建設などを行う朝鮮半島エネルギー開発機関（KEDO）が設立された。しかし、2001年1月に発足したブッシュJr.政権は、北朝鮮をイラク・イランとともに「悪の枢軸」と批判し、クリントン政権時代に約束した石油年50万トンの供給を、核開発の懸念があるとして停止し、供給再開には、核兵器を持たない約束と証明が必要と要求することになった。

38) 小島朋之「アジアの中の中国」国分良成編『現代アジアの危機からの再生』慶應塾大学出版、1999年、135-136頁。
39) 青木健・馬田啓一編著『検証APEC』日本評論社、1995年、138頁。
40) この「ガヴァナンス」の意味や内容、そして論争などについては、納家正嗣、デヴィッド・ウェッセルズ編著『ガバナンスと日本—共治の模索—』勁草書房、1997年参照。
41) John Borawski(ed.), Avoiding War in the Nuclear Age (Boulder, West View Press, 1986), p.9.
42) Ibid, p.9.

43) 松岡完・広瀬佳一・竹中佳彦・中島治久編著『冷戦史』同文館出版、2003年、210-212頁参照。
44) ヨーロッパでのこうした動きは、安全保障の概念が冷戦期のソ連の脅威を前提として「対決・抑止・対処」から、対話による協調と共存を模索する時代を迎え、国際協力により紛争を未然に防止する「国際環境の安定化」へと重点が移りつつあることを受け、多角的安全保障の柱の1つとして、また国際環境安定化を促進する重要な要素として信頼醸成措置が位置づけられているからである。
45) 西川吉光『戦後アジアの国際関係』晃洋書房、1998年、266頁。
46) CSCEのアジアにおける適用可能性については、Trevor Findlay, The European Cooperative Security Regime: New Lessons for the Asian-Pacific, Andrew Mack and John Ravenhill(ed.), Pacific Cooperation(Boulder, Westview Press, 1995), pp.209-232.
47) 「予防外交」については、納家正嗣『国際紛争と予防外交』有斐閣、2003年参照。
48) John Gerard Ruggie, "Multilateralism: The Anatomy of an Institution," in John Gerard Ruggie (ed.), Multilateralism Matter: The Theory and Praxis of an Institutional Form,(New York: Columbia University Press, 1993), pp.18-22.
49) 20世紀の米国外交の変貌と、米国の歴史的立場からも180度の政策転換を図った現ブッシュ政権の「単独主義(一方主義)」と「ブッシュ・ドクトリン(先制攻撃論と予防戦争の否定)」の実態、および歴史的意義などについては、滝田賢治「多国間主義の再定義とアメリカ外交―協調主義と単独主義の相克―」日本国際政治学会編『国際政治』(第133号)、前掲、11-27頁を参照。
50) 『朝日新聞』(総合面)・『山陽新聞』(国際面) 2004年6月18日付け。
51) 佐藤信一「ベトナム戦争後のアメリカ」福田茂夫・佐藤信一・堀一郎編著『世紀転換期の国際政治』ミネルヴァ書房、2003年、65頁。
52) 藤本博「ベトナム戦争後のアメリカ外交と「ベトナム記憶」」、同上書、123頁。
53) 姜尚中・水野直樹・李鐘元編著『日朝交渉:課題と展望』岩波書店、2003年参照。
54) 姜尚中『日朝関係の克服』集英社、2003年、12-27頁。
55) 土山實男、前掲、2-3頁。
56) 松井康浩「食糧危機論からみた地球的問題群」高田和夫編著、前掲書、2頁。

参考文献目録

学術論文や各種雑誌・新聞などは本書の注を参照し、ここでは書物だけを取り上げる。

1．日本語の単行本

青木健『アジア太平洋経済圏の形成』中央経済社、1994年。
青木健・馬田啓一編著『検証APEC』日本評論社、1995年。
青木保『アジアのジレンマ』中央公論社、1999年。
青木保ほか7人編『アジアの新世紀』岩波書店、2003年。
天児慧編『アジアの21世紀：歴史的転換の位相』紀伊国屋書店、1998年。
天児慧ほか編『アクセス国際関係論』日本経済評論社、2000年。
有賀貞・宇野重昭・木戸蓊編『講座国際政治』全5巻、東京大学出版会、1989年。
アンダーソン・ベネディクト、白石さや・白石隆訳『想像の共同体』NTT出版、1997年。
家正治編『国際関係』世界思想社、1993年。
五百旗真編『戦後日本外交史』有斐閣アルマ、1999年。
五十嵐武士『対日講和と冷戦』東京大学出版会、1986年。
五十嵐武士『日米関係と東アジア』東京大学出版会、1999年。
五十嵐武士『戦後日米関係の形成』講談社学術文庫、1995年。
石田雄『社会科学再考』東京大学出版会、1995年。
石田雄『記憶と忘却の政治学』明石書店、2000年。
石丸和人・松本博一・山本剛士『戦後日本外交史Ⅱ』三省堂、1983年。
板垣雄三・荒木重雄編『新アジア学』亜紀書房、1987年。
板垣雄三編『「対テロ戦争」とイスラム世界』岩波書店、2002年。
猪口孝『国家と社会』東京大学出版会、1988年。
猪口邦子『戦争と平和』東京大学出版会、1989年。
李恩民『転換期の中国・日本と台湾』お茶の水書房、2001年。
李庭植著、小此木正夫・古田博史訳『戦後日韓関係史』中央公論社、1989年。
李鐘元『東アジア冷戦と韓米日関係』東京大学出版会、1996年。
入江昭『新・日本外交』中央公論社、1991年。
入江昭／ロバート・ワンプラー著、細谷千博／有賀貞監訳『日米戦後関係史』講談社、2001年。
『岩波講座　現代6　冷戦：政治的考察』岩波書店、1963年。
『岩波講座近代日本と植民地　8アジアの冷戦と脱植民地化』岩波書店、2001年。
岩本一政他『国際関係研究入門』東京大学出版会、1996年。

ヴィクター・D・チャ著、船橋洋一監訳・倉田秀也訳『米日韓　反目を超えた提携』有斐閣、2003年。
宇野重昭・天児慧編『20世紀の中国』東京大学出版会、1994年。
浦野起央『第三世界の政治学』有信堂、1977年。
植田隆子編『二十一世紀の欧州とアジア』勁草書房、2002年。
上原一慶・桐山昇・高橋孝助・林哲『東アジア近現代史』有斐閣、1990年。
梅津和郎編著『アジア動乱の政治経済学』同文舘出版、1998年。
エズラ・F・ヴォーゲル著、渡辺利夫訳『アジア四小龍』中央公論社、1993年。
衛藤瀋吉・渡辺昭夫・公文俊平・平野健一郎『国際関係論』第2版、東京大学出版会、1989年。
緒方貞子著、添谷芳秀訳『戦後日中・米中関係』東京大学出版会、1992年。
大西康雄編『冷戦後の北東アジア』アジア経済出版会、1993年。
岡部達味『中国近代化の政治経済学』PHP研究所、1989年。
岡部達味編『ASEANにおける国民統合と地域統合』日本国際問題研究所、1989年。
岡部達味『中国をめぐる国際環境』岩波書店、1990年。
岡部達味『国際政治の分析枠組』東京大学出版会、1992年。
岡部達味『ポスト冷戦のアジア太平洋』日本国際問題研究所、1995年。
小熊英二『単一民族神話の起源〈日本人〉の自画像の系譜』新曜社、1995年。
小此木政夫・赤木完爾共編『冷戦期の国際政治』慶応通信、1987年。
小此木政夫・文正仁編著『市場・国家・国際体制』（日韓共同研究叢書4）慶応義塾大学出版会、2001年。
小森陽一・高橋哲哉編『ナショナル・ヒストリーを超えて』東京大学出版会、1998年。
鹿島正裕編『21世紀の世界と日本』風行社、2001年。
鴨武彦『国際統合理論の研究』早稲田大学出版部、1990年。
鴨武彦『世界政治をどう見るか』岩波書店、1993年。
鴨武彦編『講座　世紀間の世界政治　第三巻　アジアの国際秩序』日本評論社、1993年。
カール・ポラニー著、吉沢英成ほか訳『大転換―市場社会の形成と崩壊―』東洋経済新報社、1979年。
河合秀和『比較政治・入門』有斐閣、1996年。
川田順浩ほか編『岩波講座　開発と文化』全7巻、岩波書店、1998年。
川田順浩編『文化としての経済』山川出版社、2001年。
川田侃・三輪公忠編『現代国際関係論』東京大学出版会、1980年。
川田侃『国際関係の政治経済学』日本放送出版協会、1980年。
川田侃『国際政治経済学をめざして』お茶の水書房、1988年。
川田侃『国際関係論』東京書籍、1993年。
河原宏『日本人の「戦争」』築地書館、1995年。

菅英輝『米ソ冷戦とアメリカのアジア戦略』ミネルヴァ書房、1992年。
菅英輝編著『アジア太平洋の地域秩序と安全保障』ミネルヴァ書房、1999年。
姜尚中・水野直樹・李鐘元編著『日朝交渉：課題と展望』岩波書店、2003年。
姜尚中『日朝関係の克服』集英社、2003年。
菊池努『APEC』日本国際問題研究所、1995年。
北川隆吉ほか編『現代世界の地域社会』有信堂、1987年。
木村英亮『21世紀の日本と世界―国際関係論入門』山川出版社、2002年。
金学俊著、鎌田光登訳『朝鮮戦争＝痛感の民族衝突』サイマル出版会、1991年。
金龍瑞『日韓関係の再構築とアジア』九州大学出版会、1995年。
国分良成編著『日本・アメリカ・中国―協調のシナリオ』TBSブリタニカ、1997年。
国分良成編『現代アジア　危機からの再生』慶応大学出版、1999年。
小杉魁次『現代東アジア論の視座』お茶の水書房、1998年。
小林英夫『戦後日本資本主義と「東アジア経済圏」』御茶の水書房、1983年。
五味俊樹『国際関係のコモン・センス（第2刷）』南窓社、1998年。
サイード、エドワード・W.、今沢紀子訳『オリエンタリズム』平凡社、1986年。
サイード、エドワード・W.、大橋洋一訳『文化と帝国主義』1・2、みすず書房、1998・2001年。
齋藤元編『東アジア国際関係のダイナミズム』東洋経済新報社、1998年。
齋藤真他編『国際関係における文化交流』日本国際問題研究所、1984年。
坂田幹男『北東アジア経済論‐経済交流圏の全体像』ミネルヴァ書房、2001年。
坂本義和『地球時代の国際政治』岩波書店、1990年。
坂本義和・大串和雄編『地球民主主義の条件』同文館、1991年。
坂本正弘『新しい国際関係論』有斐閣、1997年。
サドリア、モジュタバ『検証　現実主義』中央大学出版部、1994年。
サミュエル・ハチントン著、鈴木主税訳『文明の衝突』集英社、1998年。
嶋倉民生編著『東北アジア経済圏の胎動』アジア経済研究所、1992年。
G.ミュルダール・S.キング、板垣与一監訳『アジアのドラマ』上下、東洋経済新報社、1965年。
島根国土・寺田元一編『国際社会学への招待』新評論、1999年。
朱建栄『毛沢東と朝鮮戦争』岩波書店、1991年。
朱建栄『中国第三の革命』中公新書、2002年。
佐々木卓也『封じ込めの形成と変容』三嶺書房、1993年。
佐々木芳隆『新秩序への道‐多国間安保と日米同盟』中央公論社、1995年。
下武志・川勝平太編『アジア交易圏と日本工業化　1500-1900』リブロポート、1991年。
鈴木広ほか3人編『社会学と現代社会』恒星社厚生閣、1993年。
鈴木基史『社会科学の理論とモデル 2国際関係』東京大学出版会、2000年。

関下稔・永田秀樹・中川涼司編『クリティーク国際関係学』東信堂、2001年。
関寛治編『国際政治を学ぶ』有斐閣、1981年。
高田和夫編著『国際関係論とはなにか』法律文化社、1998年。
高柳先男『パワー・ポリティクス』有信堂高文社、1991年。
田口富久治・鈴木一人『グローバリゼーションと国民国家』青木書店、1997年。
田中明彦『日中関係：1945-1990』東京大学出版会、1991年。
田中直吉編『国際関係論』有信堂、1991年。
田村栄一郎『ナショナリズムと教育』東洋出版社、1965年。
ダワー、ジョン、三浦陽一他訳『敗北を抱きしめて‐第二次大戦後の日本人』上下、岩波書店、2001年。
ダントレーヴ、石上良平訳『国家とは何か』みすず書房、2002年。
チョムスキー、ノーム、塚田幸三訳『「ならず者国家」と新たな戦争』荒竹出版、2002年。
東京大学社会科学研究所編『現代日本社会』全7巻、東京大学出版会、1991-92年。
東京大学社会科学研究所編『20世紀システム』全6巻、東京大学出版会、1998年。
永井陽之助『多極世界の構造』中公叢書、1973年。
永井陽之助『冷戦の起源』中央公論社、1978年。
永井陽之助『現代と戦略』文芸春秋、1985年。
中嶋嶺雄『中ソ対立と現代：戦後アジアの再考察』中央公論社、1978年。
中嶋嶺雄、チャルマーズ・ジョンソン編『地域研究の現在』大修館書店、1989年。
中嶋嶺雄『国際関係論』中央公論社、1992年。
中谷猛・川上勉・高橋秀寿編著『ナショナル・アイデンティティ論の現在』晃洋書房、2003年。
中西治『国際関係論』南窓社、1990年。
納家正嗣、デヴィッド・ウェッセルズ編著『ガバナンスと日本―共治の模索―』勁草書房、1997年。
納家正嗣『国際紛争と予防外交』有斐閣、2003年。
西川吉光『戦後アジアの国際関係』晃洋書房、1998年。
西嶋定生『日本歴史の国際環境』東京大学出版会、1985年。
西村先生退官記念論文集編集委員会編『日本の社会』晃洋書房、1977年。
日本国際政治学会編『21世紀の日本、アジア、世界』国際書院、1998年。
日本評論社編『国際政治学入門』日本評論社、1988年。
萩原宜之編『講座現代アジア　3民主化と経済発展』東京大学出版会、1994年。
初瀬龍平『国際政治学』同文舘出版、1993年。
長谷川雄一ほか編著『冷戦後の国際関係』芦書房、1998年。
原栄吉『日本の戦後外交史潮：その選択』慶応通信、1984年。
原正行編『新国際事情』北樹出版、1993年。

原彬久編『国際関係学　講義』有斐閣、1996年。
ハリデイ、フレッド、菊池禮次訳『国際関係論再考』ミネルヴァ書房、1997年。
P. ルルーシュ『新世界無秩序』NHK出版、1994年。
ブルース・ラセット『パクス・デモクラティア』東京大学出版会、1993年。
東アジア地域研究会編『東アジア政治のダイナミズム』青木書店、2002年。
平野健一郎編『講座現代アジア　4地域システと国際関係』東京大学出版会、1994年。
平野健一郎ほか著『アジアにおける国民統合』東京大学出版会、1988年。
平野健一郎『国際文化論』東京大学出版会、2000年。
広瀬和子・綿貫譲治編著『新国際学‐変容と秩序』東京大学出版会、1995年。
広島平和研究所編『21世紀の核軍縮』法律文化社、2002年。
福田茂夫ほか編著『二十世紀国際政治史』名古屋大学出版会、1988年。
福田茂夫ほか編著『世紀転換期の国際政治史』ミネルヴァ書房、2003年。
藤原帰一『デモクラシーの帝国』岩波書店、2002年。
船橋洋一『アジア太平洋フュージョン―APECと日本―』中央公論社、1995年。
古屋野正伍・北川隆吉・加納弘勝編著『アジア社会の構造変動と新中間層の形成』こうち書房、2000年。
細谷千博他編『国際政治の世界』有信堂、1986年。
細谷千博・丸山直起編『ポスト冷戦期の国際政治』有信堂高文社、1993年。
細谷千博・有賀貞編『国際環境の変容と日米関係』東京大学出版会、1987年。
本橋正『近現代国際政治史』日本図書センター、2003年。
マックス・ウェーバー、木全徳雄訳『儒教と道教』創文社、1971年。
升味準之輔『比較政治：東アジアと日本』東京大学出版会、1993年。
松岡完・広瀬佳一・竹中佳彦・中島治久編著『冷戦史』同文館出版、2003年。
丸山真男『増補版現代政治の思想と行動』未来社、1964年。
三浦信行編『21世紀のアジア学』成文堂、2002年。
溝口雄三・浜下武志・平石直昭・宮嶋博史編『アジアから考える』全7巻、東京大学出版会、1993-94年。
『[南] から見た世界 01 東アジア・北東アジア』大月書店、1999年。
武者小路公秀・蝋山道雄編『国際学』東京大学出版会、1976年。
武者小路公秀『国際政治を見る眼』岩波書店、1977年。
村上泰亮『反古典の政治経済学』(上下)、中央公論社、1992年。
百瀬宏『国際関係学』東京大学出版会、1993年。
百瀬宏『国際関係学原論』岩波書店、2003年。
森本茂徳『日韓併合』吉川弘文舘、1992年。
矢野暢『冷戦と東南アジア』中央公論社、1986年。
矢野暢編『地域研究』(講座政治学第4巻) 三嶺書房、1987年。

矢野暢編『講座　現代の地域研究』（全4巻）弘文堂、1993年以降。
山影進『ASEAN』東京大学出版会、1991年。
山影進『対立と共存の国際理論』東京大学出版会、1994年。
山極晃編著『東アジアと冷戦』三嶺書房、1994年。
山極晃『米中関係の歴史的展開　一九四一～一九七九年』研文出版、1997年。
山極晃編著『冷戦後の国際政治と地域協力』中央経済社、1999年。
山口博一『地域研究論』アジア経済出版会、1991年。
山田辰雄・渡辺利夫監修『講座現代アジア』全4巻、東京大学出版会、1994年。
山本吉宣・田中明彦編『戦争と国際システム』東京大学出版会、1992年。
吉川元編『予防外交』三嶺書房、2000年。
R・W・スチーブンスン、滝田堅治訳『デタントの成立と変容』中央大学出版部、1989年。
渡辺昭夫『アジア・太平洋の国際関係と日本』東京大学出版会、1992年。
渡辺利夫『成長のアジア　停滞のアジア』東洋経済新報社、1985年。
渡辺利夫編著『局地経済圏の時代』サイマル出版会、1990年。
渡辺利夫『新世紀アジアの構想』筑摩書房、1995年。
渡辺利夫『西太平洋の時代：アジア新産業国家の政治経済学』文芸秋春、1989年。
和田春樹『朝鮮戦争』岩波書店、1995年。

2．英語の単行本

Adam B. Ulam, Expansion and Coexistence: The History of Soviet Foreign Policy 1917-67 (Secker and Warburg, 1968).

Akira Iriye, The Cold War in Asia: A Historical Introduction, (Englewood Cliffs: Prentice Hall, 1974).

Alexander Gerschenkron, Economic Backwardness in Historical Perspective(Harvard University Press, 1962).

Alfred Stepan, The State and Society: Peru in Comparative Perspective(Princeton, N. J.: Princeton University Press, 1978).

Allen Hunter(ed.), Rethinking the Cold War, (Philadelphia, Temple University Press, 1998).

Amitav Acharya, Regionalism and Multilateralism: Essays on Cooperative Security in the Asia-Pacific,(Singapore: Times Academic Press, 2002).

Andrew J. Rotter, The Path to Vietnam: Origins of the American Commitment to Southeast Asia (Ithaca: Cornell University Press, 1987).

Andrew Mack and John Ravenhill(ed.), Pacific Cooperation(Boulder, Westview Press,

1995).

Anthony McGrew and Christopher Brook(eds.), Asia-Pacific in the New World Order, (New York: Routledge, 1998).

Axford, Barrie, The Global System: Economics, Politics and Culture, (UK: Polity Press and Blackwell Publishers, 1995).

Brezinski, Zbignew, The Grand Failure, (Macmillan Publishing Company, 1989).

Brian Bridges, Japan and Korea in the 1990s: From Antagonism to Adjustment(Edward Elgar publishing Company, 1993).

Charles Oman and Geneshan Wignaraja, The Postwar Evolution of Development Thinking (Macmillan, 1991).

Charles W. Kegley, Jr. (ed.), The Long Postwar Peace: Contending Explanations and Projections (New York: Harper Collins, 1991).

Chen Jian and Shu Guan Zhang,(eds.), Chinese Communist Foreign Policy and the Cold War in Asia: New Documentary Evidence, 1944-1950,(Chicago, Imprint, 1996).

Christopher W. Hughes, Nicola Phillips and Ben Rosamond(eds.), New Regionalism in the Global Political Economy: Theoryand Cases,(New York: Routledge, 2002).

Cline, Ray, World Power Trend and U. S. Foreign Policy for the 1980's (Boulder, Colorado: Westview Press, 1980).

Cox, Robert W., Production, power, and worlg order: Social Forces in the Making of History, (Columbia University Press, 1987).

D. F. Fleming, The Cold War and Its Origin, 1917-1960(Allen and Unwin, 1961).

David Reynolds, One World Divisible: A Global History since 1945,(London, Penguin, 2000).

Diana Hunt, Economic Theories of Development--An Analysis of Competing Paradigms (Harvester Wheatsheaf, 1989).

Eisenstadt, S. N., Modernization: Protest and Change(Englewood Cliffs: Prentice-Hall, 1965).

Elaine Tyler May, Homeward Bound: American Families in the Cold War Era,(New York, Basic Books, 1988).

Francis Fukuyama, The End of History and the Last Man, (New York: Free Press, 1992).

Eric Hobsbawm, The Age of Extremes: A History of the World, 1914-1991,(New York, Vintage Books, 1996).

Gilpin, Robert, U. S. Power and Multinational Corporation: Political Economiy of Foreign Direct Inverstment,(New York: Basic Books, 1975).

Gilpin, Robert, War and Change in the World Politics,(Cambridge: Cambridge University Press, 1981).

Gilpin, Robert, The Political Economy of the International Relations,(Princetion, New Jersey: Princetion University Press, 1987).

Hans J. Morgenthau, Politics among Nations: The Strugle for Power and Peace(New York, Alfred A. Knopf, 1948).

Hans J. Morgenthau, New Foreign Policy for the United States(New York: Council on Foreign Relations, 1969).

Harrson, Selig S., The Widening Gulf: Asian Nationalism and American Foreign Policy(New York: The Free Fress, 1978).

Henry Kissinger, White House Years(Boston: Little, Brown, 1979).

Hoffmann, Stanley, Primacy or World Order: American Foreign Policy Since the Cold War, Yew York: McGrawHill, 1978.

Holsti, K. J., International Politics, A Frame work for Analysis, third ed., (Prince-Hall, INC., 1977).

John Borawski(ed.), Avoiding War in the Nuclear Age(Boulder, West View Press, 1986). John Gerald Ruggie, Winning the Peace: America and World Order in the New Era, (New York: Columbia University Press, 1996).

John Kent, British Imperial Strategy and the Origins of the Cold War, 1944-1949,(Leicester, Leicester University Press, 1993).

John L. Gaddis, The United States and the Origins of the Cold War 1941-1947(Columbia University Press, 1972).

John Gerard Ruggie(ed.), Multilateralism Matters: The Theory and Praxis of an Institutoional Form,(New York: Columbia University, 1993).

John Gerard Ruggie, Constructing the World Polity: Essays on International Institutionalization, (New York: Routledge, 1998).

John Lewis Gaddis, The Long Peace: Inquiries into the History of the Cold War(Oxford: Oxford University Press, 1987).

John Lewis Gaddis, We Now Know: Rethinking Cold War History, (Oxford, Clarendon Press, 1997).

John W. Dower, Empire and Aftermath: Yoshida Shigeru and the Japanese Experience, 1878-1954(Cambridge, MA: Harvard University Press, 1979).

Jussi Hahnimaki and Odd Arne Westad(eds.), The Cold War: A History in Documents and Eyewitness Accounts, (Oxford University Press, 2003).

Kennedy, Paul, The Rise and Fall of Great Power,(New York: Random House, 1987).

Keohane, Robert O., and Joseph F. Nye, Power and Interdependence: World Politics in Transition, (Boston: Little & co., 1977).

Keohane, Robert O., After Hegemony: Corporation and Discorg in the World Political

Economy, (Princeton: Princeton University Press, 1984).
Kindleberger, Charles P., Power and Money,(New York: Basic Books, 1970).
Krugman, Paul R., Rethinking International Trade,(The MIT Press, 1990).
Larry Diamond and Marc F. Plstter(eds.), The Global Resurgence of Democracy (Baltimore: Johns Hopkins University Press, 1993).
Lawrence S. Wittner, Resisting the Bomb: A History of the Nuclear Disarmament Movement, 1954-1970,(Standford, Standford University Press, 1997).
Lee Chong-Sik, Japan and Korea: The Political Demension(Standford University, 1985).
Louis J. Halle, The Cold War As History, (Harper Row, Publishers, 1967).
Lucian Pye and Mary W. Pye, Asian Power and Politics: The Cultural Dimensions of Authority (Cambridge, Mass.: Harvard University Press, 1985).
Mannari・Nishio・Watanuki・Azumi(eds.), Power Shifts and Value Changes in the Post Cold War World(Chu-Shikoku Printing Center, Ltd. Kurashiki, Japn, 1992).
Melvin Small and J. David Singer, Resort to Arms: International and Civil Wars 1816-1980 (Beverly Hills: Sage, 1982).
Michael Cox, Ken Booth and Tim Dunne(eds.), The Interregnum: Controversies in World Politics 1989-1999, (Cambridge, Cambridge University Press, 1999).
Michael Schaller, The American Occupation of Japan: The Origins of the Cold War in Asia(New York: Oxford University Press, 1985).
Modelski G.(ed.), Transnational Corporation and World Power, (San Francisco, Freeman & co.: 1979)
Modelski, George, Long Cycles in World Politics,(Macmillan Press, 1987).
Modelski, George & Thompson, Willian R., Leading Sectors And World Power: Coevolution of Global Politics and Economics. Studies In International Relations,(University of South Carolina: Columbia, South Carolina, 1996).
Odd Arne Westad(ed.), Brothers in Arms: The Rise and Fall of the Sino-Soviet Alliance, 1945-1963,(Washington, D.C., Woodrow Wilson Center Press, 1998).
Odd Arne Westad(ed.), Reviewing the Cold War: Approaches, Interpretations, Theory, (London, Frank Cass, 2000).
Peter J. Katzenstein(ed.), Between Power and Plenty(Madison: The University of Wisconsin Press, 1978).
Peter J. Kuznick and James Gilbert(eds.), Rethinking Cold War Culture,(Washington, Smithsonian Institution Press, 2003).
Richard N. Haass, The Reluctant Sheriff: The United States After the Cold War, (New York: Council on Foreign Relations Press, 1997).
Richard Saull, Rethinking Theory and History in the Cold War: The State, Military

Power and Social Revolution, (Portland, Frank Cass, 2001).

Ron Robin, The Making of the Cold War Enemy: Culture and Politics in the Military-Intellectual Complex, (Princeton, Princeton University Press, 2001).

Ross Garnaut and Peter Drysdale(eds.), Asia Pacific Regionalism: Readings in International Economic Relations, (Sydney: Harper Educational, 1994).

S. Huntington, Changing Patterns of Military Politics(Free Press, 1962).

Stephen D. Krasner(ed.), International Regimes, (Ithaca: Cornell University Press, 1983).

Stephen J. Whitfield, The Culture of the Cold War,(London, the Johns Hopkins University Press, 1991).

Sergei N. Goncharov, John W. Lewis, Xue Litai, Uncertain Parters: Stalin, Mao and the Korean War, (Stanford: Stanford University Press, 1993).

So, A. Y., Social Change and Development: Modernization, Democracy and World-System Theories(London: Sage Publishers, 1990).

Stern, Geoffrey, The structure of international society: an introduction to the study of international relationals, (Biddles Ltd., Guildford and King's Lynn: London, and New York, 1995).

Takafusa Nakamura, The Postwar Japanese Economy: Its Development and Structure(University of Tokyo Press, 1980).

Theda Skocpol, States & Social Revolutions, (New York: Combridge University Press, 1979).

T. H. Marshall, Class, Citizenship, and Social Development(Westport: Greenwood Press, 1973).

Thomas Etzold and John Lewis Gaddis(eds.), Containment: Documents on American Policy and Strategy(New York: Columbia University Press, 1978).

Van Wolfren, Karel, The Enigma of the Japanese Power, (London: Macmillan, 1989).

Vernon, Raymond, Sovereignty at Bay, (New York: Basic Books, 1971).

Wallerstein, Immanuel, The Modern World-System, (New York: Academic Press Inc., 1973).

William Avery and David Rapkin(ed.), American in a Changing World Political Economy,(New York: Longman, 1982).

William C. Berman, America's Right Turn: From Nixon to Clinton,(Baltimore: Johns Hopkins University Press, 1998).

William R. Keylor, The Twentieth-Century World: An International History, 2nd ed.(New York, Oxford University Press, 1992).

William S. Borden, The Pacific Alliance: United States Foreign Economic Policy and Japanese Trade Recovery, 1947-1955(Madison: The University of Wisconsin Press,

1984).
World Bank, The East Asian Miracle--Economic Growth and Public Policy(Oxford University Press, 1993).

■著者略歴

李　分一（リー・ブンイル）
1958年　韓国京畿道利川市に生まれる
1985年　韓国慶熙大学校卒業（行政学士）
1992年　上智大学大学院国際関係論専攻修了（博士・国際関係論）
1992～93年　上智大学嘱託教員
現在　吉備国際大学社会学部・大学院社会学研究科教授
　　　専攻は東アジア国際関係論、国際比較政治社会学

主要著書・論文
『現代韓国の政治と社会』大学教育出版、1996年
『現代日本の政治と社会』西日本法規出版、1998年
『現代韓国と民主主義』大学教育出版、1999年
『政治学概論（新版）』大学教育出版、1999年
『国際関係論』大学教育出版、1999年
「韓国の第五共和制と新旧教会の民主化運動」（日本国際政治学会『国際政治』第121号、特集「宗教と国際政治」、1999年）、「追悼と慰霊をめぐる日韓比較」（アジア・アフリカ研究所『アジア・アフリカ研究』通巻370号、2003年）、他20余編

東アジア国際変動論
― 国家・冷戦・開発 ―

2004年10月10日　初版第1刷発行

■著　者──李　　分一
■発行者──佐　藤　　守
■発行所──株式会社 大学教育出版
　　　　　　〒700-0953　岡山市西市855-4
　　　　　　電話 (086) 244-1268　FAX (086) 246-0294
■印刷所──互恵印刷（株）
■製本所──（有）笠松製本所
■装　丁──ティーボーンデザイン事務所

Ⓒ Lee Bunil 2004, Printed in Japan
検印省略　落丁・乱丁本はお取り替えいたします。
無断で本書の一部または全部を複写・複製することは禁じられています。

ISBN4-88730-589-3